L'EXÉCUTION DE PROVENCE

DU MÊME AUTEUR

chez le même éditeur

LA DOMINATION DU MONDE
1. *Les Fils de Gengis Khan*, 1995
2. *La Fureur des Tartares*, 1996
3. *La Volonté du ciel*, 1997

PATRICE AMARGER

L'EXÉCUTION DE PROVENCE

roman

ROBERT LAFFONT

ISBN 2-221-10110-3

Voyez la grande offense
faite par les méchants,
au pays de Provence,
contre les innocents.

Ancienne complainte

Première partie

L'ARRÊT DE MÉRINDOL

9 octobre 1534

Quel est ce rugissement ?
Est-ce un ours ? Est-ce un lion ?
C'est le cri du géant...

Il redresse lentement son torse herculéen. La respiration lui manque. Son visage est blême. Sa barbe frémit. Un peu de bave perle à ses lèvres. Et ses yeux... Oh, ses yeux !

Qui est donc ce colosse ? Est-ce l'Ogre des légendes ?

Non !

C'est le Roi de France !

Seigneur ! Qu'a-t-il pu advenir pour métamorphoser, en ce titan furieux, l'aimable Roi François ?

Il semble un fauve en cage. Tournant et retournant dans le petit cabinet où il s'est retiré, il en heurte les boiseries à chacune ou presque de ses immenses enjambées.

Il ouvre nerveusement la croisée. Aspire à grandes goulées la douce fraîcheur d'octobre. La Loire à ses pieds coule. Au soleil déclinant monte de la vallée une brume légère.

Ainsi, ils ont osé !

Hier matin, c'est sur la porte même de sa chambre que l'on a découvert le placard ordurier. On annonça bientôt l'avoir vu affiché par la ville. Dans la journée, trois courriers, de Tours, de Blois, puis d'Orléans, sont venus à Amboise apporter chacun l'un des exemplaires qui avaient, la nuit même, souillé ces trois cités.

Et ce soir... Ce soir !

Ce soir, c'est de Paris qu'est venu un courrier...

Hier matin, aussi, sur les portes d'église, sur les places publiques, sur les portes cochères – partout ! – le même libelle infâme s'y est trouvé placardé !

Trahison ! Complot !

Combien sont-ils ceux qui, distants les uns les autres de dizaines de lieues, ont eu, à la même heure, la criminelle audace et d'attaquer l'Église et d'insulter le Roi ? Qui sont-ils ? Qui les commande ? Quel est leur but ?

Leur but ? Cela, au moins, est clair !

Leur but est d'exciter l'insolence de leurs pareils, et de déchaîner l'ire des chrétiens insultés. Leur but est de dresser mes sujets les uns contre les autres !

Leur but, c'est la guerre civile !

De son long nez frémissant, de sa bouche haletante, le géant aspire goulûment l'air humide.

Il semble s'apaiser.

Un rai de lumière joue sur l'or et le velours de sa riche vêture.

De son large bonnet une brise frémissante fait onduler la plume.

Il est pâle, toujours. Mais la fureur, peu à peu, semble quitter ses traits. Son visage retrouve la majesté qui lui est naturelle.

Qui le verrait pourtant n'en tremblerait pas moins.

Car dans ses yeux au feu a succédé la glace.

Qu'est devenu l'aimable pétillement dont ce regard est si souvent coutumier ? On y lit, à sa place, une froide, une effrayante résolution.

La guerre civile ?

Non ! Moi, François, régnant, cela ne sera pas !

Tout avait pourtant si bien commencé.

Dans la belle Italie s'était réveillé l'esprit. Et partout sa lumière venait à dissiper les ombres du passé.

Ne devait-elle pas éclairer aussi une Église engourdie ?

Alexandre Borgia, Jules II, étaient-ce là des pasteurs ?

Dans le grand corps de l'Église du Christ il y avait tant d'abus à réformer, et tant de corruption !

Combien de prélats ou d'abbés qui ne résident jamais dans leurs diocèses ou leurs abbayes, se contentant d'en prélever les revenus ? Combien qui mènent une vie bien peu chrétienne ? Combien de curés ignorants et âpres au gain ? Combien d'églises négligées jusqu'à menacer ruine ?

Louis Douzième lui-même avait prié l'évêque Poncher de rénover l'Église en France. Dans l'abbaye de Saint-Germain-des-Prés qu'il avait réformée, on élit pour abbé Guillaume Briçonnet. Là, autour de cet homme enthousiaste et brillant, un cénacle de savants étudiait le grec et l'hébreu. On travaillait sur les Saintes Écritures dans leur texte d'origine. Autour de Lefèvre d'Étaples – l'Érasme français – on rencontrait François Vatable, Guillaume Farel et Guillaume Budé, Gérard Roussel et Louis de Berquin. Les meilleurs esprits du royaume.

Des hommes dont on est fier d'être le Roi !

Devenu évêque de Meaux, Briçonnet, bientôt entouré de ses savants amis, s'employa à y réformer les mœurs d'un clergé indigne. Lefèvre, lui, rêvait, comme il disait, de mettre à la portée de tous les précieuses marguerites de l'Écriture sainte. Et Marguerite, justement, la sœur du Roi, la femme qu'il aime le plus au monde, au cœur si généreux, à la foi si ardente, à l'esprit si savant et si vif, observait ces efforts avec un intérêt passionné, rêvant d'une régénération évangélique de l'Église, toute de concorde et d'amour.

Tout allait bien alors.
C'était au temps des rêves.
Au temps de la jeunesse...

Mais les savants publièrent les fruits de leurs travaux. Et bientôt la Sorbonne s'inquiéta. Lorsque Lefèvre démontra que le personnage de Marie-Madeleine était en fait la synthèse de trois figures féminines de l'Évangile, toutes appelées Marie, son livre fut aussitôt condamné par la vieille Université, qui se voulait gardienne des vérités du Dogme. Lorsque Briçonnet prétendit permettre à ses ouailles de lire elles-mêmes l'Évangile, il s'attira à son tour les foudres de la Sorbonne et l'hostilité du Parlement de Paris, la plus haute cour de justice du royaume, encouragé contre lui par les prêtres dont sa volonté de réforme avait lésé les intérêts.

Mais Briçonnet comme Lefèvre avaient toujours le ferme appui du Roi.

Hélas, le ton monta ! Aux critiques répondaient les condamnations, aux interdits les bravades. Le Roi, plusieurs fois, dut arrêter le zèle des défenseurs aveugles de la tradition. Étendant sa main sur les réformateurs, il les préservait de l'ire de la Sorbonne et du zèle du Parlement. Qu'y avait-il à redire à réformer l'Église ?

N'avait-elle pas, de siècle en siècle, vu alterner décadence et réforme ? Qu'avaient donc fait jadis les grands abbés de Cluny ? Et le Pape Grégoire VII ? Et saint Bernard de Clairvaux ? Et saint François d'Assise ? Et saint Dominique, et tant d'autres ? Sinon la remettre sur le chemin d'où, d'âge en âge, l'écartaient les faiblesses humaines ?

Hélas, un vent mauvais s'était levé en Allemagne !

Le moine Luther avait attaqué si vivement les abus de l'Église qu'il s'était vu excommunier par elle et que l'Empereur Charles l'avait mis au ban de l'Empire. Mais au lieu que ces condamnations l'isolent à jamais, on vit accourir auprès de lui non pas seulement des foules, mais jusqu'aux plus grands seigneurs. Luther poussa l'audace jusqu'à brûler publiquement la bulle d'excommunication et à condamner à son tour le Pape et son Église. Pour lui, déclaré hérétique, il ne s'agissait plus désormais de réformer l'Église catholique, mais bien de la remplacer par la sienne, dont il avait refait toute la théologie.

Assurément, quelque désordre en Allemagne n'était pas pour déplaire au Roi !

Depuis que Charles d'Espagne est sorti victorieux, contre lui, de l'élection impériale, ses domaines enserrent de toute part le royaume. Poursuivant depuis toujours l'obsession d'arracher à la France le duché de Bourgogne dont il se dit l'héritier, il rêve à présent d'unir toute la Chrétienté sous son sceptre.

Que les soucis d'Allemagne affaiblissent Charles, voilà donc qui sied bien à François. Et celui-ci ne s'est pas fait faute d'apporter son appui aux princes luthériens !

Mais les prédicateurs hérétiques se répandirent bientôt sur les routes d'Allemagne et de Suisse. Ainsi Strasbourg, puis Bâle, puis Genève, se firent luthériennes.

Désormais installée aux frontières, l'hérésie menaçait de se répandre en France. Sur jugement du Parlement, les premiers bûchers s'allumèrent. Les catholiques zélés redoublaient d'efforts pour réprimer toute velléité de réforme, lors même qu'elle se voulait dans le sein de l'Église. Le Roi, toujours, s'efforçait à les refréner. Mais le chant des sirènes allemandes attirait toujours plus les réformateurs français...

Et puis ce fut Pavie. La défaite. La captivité. La fin de la jeunesse et de son insouciance.

Tandis que, à Madrid, le Roi se morfondait dans sa prison, le Parlement de Paris redoublait d'énergie pour étouffer toute réforme de l'Église. Marguerite vint jusqu'en Espagne pour supplier son frère d'intervenir. François demanda que l'on suspendît toute procédure judiciaire jusqu'à sa libération, mais le Parlement protesta auprès de la reine régente et n'en tint aucun compte. Lefèvre d'Étaples lui-même, inculpé, dut s'exiler. Quant à Briçonnet, il fut mis en accusation pour avoir laissé l'hérésie se propager dans son diocèse, où les luthériens se faisaient de plus en plus audacieux.

Lorsque le Roi revint, laissant à l'Empereur Charles ses deux fils aînés en otages, une fièvre malsaine agitait les esprits. Bien des réformateurs passaient de l'audace à la témérité, et l'on pouvait se demander si leur fidélité allait au Pape de Rome ou au moine hérétique. Les partisans de la tradition, au contraire, campaient sur leurs dogmes sans plus tolérer la moindre critique.

Poussé par Marguerite, désormais reine de Navarre, François tentait encore de ramener chacun à la raison.

Mais à la Pentecôte de mil cinq cent vingt-huit, un attentat sacrilège mutila à Paris une statue de la Vierge Marie. Profitant de la rage et de l'horreur qu'il avait provoquées dans le peuple, le Parlement condamna et brûla Louis de Berquin, savant presque égal en sagesse à Lefèvre, qui n'y était pour rien et que le Roi, dans le passé, avait par deux fois protégé. Le Parlement, cette fois, fit si vite que le Roi, absent de Paris, ne fut informé qu'après coup...

La fièvre gagnait. Le conflit empirait.

Les luthériens multipliaient les provocations, et certains amis de Briçonnet étaient clairement passés du côté de Luther.

Le Parlement étendait sa répression. La Sorbonne, quant à elle, frisait à ce point l'insolence contre le Roi et sa sœur que François dut sanctionner son plus zélé représentant. Il se fit plus dur encore lorsqu'elle alla jusqu'à mettre à l'index des livres interdits le *Miroir de l'âme pécheresse*, que Marguerite elle-même venait de publier.

Et derrière la lutte exacerbée des idées, le Roi, inquiet, voyait poindre l'affrontement des corps !

L'an mil cinq cent vingt-cinq – l'année même de Pavie –, on vit par toute l'Allemagne s'assembler les paysans, rejetant leurs seigneurs et leurs prêtres, incendiant les châteaux, pillant les monastères. Luther lui-même s'effraya, et ce fut une ligue de seigneurs luthériens qui, dans une mer de sang, les ramena à la raison.

Mais Luther et les princes avaient vu de près ce qu'il en coûte de jouer les apprentis sorciers en prétendant abattre toutes les traditions !

Ces horreurs allemandes, je n'en veux pas chez moi !

Le bonheur de mes peuples m'importe plus que la réforme de l'Église, plus que les affrontements de Luther et du Pape. Les Allemands, justement, pour dépeindre la félicité, ne disent-ils pas « heureux comme Dieu en France » ?

Pour préserver la paix, et malgré toutes les condamnations de l'Université contre les luthériens, j'ai été jusqu'à envoyer mon fidèle Guillaume du Bellay – l'intelligence et la modération mêmes – auprès de leurs chefs et théologiens pour tenter de concilier les doctrines. Il a vu Myconius à Bâle, Bullinger à Zurich, Bucer à Strasbourg, Melanchthon à Wittenberg. Il a obtenu d'eux des déclarations si modérées que je croyais enfin en mon pouvoir de tout réconcilier. Car le Pape Clément, comme moi, espérait le compromis.

Hélas, comme un mauvais présage, la nouvelle de la mort du pontife vient de nous parvenir.

Et que découvrons-nous à présent, derrière les belles lettres de ces messieurs d'Allemagne et de Suisse ? Un complot ! Une cabale étendant sa toile par tout le royaume pour mieux le déchirer ! Qu'ils le veuillent ou non, voilà ce que l'on fait de leurs grandes idées.

Et voilà la récompense de mes efforts de paix !

Qu'est-ce donc, en effet, que ce hideux placard que l'on vient partout d'afficher ?

Que sont ces prétendus *Articles véritables sur les horribles, grands et insupportables abus de la messe papale* ?

Sinon un appel à la guerre et à l'insurrection !

C'est tout pétris de violence et de haine qu'ils attaquent la sainte messe, ne se contentant pas même d'affirmer que l'on ne doit pas réitérer le sacrifice du Christ, ou qu'il ne peut se faire qu'un homme de vingt ou trente ans soit caché dans un morceau de pâte lors de l'eucharistie, mais allant jusqu'à clamer que la messe blasphème Notre-Seigneur, et ne sert qu'à séduire et aveugler le peuple !

Avec quelle fureur ces enragés s'en prennent-ils au Pape, l'accusant d'imposture et de mensonge, avec *toute sa vermine de cardinaux, d'évêques et de prêtres, de moines et autres cafards diseurs de messe*, qu'ils disent plus détestables que les diables !

Mais surtout, mais pis encore, lorsqu'ils invitent Dieu à détruire les idolâtres papistes, dans ce pays où tout le peuple est bon catholique, qu'appellent-ils de leur vœux, sinon la guerre civile ?

Vérité leur faut, vérité les menace, vérité les suit et les pourchasse, vérité les épouvante. Par laquelle brièvement seront détruits. Fiat, fiat, amen ! Voilà la criminelle conclusion de leur délire furieux !

Dieu ne peut vouloir qu'il y ait deux Églises, puisque l'Église est justement la communauté de tous les chrétiens. Ces hérétiques le disent eux-mêmes ! Ils ne prétendent pas camper à côté de l'Église catholique, mais bien triompher d'elle pour la détruire. Mais comment le pourraient-ils, ces impies, sans faire la guerre à tous les bons chrétiens ?

Et non contents de cela, voici qu'ils sapent le royaume dans ses fondements mêmes. En rejetant l'Église, ce n'est pas seulement celle-ci qu'ils attaquent, c'est la Couronne qu'elle accompagne et soutient ! C'est le fondement même de cet État ! Car l'Église et le trône de France, depuis plus de mille ans, ne sauraient être séparés. Depuis qu'une colombe vint des cieux, à Reims, déposer l'ampoule du saint chrême qui apportait l'onction divine au Roi Clovis, c'est de Dieu, directement, que le Roi tient sa couronne. L'Empereur est l'élu des princes, le Pape des cardinaux. Moi seul, François, oint du Seigneur, suis l'élu de Dieu !

Est-on assez aveugle pour imaginer que la guerre civile soit impossible en France ? Parce que l'autorité du Roi est partout respectée, croit-on que la paix qu'elle protège est désormais éternelle ? A-t-on si peu de mémoire ?

La guerre civile, tous mes prédécesseurs l'ont connue. Charles Sixième vit se déchirer Armagnacs et Bourguignons. Charles Septième, sa couronne à peine assurée face à celle d'Angleterre, vit se soulever contre lui les grands, avec son propre fils à leur tête. Devenu Louis Onzième, celui-ci dut affronter la Ligue de ses anciens alliés et l'ambition de Charles de Bourgogne. Charles Huitième, dans sa minorité, vit à nouveau se liguer les seigneurs. Et si la paix régna sous Louis Douzième, le Roi n'en avait pas moins lui-même, sous le règne précédent, follement pris la tête des grands en révolte.

Ceux-ci, à la moindre faiblesse, relèveront la tête, et déchireront à nouveau ce royaume du tumulte de leurs ambitions.

N'ai-je pas, moi-même, vu me trahir le connétable de Bourbon, qui préféra par orgueil aller servir l'Empereur, plutôt que d'obéir à son Roi ?

Si beau et si prospère qu'il soit, ce royaume est fragile.

Il faut étouffer l'hydre tant qu'elle est jeune encore. Tuer le monstre dans son œuf. Réprimer le complot.

Il est temps désormais d'arrêter les coupables, et de les exécuter sans faiblesse. Ceux qui ont méprisé ma douceur vont connaître ma force !

Que cent écus soient versés à quiconque dénoncera les auteurs de l'attentat !

Qu'on arrête les prédicateurs de la prétendue réforme ! Qu'on détruise leurs écrits ! Que rien ne soit plus imprimé en ce royaume, sinon visé par moi !

Dire que je ne voyais jadis en l'imprimerie qu'une invention magnifique propre à diffuser le savoir ! Elle vient cette fois de prouver qu'elle est aussi une machine à semer feu et haine aux quatre coins du royaume !

Et puisque, hélas, il le faut, que flambent donc les bûchers !

De cette décision, le cœur du Roi ne se réjouit pas. Il sait que, à côté des furieux, brûleront des crédules, des aveugles aux bonnes intentions qui, sans doute, ne méritent pas cela. Mais qui n'en menacent pas moins, eux aussi, l'ordre public, naïfs instruments de menées qui les dépassent !

La raison du Roi ne se réjouit pas plus. Il devine que, devant la persécution de leurs coreligionnaires, les princes allemands que l'on nomme protestants, dont il a fait ses alliés, s'éloigneront de lui, l'affaiblissant ainsi face à l'Empereur Charles.

Un voile mélancolique vient soudain adoucir le dur regard de François.

Il lui semble entendre, s'élevant de son cœur, l'appel d'une voix aimée.

Ma chère sœur, est-ce vous ?

Ma chère sœur... Ô ma sœur ! Vous qui n'êtes que douceur et bonté...

Il vous faudra comprendre.

Il vous faudra comprendre, Marguerite.

Ce n'est point de la pureté des âmes qu'il s'agit désormais, mais bien de leurs ténèbres. Ce n'est point le Royaume des Cieux qu'il est question d'atteindre, mais celui d'ici-bas qu'il convient de défendre.

L'enjeu n'est point le règne de Jésus, mais c'est la paix en France !
Aspirez au premier, Marguerite, vous en êtes bien digne.
Mais à moi il revient d'assurer la seconde.

Mai 1535

Quand ven lou mes de mai
Les toundeires venoun,
Toundoun la nuech, toundoun lou jour,
Pendent un mes, et quinze jours,
Et tres semanos,
Toundoun la lano,
D'aqueles blancs moutons.

Chants de mai. Chants allègres.

L'air est pur et léger.

Loin du méchant mistral qui parfois souffle en cette région, c'est une douce brise qui nettoie l'azur du ciel de ses rares nuages.

Mérite de Trivulce a laissé grands ouverts les rideaux de sa litière pour y laisser couler ce souffle bienfaisant.

Sur le fond doucement entêtant du crissement des cigales, elle prête l'oreille en souriant aux chants des paysans qui besognent dans la campagne baignée de lumière, pareille à un tableau d'un maître italien.

Elle respire lentement les senteurs de pin, de lavande et de romarin.

Le petit convoi chemine au pas lent des mules attelées au véhicule. Les cavaliers de la petite escorte devisent gaiement. Le sire Antoine de Bouliers, son fils, chevauchant à son côté, échange çà et là quelques propos avec la Dame. Lui aussi semble d'excellente humeur, loin de l'abattement qui avait suivi son veuvage, il y a deux ans.

Par-delà oliviers et cyprès, par-delà les garrigues et les coteaux tapissés de vignes et de prairies, les chênes verts montent à l'assaut des massives croupes du Grand Luberon, vers le Mourre-Nègre, là-haut, qui domine la région. Au sud, dans la plaine, après La Tour-d'Aigues où l'on couchera ce soir, coule, paisible, la Durance. Plus loin, la montagne Sainte-Victoire annonce le pays d'Aix.

Au passage du petit cortège, les paysans trimant près du chemin interrompent leur effort et, mettant chapeau bas, saluent respectueusement celle que, pour la seigneurie de Centallo qu'elle possède en Piémont, on appelle la Dame de Cental.

Mérite de Trivulce fait ici une tournée des terres du pays d'Aigues dont son fils Antoine est le seigneur. Elle s'en ira ensuite plus à l'est visiter ses parents de Lourmarin. Elle entend resserrer ainsi les liens familiaux qui font de la maison de Bouliers et Cental la mieux possessionnée de la région, à qui toutes les autres rêvent de s'allier.

Et, une fois de plus, elle se félicite de l'heureuse décision prise par ses pères. Les terres du Luberon ne sauraient être plus prospères. Pourtant, elles étaient jadis, dit-on, bien à l'abandon. Les guerres, la peste, et toutes sortes de calamités avaient alors dépeuplé le pays. La friche gagnait partout. Des villages entiers n'étaient plus habités. Or les vallées des Alpes abritaient des populations plus nombreuses qu'elles n'en pouvaient nourrir. Le seigneur de Cental invita alors les habitants de la Vallouise et des hautes vallées du Piémont à s'en aller peupler les terres de Luberon. Au vrai, tous les seigneurs de la région en firent autant, tant au Comtat qu'en Provence, à commencer d'ailleurs par les seigneurs ecclésiastiques. Les évêques de Carpentras, de Cavaillon et de Marseille ne se sont pas fait faute de passer des actes d'habitation avec ces nouveaux venus prêts à revivifier leurs terres en déshérence. Et c'est dans une quarantaine de villages qu'on trouve aujourd'hui ces immigrants piémontais.

Humbles, honnêtes, frugaux, durs à la tâche, ils ont ressuscité le pays.

Par eux, les villages perchés, blottis à flanc de rocher autour de leur château ou de leur église, ont repris vie.

Les hommes les quittent à l'aube pour descendre dans les champs et les prés. Parfois, lorsque les terres qu'ils cultivent ou que les pâturages où paissent leurs moutons ou leurs chèvres sont loin de chez eux, ils séjournent dans des cabanes de pierre sèche, ces bories qui parsèment la montagne.

Patiemment, ils ont épierré les moindres parcelles cultivables. Ils ont élevé alentour des murettes pour les préserver du ruissellement des pluies. Ils ont bâti ou rebâti des enclos de pierre pour leurs troupeaux. Ils cultivent les olives, la vigne, et sont parvenus à faire venir de frugales céréales. On ne saurait plus nulle part voir un terrain en friche. Et la forêt elle-même recule devant l'assaut des cultures.

Les paysans vont vendre aux Aixois leur charbon de bois, et leurs amandes aux courtiers juifs d'Avignon, qui les revendent jusqu'en Orient.

Bourgs et villages jadis morts sont devenus si peuplés que les nouveaux venus, pour mieux se loger, ont élevé des bastides un peu partout dans la campagne. Avec leur tour d'angle et leurs murs épais, certaines semblent presque de petits châteaux.

Les toundeires s'en van,
Les lavaires venoun,
Lavoun la nuech, lavoun lou jour,
Pendent un mes, et quinze jours,
Et tres semanos,
Lavoun la lano,
D'aqueles blancs moutons.

Quel seigneur ne serait pas comblé d'avoir pareils sujets ! Ils travaillent, payent l'impôt, ne protestent de rien, ne créent aucun tracas...

Aucun tracas ?

Cette journée est trop belle pour que Mérite de Trivulce laisse le moindre souci gâcher le plaisir de l'instant. Mais sa visite n'a pas pour seul objet de constater que ses terres de La Tour-d'Aigues restent bien cultivées. De cela elle n'a aucun doute. Elle veut aussi s'assurer que la paix est à nouveau bien établie dans la région, après les incidents survenus il y a deux ans à Cabrières-d'Aigues.

Les habitants d'alentour, tout d'abord, n'ont guère prêté attention aux nouveaux venus du Piémont. C'est peu de dire qu'il y avait alors de la place pour tous ! Mais les temps ont changé. Il y a à présent dans le pays autant de gens que la terre peut en nourrir. Il n'est plus question d'accueillir de nouveaux colons. La peste elle-même a refait son apparition il y a trois ou quatre ans. La vie n'est plus si facile qu'autrefois.

Et les vieux Provençaux se mettent à considérer avec suspicion cette communauté d'immigrés qui, loin de se fondre dans la population locale, persistent à vivre entre eux dans les villages qu'ils ont repeuplés, et à se marier entre eux. De village à village, la méfiance s'est installée entre anciens et nouveaux habitants. Si, de loin, ils semblent faire bon ménage, c'est en fait que chacun vaque chez soi à ses affaires sans se préoccuper de celles du voisin. Mais on ne se fréquente guère.

Au vrai, les Piémontais font un peu peur. On les accuse parfois du crime de *vaudoisie*, qui veut dire sorcellerie. Ce mot vient d'un hérésiarque de jadis dont on prétend par ici avec insistance, depuis quatre ou cinq ans, qu'ils suivent l'enseignement, les désignant du nom de *vaudois*.

Ils ont assurément églises et curés. Même s'ils ne s'y montrent, dit-on, pas toujours assidus, ils fréquentent les offices. Leurs voisins provençaux sont-ils plus zélés ? Mais il y a une vérité derrière tout cela. S'ils ont si aisément accepté l'invitation du seigneur de Cental ou des seigneurs voisins, c'est aussi qu'ils étaient, dans leurs vallées alpines, inquiétés par l'Inquisition. Mais depuis qu'ils s'étaient installés dans la région, et jusqu'à ces dernières années, personne ne s'était plus préoccupé de leurs croyances.

De quoi les accuse-t-on au juste ? Qu'est-ce donc qu'être vaudois ? Hormis qu'ils lisent l'Évangile en leur langue sans le truchement des prêtres catholiques, Mérite de Trivulce ne le sait pas très bien. L'hérésie, certainement, est un crime abominable. Ils ont paraît-il des prédicateurs qui vont de village en village et qu'ils appellent leurs *barbes*, c'est-à-dire leurs oncles, en leur langage. Mais en Piémont comme en Luberon, ils sont si discrets... si tranquilles... et ils travaillent si bien ! Qu'importent après tout les idées étranges qui peuvent passer dans leurs têtes, s'ils les gardent pour eux, à l'ombre rassurante de leurs églises !

L'évêque de Marseille lui-même, d'ailleurs, seigneur de Mérindol, dont on murmure sous cape que l'hérésie pourrait bien infecter toute la population, se garde bien d'en savoir plus et de chercher la moindre noise à ses industrieux sujets.

L'ennui – le seul ennui – c'est que le Roi, inquiet de la grande hérésie qui divise l'Allemagne et des miasmes qu'elle répand en France, a ordonné l'hiver dernier de presser partout les poursuites contre les hérétiques. Cela ne manque pas de stimuler le zèle du Parlement de Provence qui avait déjà envoyé au bûcher huit hérétiques voici trois ans !

Et le Pape, souverain du Comtat, s'effraye lui aussi de l'hérésie allemande.

En la personne du dominicain Jean da Roma, il a fait rétablir l'Inquisition dans la région. L'inquisiteur n'a pas chômé. Mais le résultat est que l'on a ainsi fini par provoquer des troubles jusqu'en un lieu aussi tranquille que Cabrières-d'Aigues et que l'on voit à présent des hérétiques partout, là où il y a encore cinq ans on ne voyait que de paisibles paysans !

Ah ! qu'ont donc les gens d'ici à faire avec Luther ? Qu'on les laisse donc travailler ! Et payer ponctuellement l'impôt ! Qui pourrait les accuser de ne pas payer scrupuleusement même la dîme ecclésiastique ?

Après tout, l'inquisiteur a fait tant de zèle mal venu qu'il s'est attiré le courroux du Roi et que ses supérieurs eux-mêmes ont fini par l'éloigner...

Les lavaires s'en van,
Les cardaires venoun,
Cardoun la nuech, cardoun lou jour,
Pendent un mes, et quinze jours,
Et tres semanos,
Cardoun la lano,
D'aqueles blancs moutons.

Été 1535

Georges Morel, tremblant, se résout enfin à ouvrir l'ouvrage posé devant lui.

Il n'en croit pas ses yeux !
Enfin ! Là ! Elle est là !

Sous un bandeau en hébreu s'inscrit en français le titre magnifique !

La Bible !

La Bible... *Qui est toute la saincte escripture. En laquelle sont contenus le Vieil Testament et le Nouveau, translatés en françoys, le Vieil de l'hébreu, et le Nouveau du Grec.*

Translatés en français !

Enfin ! Enfin !
Georges Morel tourne lentement les pages. Georges Morel s'interrompt. Georges Morel pleure.

Cette Bible... Cette Bible, patiemment traduite par l'érudit Olivétan et secrètement amenée de Suisse, où l'imprimeur Pierre de Vingle vient de la publier... C'est la lumière de la Vérité enfin apportée à tous, sans l'intermédiaire obligé des prêtres catholiques !

Cette Bible – cette première Bible en français – c'est nous, les Pauvres du Christ, qui l'avons payée de nos deniers. Il y a fallu quelque huit cents écus d'or, don recueilli sou à sou, de ferme en ferme, auprès de tous nos frères. À la Réforme qui va désormais éclairer toute la Chrétienté, c'est le présent que nous faisons ! Luther a donné l'Écriture aux Allemands. Suivant son exemple, nous l'avons donnée aux Français !

Cette Bible, c'est l'aboutissement de siècles de foi, de luttes, de persécutions... Si longtemps nous avons humblement entretenu notre petite flamme. Et la voici devenue torrent de lumière !

Aux temps des royaumes d'Israël, l'Ancien Testament était écrit dans l'hébreu qu'on parlait en ces pays. Puis on le traduisit dans la langue des Grecs, que l'on parlait dans tout l'Orient.

Aux temps apostoliques, c'est en grec que le Nouveau Testament, lui aussi, fut couché par écrit. Puis l'Écriture tout entière fut traduite en latin pour que chacun puisse la comprendre dans tout l'Empire romain.

Plus tard les chrétiens d'Occident oublièrent le latin, parlant français d'oïl ou langue d'oc, allemand ou anglais, castillan ou toscan... Seuls les prêtres et quelques princes ou nobles parlaient toujours l'ancienne langue de Rome. Mais l'Église cette fois refusa que la Bible fût traduite dans ces langues nouvelles.

Depuis que l'Empereur Constantin avait fait don de l'Empire au Pape Sylvestre, l'Église avait cessé d'être celle des humbles, celle des pauvres – pauvres comme Jésus l'était lui-même. En accédant à la puissance, elle s'était peuplée de puissants. Elle affirmait que le peuple n'était pas capable de comprendre l'Écriture. Qu'il fallait la lui expliquer et qu'elle seule pouvait le faire. Qu'il ne fallait donc à aucun prix la lui porter dans sa langue.

Cette erreur, un riche marchand de Lyon, Pierre Vaudès, il y a près de quatre cents ans, au temps du Roi Louis Septième, ne put la supporter plus longtemps.

La lumière lui vint en méditant l'Évangile de Matthieu : *Si tu veux être parfait, va, vends tout ce que tu possèdes et donne-le aux pauvres et tu auras un trésor dans les cieux ; puis viens et suis-moi.*

Pour revenir à la pureté des temps apostoliques – à la vraie voie de l'Église –, il décida de se faire pauvre et de prêcher l'Évangile dans le langage du peuple.

Il distribua ses biens aux miséreux, et s'en alla de ville en ville, prêchant à la porte des églises, par les rues et par les places publiques, entraînant avec lui d'autres frères et sœurs, qui parcouraient à leur tour campagnes et villages.

Ils se nommaient « Pauvres du Christ ». On les appelaient aussi « Pauvres de Lyon », puisque Vaudès venait de cette ville. Ils n'avaient pas de demeure fixe. Ils cheminaient deux par deux, nu-pieds, vêtus d'une tunique de laine. Ne possédant rien, ils avaient tout en commun, comme les apôtres.

En trouvant lui-même la lumière dans l'Évangile, sans le truchement des prêtres, Vaudès avait compris que la Parole de Dieu se suffisait à elle-même, que dans sa simple clarté, elle n'avait nul besoin d'être interprétée. Il fallait donc traduire l'Écriture en langue vulgaire pour que le peuple chrétien, comme autrefois, entende directement la Vérité. Ce saint homme garda un peu de son ancienne fortune pour faire traduire l'Évangile par des clercs.

Il se trouva des gens d'Église pour louer le zèle des frères. François d'Assise lui-même n'allait-il pas imiter Vaudès en renonçant aux richesses de ce monde ? Et l'Église a fait de lui un saint !

Mais François d'Assise ne prétendait pas traduire l'Écriture... Or cette prétention, les puissants de l'Église ne la pouvaient supporter. Ils interdirent bientôt toute traduction des textes sacrés. Et ils osèrent proclamer hérétiques les Pauvres du Christ, alors qu'ils ne suivaient rien d'autre que la tradition des Apôtres.

Finies les prédications publiques. Les Pauvres devaient désormais se cacher du zèle des inquisiteurs. Chassés du pays de Toulouse où ils s'étaient répandus, ils se dispersèrent par toute la Chrétienté. Ils allèrent en Italie, en Bohême, et jusqu'à la mer Baltique. Ils prêchaient en secret, le soir, dans des maisons amies. Et, en méditant l'Écriture, ils avaient peu à peu compris que l'Église de Rome avait, sur bien des points, glissé dans l'erreur.

Ils rejetaient le serment et le mensonge. Ils refusaient toute violence et n'admettaient pas qu'une créature de Dieu pût en condamner une autre à mort. Ils proclamaient invalides les sacrements conférés par de mauvais prêtres. Ils niaient le purgatoire, dénonçaient l'inutilité des suffrages pour les morts et des indulgences qui faisaient gagner tant d'argent à l'Église. Ils rejetaient la messe comme le culte des saints...

Et, de siècle en siècle, l'Inquisition, inlassablement, poursuivait ceux que, du nom de Vaudès, elle appelait vaudois.

Dans les vallées du Piémont et du Dauphiné, on vit au siècle passé les procès se succéder, en mil quatre cent soixante-quinze, quatre-vingt-trois, quatre-vingt-six... Puis, en mil quatre cent quatre-vingt-huit, sous le Roi Charles Huitième, ce fut une véritable croisade qu'on déclencha contre nos frères du Dauphiné, qui durent par centaines fuir vers la Provence.

Même en Luberon, où ils se sont installés sous la protection de seigneurs du lieu et mènent la vie la plus tranquille qui soit, l'Église romaine s'en prend à eux. Il y a quatre ans, elle a envoyé dans la région l'inquisiteur Jean da Roma. Dans sa cruauté inique, pour faire avouer aux Pauvres ce qu'il appelait leurs erreurs et les envoyer plus sûrement au bûcher, il leur faisait chausser des bottes remplies de graisse qu'il mettait à bouillir ! Escorté d'hommes d'armes, il n'hésitait pas à rentrer inopinément de nuit dans les maisons où il était averti qu'il y avait un peu d'argent. Il rompait huis et coffres, il déclarait le père, la mère et les enfants hérétiques, il leur donnait la question et prenait l'argent, quand il ne violait pas les filles !

Il ne fallut pour arrêter ce furieux rien de moins que l'ordre du Roi !

Hélas, les poursuites de l'Église comme du Parlement d'Aix n'ont pas cessé pour autant !

Mais ce sont là les derniers soubresauts de la Bête. Ces temps de ténèbres seront bientôt révolus ! Car Luther est venu. Et d'autres l'ont suivi, parmi les plus savants.

Et soudain l'on a vu, au grand dam du Pape, de hauts princes et de puissantes cités brandir avec lui la Bible, et avec lui rejeter Rome.

Apprenant la Réforme d'Allemagne, les Pauvres députèrent successivement plusieurs barbes comme ambassadeurs auprès des Réformateurs. Voici cinq ans, ils choisirent deux des plus instruits, Pierre Masson et Georges Morel lui-même. Ceux-ci se rendirent à Strasbourg auprès de Bucer et à Bâle auprès d'Œcolampade. Ils leur présentèrent humblement les articles de leur foi, leur posèrent onze questions plus humblement encore. Ces grands savants écoutèrent et répondirent avec une profonde bienveillance.

Ils avaient tant de choses en commun... Et avant tout la volonté de ramener l'Église à la simplicité des origines, avant Sylvestre et Constantin. Pour cela, les Réformateurs entendaient eux aussi traduire la Bible en langue vulgaire pour la rendre accessible au peuple.

Sans doute, sur certains articles, leur foi différait-elle de celle des Pauvres, mais ceux-ci, dans l'obscurité de la persécution, n'avaient-ils pas eux-mêmes erré ? Ces grands théologiens qui avaient résolu de réformer l'Église du Christ ne savaient-ils pas mieux qu'eux où était la Vérité ?

Georges Morel parle latin. Contrairement à la plupart des barbes, il a pu lire la Bible dans cette langue. Il mesurait combien partielles étaient les traductions manuscrites en provençal dont il pouvait disposer. Il se demandait même parfois si elles étaient bien exactes. Les Pauvres du Christ ne pouvaient en fait accéder qu'à une partie des Écritures. Dans leurs pérégrinations, les barbes ne pouvaient emporter avec eux que les Évangiles, ou de petits précis aidant à leur prédication. Assurément, des savants comme Luther et ses amis, qui ont sous les yeux la Bible tout entière, qui savent la lire non seulement en latin, mais dans l'hébreu et le grec des origines, voient mieux qu'eux – mieux que lui – la lumière de la Vérité !

Les barbes de Provence et de Piémont ont coutume chaque année de tenir un synode. Plusieurs années durant, lors de cette assemblée, ils s'interrogèrent sur la Réforme. Enfin, il y a trois ans, se rassemblant à Chanforan, au Val-d'Angrogne, ils invitèrent Guillaume Farel, qui avait fait triompher la Réforme à Genève.

Convaincus par sa science et son éloquence, ils résolurent de se rallier à la Réforme. Ce ne fut pas facile. On disputa beaucoup et vivement, car il fallut abandonner des croyances auxquelles les Pauvres et leurs barbes étaient fort attachés. Ainsi, le célibat des prédicateurs ne serait pas une bonne chose ? Le vœu de chasteté serait contre nature ? Bien plus, les bonnes œuvres n'auraient aucune vertu salvatrice ? Salut ou damnation, Dieu aurait prédestiné le sort éternel de chaque homme avant même qu'il vînt au monde ?

Oui, ce fut difficile... Il fallut une semaine entière pour que les barbes fassent le choix de rallier la Réforme. Mais si vous aviez vu Farel, monté sur son cheval blanc pour se faire mieux entendre ! Cette flamme ! Ce feu !

Si vous aviez vu et ouï Farel, vous comprendriez comment il emporta la conviction de tous.

Dans le tonnerre de sa voix roulait l'écho du Verbe divin...

Un sourire nostalgique passe sur les lèvres du barbe... Sa vie, comme celle de ses frères, va du tout au tout changer. Finies les réunions secrètes, finies les prédications clandestines. Bientôt, on prêchera à nouveau en public, comme jadis Vaudès et ses disciples ! Bientôt la Vérité aura ses temples ! Bientôt elle n'aura plus à se cacher !

Que de souvenirs, pourtant, attachent Georges Morel à son ancienne vie...

Ainsi, mes frères, nous allons donc cesser de cheminer deux à deux par les routes et les sentes, pareils à de simples artisans, sous nos humbles manteaux, chargés du baluchon serrant tous nos effets. Nos effets et surtout nos livres, modestes opuscules, fragments de l'Écriture ou pieux commandements !

Le novice, enfant de notre pauvre peuple des campagnes, venu de la garde des bêtes ou des travaux des champs, s'initiait là au métier de la prédication. Il lui avait fallu d'abord apprendre à lire et à écrire, puis retenir par cœur Matthieu et Jean, Paul et maintes épîtres, cela dans notre langue, la seule qu'il connût. Il avait dû prononcer les vœux de pauvreté, de chasteté, et d'obéissance, renoncer à posséder quoi que ce soit qui ne vînt des aumônes, et le mettre en commun avec ses frères.

L'aîné guidait ses premiers pas dans le sacerdoce. Il lui enseignait les routes à suivre et celles à éviter, les maisons amies à l'huis desquelles on pouvait en sûreté frapper, les familles sûres qui les accueilleraient...

Quel chagrin de devoir se cacher pour prêcher la Vérité ! Mais quel bonheur chez ceux à qui, malgré Rome et son inquisition, nous venions l'apporter !

Vois, mon frère, là-haut dans le couchant, vois donc cette bastide, auprès de ce hameau. Vois ses murs bien plantés à l'abri des cyprès. Courage, jeune frère, courage, très bientôt tu pourras et reposer tes pieds et apaiser ta faim ! Car là sont des amis.

Viens, jeune frère, approche. La nuit vient de tomber, on ne nous verra pas. Et ne crains pas les chiens !

Laisse-moi heurter la porte. Entends, voici qu'on vient.

Lueur d'une chandelle et regard de méfiance.

Signe de connivence et regard qui s'éclaire...

Entrez, mes pères, entrez, c'est Dieu qui vous envoie !

Suivez-moi, suivez-moi... Prenez bien garde aux marches... Baissez-vous, car c'est bas... Voici, vous êtes chez vous, personne ne connaît cette chambre secrète que j'ai bâtie pour vous !

Femme, mets céans à chauffer la soupe refroidie !

Fils, vêts-toi et cours chez les Bonin, les Allard et les Serre. Dis-leur – dis-leur tout bas – que les oncles sont là !

Là-bas dort sous la lune le village voisin qui obéit à Rome. Mais devant l'âtre, ici, quelque douze chrétiens viennent de s'assembler.

Pas toi, fils ! Fais le guet au-dehors, car on ne sait jamais ! Rome est partout, mes frères.

Mais soyez rassurés. Car ce soir c'est Dieu qui vient loger chez nous.

Il fait chaud, il fait doux. Écoutez, écoutez, des lèvres du jeune oncle couler les mots sacrés de la Sainte Écriture. Voyez comme, si jeune, il sait lire dans les livres, comme les grands savants.

Écoutez cieux, et toi terre prête l'oreille
Car l'Éternel parle...

Frère aîné, j'ai fini ma lecture. Je me tourne vers toi comme tout l'auditoire. Enseigne-nous comment l'Écriture doit bercer notre vie.

Jeune frère, écoute bien. Car bientôt, car demain, dans une autre bastide, aux chrétiens c'est ta bouche qui dira le sermon.

Ô frères écoutez une noble leçon
Souvent devons veiller et être en oraison,
Car nous voyons ce monde être près de sa fin.
Bien soigneux devons être à faire bonnes œuvres,
Car nous voyons ce monde de sa fin approcher...

Mais l'Écriture dit, et voir nous le pouvons,
Que s'il se trouve un bon aimant Dieu et son Christ
Qui ne veuille médire, ni jurer, ni mentir,
Ni commettre adultère, tuer ni dérober,
Et de ses ennemis ne se veuille venger,
C'est un vaudois, dit-on, qu'on le fasse mourir...

Mais que se console celui qui est persécuté
Pour la crainte de Dieu.
Au sortir de ce monde le Ciel lui est ouvert,
Où il aura grand gloire, au lieu de déshonneur.

Oh, mes frères, comme le vieil oncle a bien parlé ! Allons, il est temps à présent que, un par un, nous allions à son oreille confesser nos péchés...

Et toi, petite qui tousses, petite qui tousses encore, prends courage. Demain l'oncle te préparera une potion qui réchauffera ta poitrine. Et à toi, mon cadet, il curera la plaie que tu t'es faite au bras !

Les yeux de Georges Morel s'embuent.

Ah, mes frères, comme j'aimais votre accueil de la nuit, votre chaude ferveur ! Comme j'aimais votre amour, enfin ! Chaque soir différents, et chaque soir pourtant vous étiez ma famille !

La Bible qui est toute la saincte escripture. En laquelle sont contenus le Vieil Testament et le Nouveau, translatés en françoys.

Les yeux du barbe reviennent sur le livre magnifique.

Allons, foin des nostalgies des temps obscurs ! Célébrons bien plutôt l'avènement du temps des lumières !

Oui, à Chanforan, nous avons pris la bonne décision : cette Bible en est la preuve. Cette Bible scelle l'alliance entre les humbles témoins des temps apostoliques que les Pauvres du Christ sont jusqu'ici demeurés, et les grands théologiens qui ont aujourd'hui entrepris de restaurer la véritable Église.

Par le miracle de l'imprimerie, elle existe en centaines d'exemplaires. Et on pourra en refaire des milliers. On pourra l'expédier partout en France, hâtant ainsi le triomphe de la Vérité.

Cette Bible fait de nous, a proclamé Farel, les fils aînés de la Réforme !

Sans doute ce gros volume ne peut-il être transporté en secret, comme les petits écrits que nous serrions dans nos bagages. Elle n'est pas faite pour être dissimulée par des persécutés, mais bien plutôt pour trôner en majesté dans le Temple du Seigneur !

Eh quoi ? N'est-ce point normal ? La Réforme, puisqu'elle est juste et vraie, va bientôt triompher par toute la Chrétienté. Le Roi lui-même, car il est juste et bon, ne pourra l'ignorer.

Il ne sera plus besoin de dissimuler l'Écriture.

La Bible pourra bientôt, partout, trôner en majesté !

Avril 1538

« Ce vin est exquis, mon cher beau-père ! D'où vient-il ?

— Je vous laisse deviner, mon cher fils !

— Il n'est assurément pas de Provence ! Ce ne peut être que du Bourgogne !

— Antoine, vous n'avez pas perdu votre goût. Et vous, François, vous ne dites rien ?

— Je le déguste, je le déguste... du beaune, n'est-ce pas ?

— Ah ! François, Antoine, vous êtes décidément bien dignes d'être mes gendres ! »

Jean Maynier, baron d'Oppède, conseiller au Parlement de Provence et viguier de Cavaillon, en Comtat, traite ce jour à souper, en son hôtel d'Aix, ses deux gendres, Antoine de Glandèves, comte de Pourrières, époux de son aînée Claire, et François de Pérussis, baron de Lauris et comme lui conseiller au Parlement, époux d'Anne, sa cadette, ainsi que son jeune neveu Gaspard Forbin, fils de son beau-frère Jean, sieur de Genson et de Villelaure.

Ses trois parents se trouvant au même moment avoir affaire à Aix, leur beau-père et oncle, qui ne les a de longtemps reçus ensemble, s'est fait un plaisir de les convier à sa table. D'autant que les dernières nouvelles de la Cour ne peuvent que les intéresser !

Mais il est une autre nouvelle dont le conseiller d'Oppède est singulièrement satisfait...

« Enfin, cher baron, nous laisserez-vous lire votre œuvre ?

— Ce n'est qu'un manuscrit de ma main... Soyez patients. D'ici peu, chacun d'entre vous en aura un exemplaire entre les mains, par moi dédicacé.

— C'est donc résolu ? Vous allez la faire imprimer à Paris ?

— Si fait ! Chez l'imprimeur Charles Langelin. »

Le seigneur d'Oppède aime les belles-lettres. Il vient d'achever la traduction en français de six *Triomphes* de Pétrarque, et n'est pas peu fier de voir son ouvrage imprimé dans la capitale du royaume.

« Mais, en parlant de dédicace, à qui allez-vous dédier l'ouvrage ? Sera-ce à quelque Dame ?

— Non point, mon ami, non point. Ce sera au libérateur de la Provence !

— Vous voulez dire... à Monsieur de Montmorency ?

— Au Grand Maître et Maréchal de France Anne de Montmorency, en effet, que le Roi a fort justement fait de nommer cet hiver comme son Connétable !

— C'est une fort bonne idée, mon oncle. Il a été magnifique dans sa défense contre l'Empereur. Quoi qu'il ait pu en coûter à notre province, il l'a sauvée et le royaume avec. »

Il y a deux ans, on a vu en effet les Impériaux envahir la Provence, avec Charles Quint en personne à leur tête. Ce fut une catastrophe pour le pays, qui commence à peine à s'en remettre. Montmorency, chargé par le Roi de diriger les opérations militaires, appliqua une tactique de terre brûlée. L'Empereur eut beau faire son entrée dans Aix et se faire couronner roi d'Arles et comte de Provence dans la cathédrale Saint-Sauveur, il dut reculer, faute de pouvoir nourrir ses troupes dans une région ravagée.

Aix elle-même ne fut guère épargnée. Les Impériaux pillèrent ce qui restait, même si ses habitants l'avaient fuie en emportant l'essentiel de leurs biens. Des édifices publics furent brûlés. Le palais comtal, notamment, fut incendié, et les archives communales furent détruites dans l'incendie de la maison de ville.

À propos, connaissez-vous Aix-en-Provence ? Si non, prenez un peu le temps de vous y promener, entre deux chapitres de cet ouvrage. Allez voir la cathédrale et son cloître, l'archevêché, les églises, le palais comtal même, que l'on commence à remettre en état. Et surtout, errez un peu par les rues, et ne manquez pas d'admirer les hôtels des parlementaires et des seigneurs des environs...

Aix, assure un voyageur, est la plus gentille ville de France, après Paris ! Et je vous atteste qu'il dit vrai. Son climat est, de plus, l'un des plus doux qui soient. Si vous pouvez, évitez tout de même les chaleurs d'été. Elles font quelque peu fermenter les tas de fumier, et dans les écuries et les étables les bêtes échauffées exhalent alors un fumet plus fauve que de coutume. Mais c'est calomnie de dire qu'il pue ici plus qu'ailleurs ! Pour le coup, notre voyageur grossit le trait à l'excès lorsqu'il prétend cette ville la plus sale du royaume, assurant qu'à Aix on dit que lorsqu'il pleut, c'est de merde, au motif que, l'usage des fosses de privés n'y étant point reçu, il faudrait aller faire ses affaires sur les toits des maisons. En vérité, comme partout, il faut seulement s'écarter lorsqu'on entend, d'un étage, s'écrier « *agua va !* ».

Mais loin de ces menus inconvénients des rues, je vois pour le présent vos narines frémir d'aise... Eh, c'est bien normal ! On fait toujours bonne chère, à l'hôtel d'Oppède.

Comme vous le voyez à son vêtement, et ne manquerez sans doute pas de l'observer à son discours, le conseiller Maynier d'Oppède affectionne le paraître. Certains s'en agacent. Mais, lorsqu'ils sont à sa table, ils ne trouvent rien à redire à ce qu'il mette un point d'honneur à offrir à ses hôtes les meilleurs repas d'Aix, ou peu s'en faut.

Décidé tardivement, celui-ci, il est vrai, à été quelque peu improvisé. Mais tout de même, voyez...

N'a-t-elle pas fière allure, cette pintade emplumée, enrobée de sa croûte de pain et de sucre parfumée à l'orange et à la rose ?

Vous trouvez qu'en comparaison ces foies simplement grillés qu'accompagne une sauce mêlant vinaigre, poivre et sucre semblent un mets bien modeste ? C'est que – l'ignorez-vous ? – c'est pour notre Roi un régal dont il raffole. Connaissant Monsieur d'Oppède, je gage qu'il ne va pas manquer de le mentionner, montrant ainsi, l'air de rien, qu'il est averti des moindres détails de la vie de la Cour.

Et savez-vous comment on prépare ces beaux pigeons dorés et odorants aux gousses d'ail en chemise que l'on vient d'apporter ?

Je m'en vais vous le dire, car je vois que, en attendant qu'ils débattent des nouvelles qui nous importent, vous bâillez aux propos de nos convives qui, de fait, à cette heure ne vous concernent guère. Qu'avez-vous à faire de ces querelles de voisinage, de ces persiflages sur leurs connaissances communes, ou de savoir qui est cocu de par la ville ?

Eh bien, voilà, pour quatre compères comme ceux-ci, vous prenez quatre pigeons. Vous les videz, mais en veillant bien à conserver leurs foies. Prévoyez un peu de beurre et quatre brindilles de thym, et surtout dix-huit têtes d'ail non pelé. Oui, oui, dix-huit, vous m'avez bien entendu ! Je sais que cela paraît énorme mais ignorez-vous que l'ail non épluché perd les trois quarts de sa force ?

Vous mettez tout d'abord à l'intérieur de chaque oiseau une noisette de beurre, une brindille de thym, et une pincée d'ail et de poivre. Vous bridez bien les bêtes pour qu'elles ne se défassent pas. Avec ce qui vous reste de beurre, vous les laissez dorer dans un pot.

Quand elles ont une belle couleur, vous ajoutez l'ail, avec du sel et du poivre, vous couvrez, et vous mettez au four.

Vous préparez pour la sauce un petit bouillon de volaille.

Ah, mais il ne faut pas oublier de faire revenir dans le pot les foies que vous aurez au préalable légèrement hachés ! Vous ajoutez un peu d'eau-de-vie de raisin. Et vous réduisez en purée six à sept têtes d'ail ainsi que les foies. Vous versez le bouillon peu à peu, vous remuez bien pour que la sauce soit bien lisse.

Et quand c'est prêt, vous retirez toutes les ficelles et vous disposez vos pigeons sur un plat, avec les têtes d'ail restantes en couronne. Vous nappez de sauce. Et il ne vous reste plus qu'à servir bien chaud !

Ah, mais les verres se vident et se remplissent toujours plus vite, dirait-on ! Et on en vient à l'entremets...

J'entends que l'on parle de la prochaine venue du Roi. Savez-vous en effet que, dans quelques semaines, notre bien-aimé souverain fera étape à Aix sur la route qui le mène vers Nice, où le Pape va tenter de le réconcilier avec l'Empereur ?

Oh, mais à présent voici que l'on débat des grandes choses du royaume !

C'est curieux, n'est-ce pas, comme un ventre bien plein tend à faire se prendre tout homme pour un conseiller royal ? Encore quelques verres et, pour un peu, nos quatre convives dicteraient sans vergogne au Roi sa conduite !

Jean Maynier d'Oppède s'essuie les lèvres avec ostentation, indiquant par là qu'il va tenir un propos d'importance.

« Enfin, messieurs, enfin, notre Roi se décide ! Nous avons reçu ces jours-ci au Parlement des lettres patentes par lesquelles il nous mande de punir à toute rigueur les hérétiques, en n'hésitant pas à les arrêter et à confisquer tous leurs biens. Et il ordonne au comte de Tende, comme son lieutenant en Provence, d'exécuter nos arrêts.

— Ce n'est pas trop tôt, alors même qu'il nous exhorte depuis des années à extirper l'hérésie, il n'a cessé jusqu'ici de varier et d'entraver de ce fait toutes nos procédures !

— François, François... tout doux ! Iriez-vous critiquer le Roi ?

— Eh, que diantre veut-il ? Avec cette affaire des placards qui l'avait tant ému à la fin de l'an trente-quatre, nous avions bien cru qu'il s'engageait une fois pour toutes dans la ferme répression de l'hérésie. Mais après avoir justement édicté en janvier trente-cinq les ordres les plus rigoureux qui soient, dès juillet suivant son édit de Coucy suspendait les poursuites en cours à la condition que les hérétiques reniassent leur fausse croyance dans les six mois, et nous fûmes bien forcés d'enregistrer ici comme ailleurs ce malencontreux édit. Un mois après, me direz-vous, il mandait à notre archevêque d'expulser de son diocèse les adhérents des damnées sectes. Mais, au printemps de l'année suivante, le voilà qui publie de nouvelles lettres de grâce, toujours sous condition pour les hérétiques d'abjurer dans les six mois puisque, évidemment, personne, ou quasiment, n'a rien abjuré. Cela ne l'empêche pas, presque dans le même temps, de demander au Parlement de faire saisir et vendre les biens des hérétiques. Mais, au total, il entrave ses propres ordres de répression par ses grâces successives ! Et pendant ce temps-là, l'hérésie s'étale presque au grand jour en Provence comme au Comtat !

— Et l'invasion impériale n'a rien arrangé en interrompant toutes les procédures ! Mais il faut comprendre le Roi, François. Il est bien loin d'ici. Il lui est malaisé de mesurer le danger. D'autant qu'il y a à la Cour bien des influences exagérément indulgentes aux hérétiques, celle de la reine de Navarre n'étant pas la moindre. Sans parler de la duchesse d'Étampes... Et surtout, lorsqu'il songe aux hérétiques, le Roi a en tête les prédicateurs envoyés de Suisse par les suppôts français de Luther que sont ce Farel ou ce Calvin qui a eu l'outrecuidance de lui dédier sa prétendue *Institution de la religion chrétienne*. Ceux-là, il les poursuit sans faiblesse. Mais, avec les gens du peuple qui se sont laissé endoctriner dans l'erreur, sa mansuétude naturelle le pousse à l'indulgence. C'est peut-être louable à Paris ou en Touraine où, par la grâce de Dieu, ils demeurent peu nombreux, mais ici, le Roi peine à voir que le péril est tout autre, que c'est un peuple entier qui est infecté ou en passe de l'être. Cette fois, pourtant, je crois qu'il a écouté avec attention les représentations que notre procureur général lui a adressées. Je crois qu'il a compris. D'autant qu'il voit bien que, malgré les grâces qu'il accorde, on récolte bien peu d'abjurations.

— Mmm, mmm... »

Ce grognement, c'est Gaspard Forbin qui, la bouche encore pleine, s'efforce de prendre part à la conversation.

« Rhhh, rhhh ! »

C'est encore lui qui se gratte la gorge.

« Hum ! Pardonnez-moi, mais enfin, il y a quelque chose qui m'étonne dans tout cela.

— Et quoi donc, mon cher neveu ?

— Qu'il faille réprimer l'hérésie, ce n'est pas le bon chrétien que je suis qui y trouvera à redire. Mais en quoi voyez-vous que le danger soit plus grand ici qu'ailleurs ?

— Parce que c'est tout le Luberon qui est truffé d'hérétiques. Des villages entiers. Une trentaine peut-être. Peut-être même plus. Il ressort des interrogatoires qu'ils sont des milliers. Plusieurs dizaines de mille, qui sait ? Vous trouverez cela en Allemagne ou en Suisse, mais nulle part ailleurs en France.

— Mais... ces gens-là habitent la région depuis plus de cinquante ans et ils n'ont jamais fait parler d'eux. Ils ont des curés, ils vont à l'église, ils paient la dîme. Est-il si avéré qu'ils soient si largement infectés d'hérésie ?

— C'est ce que nos enquêtes s'efforcent de prouver. Pour ma part ma conviction est faite. L'église, la dîme, tout cela c'est pour ne pas avoir d'ennuis, mais ce n'est que duplicité et tromperie. Je soupçonne même quelques curés de mal sentir de la foi ! Soyons francs, il y a dix ans encore, par négligence peut-être, personne ne soupçonnait l'étendue du mal. Il a fallu que nous commencions à réprimer les luthériens pour le découvrir. Et si frère Jean da Roma aurait gagné à mieux respecter les procédures, du moins son inquisition a-t-elle eu le mérite de révéler le mal qui couvait sous de trompeuses apparences.

— Je vous crois sans peine, mon oncle. Moi, je n'entends guère que des rumeurs, mais vous, vous savez les faits. Cela dit, nous avons nous-mêmes sur nos terres de Villelaure des gens que l'on accuse d'être de ces mal sentants. Eh bien, ce sont les plus paisibles paysans du monde. Qu'est-ce qui les rend plus dangereux qu'autrefois ? Même les évêques possessionnés dans la région ne s'en sont pas occupés jusqu'en l'an quinze cent trente au moins, se contentant de prélever impôts et rentes sans se plaindre le moins du monde de leurs sujets.

— Ce qui les rend plus dangereux qu'autrefois ? Luther, Farel, Calvin et leurs complices ! Je n'entends pas grand-chose aux fantaisies dogmatiques de tous ces égarés. L'Inquisition saura y faire le tri.

Mais je peux vous dire qu'en fin de compte, vaudois et luthériens, c'est tout un ! Tant que les vaudois étaient tout seuls dans leurs vallées du Piémont ou dans notre montagne du Luberon, ils se faisaient petits, c'était leur intérêt. Mais maintenant que l'hérésie a gagné des États entiers d'Allemagne et des cantons entiers de Suisse, ils pourraient bien relever la crête. Imaginez que les luthériens veuillent lever une armée en France pour faire la guerre aux catholiques. Où pourraient-ils trouver d'un seul coup plusieurs milliers d'hommes déjà gagnés à leur cause ?

— Ah, je comprends, je comprends ! Bon. Mais ce n'est peut-être pas pour demain. Les princes allemands que l'on dit protestants sont les alliés du Roi, pourquoi eux ou les Suisses iraient-ils encourager la sédition en France ?

— Qui sait de quoi demain sera fait ! Le Roi n'est-il pas en chemin pour faire la paix avec l'Empereur ? Et nos vaudois n'ont au surplus pas besoin des princes ni des cantons pour songer à prendre les armes. Voyez cet Eustache Marron, ce capitaine de Cabrières-d'Avignon dont la bande commet méfait sur méfait depuis quelque six ans. Il ne manque ni d'arquebuses ni de poudre. Et Cabrières a de bons remparts. Ce n'est qu'un début, croyez-moi. Et puis, quel abri que le Luberon pour des prédicateurs qui de là s'en iraient répandre leur poison dans toute la Provence et dans tout le Comtat, et même bien au-delà ! »

Le jeune seigneur de Villelaure hoche la tête d'un air à présent convaincu. Les raisons sont justes et claires par lesquelles son oncle s'est placé, au sein du Parlement, à la tête d'un parti de conseillers qu'on appelle les brûleurs !

Mais le voici qui fronce les sourcils.

« Tout de même. Que se passerait-il si tous ces paysans étaient en effet convaincus d'hérésie ? Qui cultiverait nos terres ? »

Une nuance de paternelle condescendance passe dans les yeux du conseiller d'Oppède. En dehors du métier des armes où déjà il excelle, son neveu est encore décidément bien jeune !

« Gaspard... ne voyez-vous point combien se multiplie le nombre des pauvres et des indigents de par tout le pays ? Celui-ci peine à nourrir tout son peuple. Une mauvaise récolte, c'est la disette. Deux, c'est la famine ! Il y a trop de bras disponibles et de ventres à nourrir. Se débarrasser des ventres hérétiques soulagera la région, et il n'y aura aucune difficulté à trouver des bras catholiques pour cultiver leurs terres. »

Antoine de Glandèves, demeuré jusque-là à l'écart du propos, sourit sarcastiquement, regardant son cousin par en dessous.

« Gaspard, dis-moi, à qui appartiennent les fermes et les terres de ceux de tes paysans dont tu crois qu'ils pourraient être des mal sentants de la foi ?

— À eux-mêmes, le plus souvent.

— Et ils versent à leur seigneur les mêmes droits que tous les autres propriétaires de ses domaines.

— Oui, justement. Et ils les versent même avec ponctualité.

— Et si un jour ces terres venaient non seulement à être cultivées par de bons chrétiens, mais à t'appartenir en propre, ne te rapporteraient-elles pas plus ?

— Si fait, Antoine, bien sûr.

— Bon ! Eh bien, ne trouverais-tu pas quelque intérêt à ce que les vaudois soient tous éliminés ?

— Mais les terres confisquées aux hérétiques reviennent au Roi. Il faudrait les lui racheter.

— Gaspard, la liste précise des confiscations, le prix de leur rachat au profit du Roi, c'est la justice qui en décide...

— Eh bien oui, et alors ?

— Alors... »

Le sire de Pourrières ouvre largement les bras en direction de son beau-père et de son beau-frère :

« Mais la justice et nous, c'est une seule et même famille ! »

Un énorme éclat de rire secoue les quatre convives.

Pourrières lève un verre de vin doux aux reflets mordorés.

« L'intérêt de l'Église, celui du royaume et le nôtre propre coïncident en effet ! N'est-ce point merveilleux ? Je bois à François... Mais non, pas à toi, Pérussis ! Au seul, au vrai ! À François au grand nez !

— Vive François au grand nez !

— Vive le Roi ! »

La desserte, où l'on semble apprécier tout particulièrement un plat de figues au coulis d'agrumes, fait rouler le propos sur des sujets plus frivoles.

« Allons, mon cher beau-père, ne vous faites point tant prier ! Lisez-nous au moins quelque chose, pour nous faire patienter avant que l'imprimeur Langelin ait fini son ouvrage !

— Ah, c'est bien pour vous faire plaisir, puisque vous insistez tant ! Et que vous plairait-il d'entendre ?

— Eh bien... Dites-nous donc l'éloge de la belle Laure, que Pétrarque aimait tant ! »

Le baron, se rengorgeant, s'éclaircit lentement la gorge.

Par-dessus tous vis venir vitement
Madame Laure étant mignonnement
De blancs habits vêtue en la manière
D'une grande Reine, ou Dame singulière,
Tenant maintien de doux contentement :
Elle a le bruit par tout le firmament,
Entre le monde aussi pareillement,
Que de vertus elle est la Trésorière,
Par-dessus tous.

18 novembre 1540

Debout sur un globe terrestre, Jupiter, de son bras droit, brandit la foudre, appuyant fermement sa main gauche sur un aigle. À ses pieds trois jeunes femmes sont assises, qui sont les trois Fortunes : la Fortune des rois, celle des nobles, celle du peuple.

Là, c'est le grand roi Salomon qui rend son fameux jugement aux deux prostituées qui se disputent un enfant.

Plus légère, là-bas, est la représentation de Léda et de ses nymphes.

Qui croirait que l'endroit, il y a quatre années, était pillé par les Impériaux et livré par eux aux flammes ?

Messieurs du Parlement de Provence n'ont point lésiné pour orner à nouveau la grande salle des audiences de tapisseries dignes d'une cour souveraine qui, face au peuple, représente la justice du Roi et, face au Roi, les libertés du peuple.

C'est que le comté de Provence n'est rattaché au royaume que depuis soixante ans, date à laquelle les successeurs du bon Roi René d'Anjou ont cédé leurs droits au souverain de France, et celui-ci, pour se gagner ses nouveaux sujets, a eu à cœur de préserver l'autonomie de la province. Pour mieux la garantir, en la première année de ce siècle, Louis Douzième a accordé à celle-ci un Parlement, cour de justice suprême jugeant en dernier ressort.

Chapeau bas, lecteurs !

Messieurs du Parlement sont là, tous réunis, ou presque.

Dignes, comme il convient. Sévères, comme il le faut.

Voyez la Justice dans tout son appareil ! Ses longues robes rouges et ses bonnets carrés. Et la blanche hermine qui ourle et rehausse le vêtement des plus hauts magistrats.

Là-bas, la salamandre, emblème de notre Roi, éteint les flammes qui l'entourent et offre de sa bouche un grand épi de blé. La devise proclame : *Notrisco al buono. Stingo el reo.*

« Je nourris le bon. J'éteins le méchant. »

Là-haut, Jésus agonise sur sa croix pour notre salut.

Chapeau bas, lecteurs, chapeau bas !

À ces visages tendus, impénétrables, on devine que l'heure est grave.

Voyez au centre Monsieur Barthélemy de Chassanée, seigneur de Prelay et Premier Président. À son côté, Monsieur Thomas de Piolenc, procureur général du Roi en Provence. Et Monsieur Guillaume Garçonnet, avocat général.

Et tout autour, la vingtaine de conseillers que compte la cour. Vous connaissez déjà François de Pérussis. Voyez là-bas Georges Durand, Bernard de Badet, Honoré de Tributiis. Ici Messieurs de La Font, d'Oraison, d'Arcussis, Rolland, de Genas... Mais je n'ai pas le temps de vous les nommer tous.

La rumeur court partout, vous le savez sans doute, d'un complot des vaudois, s'enflant de jour en jour. Il se raconte qu'ils construisent des forts dans les bois, qu'ils disposent à Mérindol de six cents arquebusiers en armes, que des soldats déguisés en moissonneurs sont venus grossir leurs rangs, qu'ils sont peut-être même des milliers, armés jusqu'aux dents, cachés dans les grottes du Luberon... De tous ses bruits, assurément, aucun n'est confirmé, mais vous n'avez pas manqué d'apprendre, en vous rendant jusqu'ici, que les magistrats ont par précaution donné l'ordre de fermer les portes de la ville. Il est bien vrai, par contre, que, après deux années de mauvaises récoltes, la disette a engendré des troubles et que l'on tend aisément à voir des séditieux partout.

Sur le constat de leur défaillance et la demande du procureur général du Roi, demandeur en cas de crime de lèse-majesté divine et humaine, ont été ajournés à trois jours brefs, pour non-comparution et défaut, André Maynard, baile de Mérindol, François Maynard, Jacques Maynard...

Les noms s'égrènent de dix-neuf personnes, pour la plupart habitant Mérindol, et qui, accusées d'hérésie, ne se sont pas rendues aux convocations de la cour.

Vu les lettres patentes du Roi du dernier mois de mai l'an mil cinq cent quarante, adressées à ladite cour pour procéder contre vaudois et luthériens et autres tenants de sectes contraires et déloyales à la foi et religion chrétienne...

Écoutez bien, lecteurs, ce que la cour va arrêter ce jour.

Mais, tout en écoutant, scrutez donc les visages. Vous ne les verrez point si impassibles qu'ils paraissent l'être de prime abord...

Tenez, par exemple, sous ses sourcils froncés, le regard du Premier Président n'est pas seulement sévère. Il est sombre et préoccupé. Et la moue qui resserre ses lèvres, imperceptiblement, révèle quelque amertume.

Il est vrai que présider un Parlement est affaire délicate. Il faut tout à la fois y conserver la confiance du Roi sans s'exposer à perdre celle de sa compagnie, toujours très jalouse de défendre, fût-ce contre le souverain, les libertés locales. Mais tout de même, cette triste mine surprend chez un homme d'ordinaire si affable...

Vu les autres charges, informations et procès produits par ledit procureur général, il apparaît notoirement que tous ceux dudit Mérindol tiennent sectes vaudoises et luthériennes réprouvées et contraires à la sainte foi et religion chrétienne, accueillent et recèlent plusieurs gens étrangers et fugitifs, accusés et suspects d'être de telles sectes, et qu'ils les entretiennent et favorisent.

C'est un grand homme de bien que le Président Chassanée.

Jurisconsulte respecté, auteur de plusieurs ouvrages qui font autorité, il fut jadis maître des requêtes du cardinal Charles d'Amboise, le grand ministre de Louis Douzième, avant de devenir conseiller au Parlement de Paris, puis d'atteindre à sa position présente. Nul n'a jamais pu mettre en cause son intégrité, et le Roi l'estime si fort qu'il l'appela en son conseil afin d'y travailler à la réformation de la justice.

En plein accord avec l'archevêque Filhol, il pousse le Parlement à promouvoir la réforme des mœurs ecclésiastiques, convaincu qu'il est que l'erreur ne progresse que parce que ceux qui ont mission d'enseigner la Vérité se montrent trop souvent indignes de leur tâche.

On peut dire du Président qu'il est un vrai chrétien, s'efforçant dans tous ses actes d'obéir aux préceptes de Celui qui, là-haut, agonise sur la croix. Il abhorre donc l'hérésie, mais il ne hait surtout rien tant que l'injustice. Et l'on sent qu'aujourd'hui l'arrêt que l'on rend dans cette cour qu'il préside ne le satisfait pas.

Audit lieu, il y a école des erreurs et fausses doctrines desdites sectes, gens qui dogmatisent lesdites erreurs et fausses doctrines et libraires qui ont imprimé et y vendent livres pleins de telles fausses doctrines...

Si vous scrutez à présent le visage de Monsieur de Piolenc, vous lirez cynisme sur sa bouche et scepticisme dans ses yeux. C'est à partir de ses demandes et représentations que l'on a rendu cet arrêt et son âme n'est assurément nullement troublée par la sentence que l'on va publier, mais il doute qu'elle soit celle qui convient aux circonstances de l'heure. Il ne croit guère à cette armée hérétique qui se rassemblerait dans les forêts du Luberon. Mais il devine les troubles que pourrait engendrer l'exécution même de l'arrêt d'aujourd'hui.

Ah, si par contre vous portez votre regard sur François de Pérussis, lui, c'est tout différent ! Sa moue tient du sourire et les lueurs qui passent dans son regard dénotent un sentiment de triomphe qu'il peine à dissimuler. Il est de ceux qui ont le plus vigoureusement défendu les conclusions de l'arrêt, dont il jubile visiblement.

Après que Collin Pellenc, dit du Plan-d'Apt, comme sectateur desdites sectes, fut ces jours passés condamné et brûlé, et que ses biens furent confisqués au profit du Roi, en représailles plusieurs gens dudit Mérindol, leurs complices et adhérents, en grande assemblée de six ou sept fois vingt hommes armés d'arquebuses, hallebardes, épées et autres harnais ont rompu le moulin qui était audit feu Collin Pellenc...

Ah, voici que nous arrivons au cœur de l'affaire !

Il vous faut savoir que le meunier Pellenc a été arrêté et brûlé à l'initiative de Jean de Grossi, juge d'Apt. Celui-ci l'accusait d'être relaps, notamment pour avoir reçu et logé en sa maison des prédicateurs vaudois, alors qu'il avait pourtant abjuré par deux fois ses erreurs.

C'était un beau moulin que celui du Plan-d'Apt, et lorsqu'il fut vendu à l'encan, le juge de Grossi manœuvra habilement pour se le faire attribuer. C'est alors qu'une troupe d'habitants de Mérindol, menée par cet Eustache Marron dont le conseiller d'Oppède nous a déjà parlé, s'avisa de prendre les armes et de s'en venir mettre le feu au moulin. Ils menacèrent le juge de mort, pillèrent au passage quelques fermes et s'emparèrent de troupeaux.

Ce dernier méfait remua d'autant plus cette bonne ville d'Aix que le mouton fait largement la richesse de ses bourgeois. Aussi ces derniers obtinrent de Messieurs du Parlement qu'ils reviennent en hâte de leurs vacances pour ordonner l'arrestation immédiate de dix-neuf habitants de Mérindol dénoncés comme hérétiques, dont sept avec leur famille entière. Mais bien qu'ils les aient cités à comparaître pour crime de lèse-majesté divine le trente de juillet dernier, ceux-ci firent défaut à l'audience.

Début septembre, les habitants de Mérindol rédigèrent une requête où, s'ils protestaient de leur soumission aux ordres du Parlement et de leur fidélité au Roi, ils faisaient valoir que la liste des prévenus avait été établie sur la foi de simples dénonciations, et qu'elle recelait des erreurs de personnes manifestes. Ils prétendaient ainsi qu'elle incriminait un enfant de trois ans, plusieurs femmes enceintes, et même les enfants d'un homme qui n'en avait jamais eu. Ils demandaient en conséquence à ce que les juges viennent voir sur place avant de publier leurs arrêts.

Peu désireux d'aller s'exposer au danger de se rendre parmi des hérétiques, ceux-ci ajournèrent néanmoins les prévenus à trois jours, le sept du mois d'octobre. Et, une fois de plus, ceux-ci ne se sont pas présentés et ont à nouveau fait défaut. Or, vous connaissez la loi, n'est-ce pas ? Succession de défauts entraîne condamnation !

Voici tout l'objet de l'arrêt qu'on publie aujourd'hui.

Pour la réparation desquels crimes, la cour a condamné et condamne lesdits André Maynard, baile, François Maynard, Martin Maynard, Jacques Maynard, Michel Maynard, Jehan Pons, Facy le Tournejarre, Bertin Vian, Jehan Pellenc, Peyron Rey, Philippon Maynard, tous dudit Mérindol, Jacques de Savigny, maître d'école, maître Hélion Barberoux de Tourves, Claude Favier dudit Tourves, Pomery, libraire et Marthe sa femme, naguère nonnain à Nîmes, Thomas Pellenc, dit du Plan-d'Apt et Guillaume le Normand habitants dudit Mérindol à être brûlés et ars tous vifs, assavoir quant aux dits Barberoux et Favier en la place publique de Tourves, quant audit Thomas Pellenc en la place publique de la ville d'Apt et quant aux autres en la place des Jacobins de cette ville d'Aix. Et faute de les arrêter ils seront tous exécutés en figure et peinture.

Et au regard des femmes, enfants, serviteurs et familles de tous les dessus dits défaillants et condamnés, ladite cour les réprouve et les abandonne à tous pour les prendre et déférer à justice afin de procéder contre eux à l'exécution des rigueurs et peines de droit...

Tous les biens des condamnés devront être confisqués ! Leurs femmes et leurs enfants sont bannis du royaume, sauf à encourir les foudres de sa justice !

François de Pérussis regrette en cet instant que son beau-père n'ait pu être présent, retenu qu'il est hors de Provence, d'ordre du Roi, par la mission de réformer les gabelles de sel des pays de Saône et Rhône. Dans les rivalités qui agitent le corps du Parlement, Jean Maynier d'Oppède ne pourrait que se réjouir de cette victoire du camp des brûleurs !

Car c'est une chose – et une bonne – que de condamner au bûcher dix-neuf hérétiques.

Mais ce qui va suivre en est une autre – et bien meilleure encore –, qui va frapper d'effroi tous les maudits vaudois !

Et au surplus, attendu que notoirement tout ledit lieu de Mérindol sert de retraite et refuge aux tenants de telles sectes damnées et réprouvées, ladite cour a ordonné et ordonne que toutes les maisons et bastides dudit lieu seront abattues, démolies et arasées, et ledit lieu rendu inhabitable, sans que personne y puisse réédifier ni bâtir si ce n'est par le vouloir et la permission du Roi.

Raser tout un village, raser tout Mérindol !

Les sentiments percent cette fois sans fard sur les visages des conseillers.

À cette heure, je crois, vous devinez sans peine qui tient pour les brûleurs, qui tient pour l'indulgence !

Début février 1541

Ah, la Provence et le Comtat... Je les connais bien !

Au retour de ma première campagne d'Italie – vingt-cinq ans déjà ! – j'ai été à la Sainte-Baume prier sainte Marie-Madeleine. J'ai visité Manosque, Aix et Saint-Maximin, Marseille, Salon, Arles, Tarascon, Avignon, et Orange. L'an mil cinq cent trente-trois, j'ai été fêter à Marseille les noces de mon fils Henri. Pendant la campagne de l'été trente-six, je me suis installé en Avignon pour suivre les opérations. Et je suis descendu jusqu'à Nice pour y rencontrer l'Empereur pendant l'été trente-huit.

Un beau pays, vraiment, un beau pays... J'aimerais bien y être aujourd'hui ! Son ciel, sa douceur... Tandis qu'ici... Trois jours, trois jours qu'il pleut pour ainsi dire sans discontinuer !

Mais qu'il neige, au moins ! Ou qu'il gèle à pierre fendre ! Là on peut vivre, on peut galoper, on peut chasser ! Mais, avec ce temps-là, les équipages sont juste bons à patauger dans la boue. On revient tout crotté et le poil plus ébouriffé qu'un barbet !

Trois jours que je n'ai pas chassé ! Trois jours !

Bien... Cela ne fait guère mes affaires. Profitons du moins du contretemps pour faire celles du royaume... La Provence, donc !

À la mi-décembre, et comme c'est l'usage, j'ai adressé au comte de Tende, mon lieutenant là-bas, des lettres patentes lui donnant pouvoir de mettre à exécution l'arrêt rendu sur Mérindol par mon Parlement d'Aix. C'est l'arrêt d'une cour souveraine, et pour avoir moi-même réformé la justice en Provence, je ne saurais m'y opposer.

Mais depuis, tout s'est compliqué.

D'un côté, le Parlement et les prélats de la région poussent à l'action. Et le cardinal de Tournon les appuie de tout son poids.

Mais pas tout le Parlement et pas tous les prélats... Le cardinal Sadolet, à Carpentras, appelle à convertir les hérétiques par la seule douceur. Quant au Premier Président Chassanée, il m'a prié d'ordonner que, avant toute chose, les condamnés soient entendus car, selon lui, ils ne l'auraient jamais été. C'est un homme que j'estime. Il n'est pas d'avis d'appliquer immédiatement l'arrêt, comme on l'en a pressé à Aix. L'important pour lui est seulement que celui-ci pèse sur les hérétiques comme une épée de Damoclès pour les pousser à s'amender.

Tende, de son côté, m'a député Monsieur de Mollins pour me représenter qu'il lui faudrait bien deux mille soldats pour exécuter l'arrêt, et qu'il ne sait où les prendre. À dire vrai, si l'adversaire est si terrible, cela me donnerait plutôt envie de le réprimer !

Quant aux villes suisses et allemandes, aux princes protestants, ils me pressent d'être clément. Dois-je les mécontenter ? Ne sont-ce pas mes alliés ?

Mes alliés... Plus tant que cela sans doute, puisque je suis à présent en si grande paix avec l'Empereur que je lui ai fait moi-même les honneurs de mon royaume, l'an passé, lorsqu'il l'a traversé pour s'en aller mater la révolte de Gand.

Seulement, combien durera cette paix ? Cet homme-là est tout d'une idée. Par-delà tous les traités et toutes ses protestations d'amitié, il s'entêtera toujours à vouloir m'arracher la Bourgogne des ducs ses ancêtres !

Au vrai, je ne me ferai jamais à lui ! Avec sa longue mâchoire et sa bouche toujours béante. Avec ses idées si lentes qu'on ne le voit pour ainsi dire jamais rire à une saillie, non point tant parce qu'il est sévère – encore qu'il le soit effectivement, ce qui n'arrange rien ! – mais surtout parce qu'il n'y a rien compris !

Ah, Charles, mon bon frère... Cher Empereur d'Occident si chiche-face et pleure-pain. Mon bon geôlier d'Espagne. Je gage que tu fais repriser tes chausses !

J'ai beau faire, tu m'insupportes !

Henry, lui, je le comprends. Il est comme moi. Il aime la vie, les femmes, la bonne chère, le bon vin. Lui, il ne plaint pas le prix du drap dont il se vêt ! Il aime courre sus au cerf et sus à l'ennemi ! Il aime les jeux du corps et de l'esprit.

Cela dit, côté corps, il vieillit moins bien que moi, par contre... Moi, j'ai bien un peu forci, mais lui, il paraît qu'il est devenu énorme.

En tout cas, à sa place, si le Pape m'avait contrarié comme il l'a fait avec lui, qui sait si je n'aurais pas moi aussi rompu avec Rome ? Henry s'est arrangé pour être à la fois roi et pape en son pays. Convenons que cela peut avoir du bon... Mais la France n'est pas l'Angleterre. C'est que l'Église là-bas avait beaucoup fait pour se faire haïr du peuple.

Bon. Où en étais-je ? Oui, les princes protestants ! Donc je me dois toujours de les ménager. D'autant que d'être luthériens ne les rendra jamais plus dangereux au royaume que les princes catholiques. Ils sont de petits rois, ou ils voudraient bien l'être. Et donc, comme moi, ils entendent avant tout être maîtres chez eux, et régner sur un peuple paisible et prospère. Ce n'est pas eux qui songeront à dépêcher des prédicateurs pour semer la discorde en France. Ils se préoccupent plutôt d'empêcher de leur nuire les prédicateurs catholiques. Eh quoi, si j'étais à leur place, régnant sur un peuple luthérien, je ferais la même chose, car ce seraient alors les catholiques qui menaceraient la paix civile !

Mais... Qu'est-ce donc que ces idées-là ? Et elles me font rire, en plus !

La France et son Roi sont catholiques, et ils le resteront !

Le danger est bien plutôt en Suisse. Et d'abord à Genève. Là-bas, ce n'est pas un prince soucieux de ses intérêts terrestres qui règne, mais des théologiens. Et des théologiens français, de surcroît ! Eux n'ont aucun scrupule à envoyer partout leurs écrits comme autant de brandons destinés à enflammer les esprits. Ils mettraient bien à feu le royaume tout entier s'ils en tiraient pour prix le triomphe de leurs vaines théories !

Éteindre les brandons ! Pourchasser les prédicateurs ! Éliminer partout les livres interdits ! Là est la lutte contre l'hérésie, contre cette maladie prête à miner les forces du royaume.

Mais condamner tout un village à être rasé, c'est autre chose...

Qui croire ?

Tournon et les parlementaires qu'il appuie ? Le cardinal est l'homme le plus précieux qui soit. Depuis la mort de Duprat, c'est le meilleur de mes conseillers. Et d'une fidélité sans faille. Il y a vingt-cinq ans que je n'ai qu'à me louer de son dévouement !

Il a négocié à Madrid le traité qui permit ma libération. Il s'est activé au mieux pour la paix de Cambrai. En mil cinq cent trente-six, de Lyon où je l'avais envoyé comme mon lieutenant général, il a appuyé avec une vigueur sans exemple l'effort de guerre de Montmorency. Si nous avons repoussé l'Empereur, c'est aussi grâce à son activité et à son administration. Il n'a pas hésité à puiser dans sa fortune lorsque les fonds venaient à manquer. Et il a pour finir négocié le traité de Nice qui a mis fin à cette guerre.

Le problème, c'est qu'il perd le sens de la mesure dès qu'il s'agit de l'hérésie. Il se conduit alors en prince de l'Église et en théologien, et plus en conseiller du Roi ! On le jurerait bien plutôt inquisiteur d'Espagne !

Avec lui, les bûchers flamberaient partout. Il suffirait d'avoir une fois par inadvertance adressé un mot à un hérétique pour devenir suspect. Ce n'est pas là la voie la plus sûre pour apaiser les esprits et préserver la concorde entre mes sujets !

Je sais que les archevêques d'Aix et d'Arles ont offert à Chassanée des fonds pour l'aider à financer l'exécution de l'arrêt. Mais cet argent serait peut-être mieux employé ailleurs, car je sais bien aussi que les gens d'Église ont à réformer leurs mœurs s'ils entendent triompher de l'hérésie. S'ils veillaient mieux à leurs brebis, elles s'égareraient moins ! Ainsi, il y a deux mois, ai-je dû envoyer des lettres pour contraindre les détenteurs de bénéfices ecclésiastiques à faire les réparations nécessaires et à assurer le service divin dans leurs églises trop souvent négligées.

Et pendant ce temps-là, il pleut, il pleut toujours...

Nous ne sommes pas encore au milieu de l'après-midi qu'il fait déjà presque nuit !

Ah, mon cher Fontainebleau, sera-t-il dit que ce temps maudit m'empêchera de chasser une dernière fois dans ta forêt avant mon départ pour la Touraine, qui s'approche à grands pas ?

Je t'aime, mon Fontainebleau, je t'aime !

J'aime tous mes châteaux, c'est vrai. J'aime Saint-Germain et Boulogne, Chambord et Villers-Cotterêts... Et assurément, d'apparence, c'est Chambord qui est le plus beau. Mais de tous, c'est toi que je préfère... À l'intérieur, c'est toujours toi qui l'emporteras en beauté. Vois-tu, il en va des demeures comme il en va des maîtresses. Il y en a de rencontre où l'on ne fait que passer, d'autres que l'on prend plaisir à retrouver de temps en temps. Et puis il y a celle à qui l'on revient toujours... De toutes mes demeures, c'est toi la favorite !

Et vous, Anne, à propos ? Où êtes-vous, duchesse ? Je me languis de vous.

Ce ciel qui me cloue inactif en mon logis et vous qui n'y êtes pas... Quand serez-vous de retour ? Me tiendriez vous rigueur du procès que l'on fait à Chabot de Brion ? L'amiral est sans doute de vos amis, mais je me dois pourtant de faire justice de ses prévarications.

Revenez vite, Anne, hâtez-vous. Je me languis, duchesse...

Ah, maudites journées !

Bien, tâchons au moins de régler cette affaire...

Qui croire, donc ?

Les habitants de Mérindol eux-mêmes ont introduit auprès de moi un recours en grâce, protestant qu'ils sont de bons chrétiens et se disant stupéfaits par l'arrêt du Parlement.

Qui sont vraiment ces gens ?

Il y a bientôt dix ans que j'ai ordonné à l'archevêque d'Aix une première enquête secrète pour le savoir. Il y a sept ans passés, des commissaires royaux me remirent un rapport à leur sujet. Et je n'y vois toujours pas clair.

Sont-ce de paisibles paysans qui ont enfourné il y a trois ou quatre cents ans dans leurs esprits obtus quelques idées peu orthodoxes et se contentent depuis de les ressasser entre eux sans faire de mal à personne ?

Ou bien ont-ils partie liée avec les théologiens de Genève au point de pouvoir offrir à ceux-ci non seulement des prédicateurs, mais un jour des soldats ?

J'ai demandé un nouveau rapport à Guillaume du Bellay, mon lieutenant général en Piémont. Je l'ai chargé d'enquêter sur les vaudois, qui sont nombreux dans ce pays. Or ce rapport n'est qu'éloges ! Il ne fait qu'insister sur leur vie paisible et pacifique, leur docilité à l'égard des autorités civiles, leur scrupule à payer l'impôt et jusqu'à la dîme... Voilà décidément de bien curieux hérétiques !

Raser tout un village pour fait d'hérésie... Est-on bien sûr au moins que ses habitants sont tous hérétiques ? Et s'ils le sont, pourquoi n'en condamner nommément que dix-neuf ?

On m'assure que l'exemple sera salutaire aux habitants des autres villages. Mais les vraies conversions ne s'obtiennent que par la persuasion.

Raser Mérindol ? Qui sait si pareil excès de rigueur, loin d'amener les vaudois à soumission, ne les encouragerait pas à la rébellion ?

Sont-ils rebelles ? Ne le sont-ils pas ? Qui croire ? Le Parlement de Provence ? Son Président ? Tournon ? Les gens de Mérindol ? Du Bellay ?

Mais quel est ce tintamarre ?

« Garde ! Garde !

— Me voici, Majesté. Pardonnez-moi, c'est...

— C'est moi, mon Roi !

— Briandas ! Ah çà ! C'est toi qui mènes tout ce tapage ?

— Moi ? Du tout ! C'est ce grand pousseur de hallebarde qui prétend m'interdire le passage.

— Sa Majesté travaille en sa chambre et a commandé qu'elle n'y soit point dérangée.

— À moi Sa Majesté a commandé de bouffonner. Celui qui m'en empêche désobéit au Roi !

— Et que viens-tu bouffonner céans ?

— Pisse le ciel ici ! Pisseleu, ciel, là-bas ! Tu t'ennuies, ô mon Roi ! Tu as besoin de moi !

— Briandas, je t'ai déjà averti de ne pas faire de calembredaines sur la duchesse.

— Beh ! Est-ce ma faute à moi si elle est née Pisseleu ?

— Mais c'est mon plaisir à moi de l'avoir créée duchesse d'Étampes et je...

— Mon Roi, je le savais, tu es l'égal de Jupiter !

— Qu'est-ce encore que cette folie-là ?

— Oui ! Lui, il créait des déesses de sa cuisse, et toi tu crées des duchesses des tempes !

— Ha ! ha ! C'est bon, garde, reprends ton poste. Et toi, Briandas, puisque tu es là, tu vas m'éclairer de ton conseil. Figure-toi que j'ai là à traiter une affaire délicate où je peine à discerner la sage décision.

— Je suis à vos ordres, Majesté !

— Tu prends décidément admirablement la voix du Connétable... Voilà, figure-toi que, sur cette affaire, je ne sais qui croire, de Tournon ou de du Bellay. L'un me dit une chose, et l'autre son contraire.

— L'affaire est-elle de paix ou de guerre ? De la terre ou du ciel ?

— Elle est de religion.

— Alors Tournon ! C'est Tournon ! Il faut suivre Tournon. Tournon et re-Tournon !

— Mais tu ne sais même pas de quoi il s'agit ! Comment peux-tu ainsi affirmer que c'est lui qui a raison ?

— Mais ! Je n'ai jamais dit cela !

— Comment, n'as-tu pas dit à l'instant qu'il fallait suivre Tournon, Tournon et re-Tournon ?

— Ah si, ça, je l'ai dit !

— Alors, fou, explique-toi !

— Sire, tu m'as nommé ! Tu peines, m'as-tu dit, à trouver la sage décision. Hélas, comment pourrais-je t'y aider ? Mais par contre, il m'est aisé de te donner la folle !

— Ha, ha, ha ! Briandas ! Allez, file, c'est assez. Mais tu as bien fait de venir bouffonner !

— Majesté, c'est mon honneur que de vous faire rire ! »

Décidément, mon fou, c'est toi le sage !

Oui, du Bellay ! Je croirai du Bellay ! Il a toute la fidélité et presque toute la finesse de Tournon. Nul ne doute qu'il soit bon catholique, mais lui sait garder la tête froide quant aux faits de religion. Et lorsqu'il s'agit d'apprécier les dangers, il s'entend à démêler réalités et fantasmagories !

Donc, ce jour, je jugerai avec lui que les vaudois sont de paisibles, fidèles mais ignares paysans d'où il faut seulement extirper quelques mauvaises graines.

Allons ! Il est temps de conclure. Si je ne peux revenir sur l'arrêt d'une cour souveraine, du moins ai-je le pouvoir d'en suspendre l'exécution !

Mai 1541

Deux hommes cheminent, l'un à cheval, l'autre à dos de mulet, à travers oliviers, lentisques et chênes verts. Un âne bâté les suit.

L'homme à cheval tend l'oreille à la fraîche voix d'un jeune pâtre, sourit, et reprend pour lui-même les paroles du chant qui monte du vallon.

Ai vist una fantina
Que standava, là mount,
Sa cotta neblousina
Al'broué de Bariound.

C'est une chanson de par ici. Je m'en souviens bien. C'est ma nourrice qui me l'a apprise, avec bien d'autres.

Ah, c'est vrai que vous ne comprenez peut-être pas le parler d'ici ! Cette chanson parle d'une fantine – une fée, si vous préférez – qui étendait sa robe de nuages sur la crête de Barriond.

Il est bien vrai que toutes ces baumes – ces cavernes, je veux dire –, cela pourrait bien abriter quelque fée... ou bien quelque sorcière. La montagne en est truffée. Tenez, tournez-vous seulement par là-bas. Étrange falaise, n'est-ce pas ? C'est la Roque-Malière. Elle est toute rongée de ces cavernes !

Una serp la seguda
De colour d'arc en cel
Et su li roc venia
En cima dar castel.

Un serpent la suivait
De couleur d'arc-en-ciel,
Et sur les rocs elle venait
Sur la cime du castel.

N'est-ce pas joli ?

Mais vous ne risquez pas de voir de fantine aujourd'hui sur les crêtes. Voyez ce bleu ! Pas l'ombre de la plus petite nuée !

Ah, ah, par un si beau jour, c'est plutôt un autre chant qui m'inspire...

Réveillez-vous cœurs endormis,
Le dieu d'amours vous sonne.
À ce premier jour de may
Oiseaux feront merveilles...

Ne me dites pas que vous ne le connaissez pas ! On le chante à la Cour ! C'est de Clément Janequin, voyons !

Oh mais, je m'aperçois que je manque à tous mes devoirs. Je ne me suis pas présenté et, vous qui abordez ce chapitre en sortant tout juste du cabinet du Roi, vous vous demandez qui est ce cavalier qui chevauche au flanc du Luberon !

Eh bien, c'est très simple : je suis la voix du Roi !

Vous paraissez surpris. C'est pourtant vrai, je suis la voix du Roi ! Sans moi, il est muet !

Vous ne me croyez toujours pas ? Allons, je vais vous éclairer ! Je suis crieur juré en la bonne ville d'Aix. Comme mon compagnon au mulet, lui, est trompette juré.

Je suis de ceux dont la charge est de crier partout les ordres et volontés du Roi, de sorte que nul ne puisse dire qu'il ne les connaît pas. Eh oui, il ne suffit pas qu'il décide pour être aussitôt obéi. Il faut d'abord que ses édits et arrêts soient enregistrés au Parlement pour avoir force de loi. Et ensuite, il faut que ses sujets en soient informés.

Je vois bien à quoi vous songez ! Vous vous dites qu'il y a l'imprimerie, de nos jours, et qu'il est facile de faire faire des centaines de placards qu'on peut apposer partout. Le Roi lui-même en a fait amèrement l'expérience ! Seulement voilà, rappelez-vous que la plupart des gens ne savent pas lire ! Donc, les ordres du Roi, ce n'est pas tout que de les placarder, il faut les crier en place publique.

Remarquez, dans ce cas précis, cela ne sert pas à grand-chose. Ces messieurs du Parlement ne se sont pas hâtés de faire publier le commandement du Roi, et il y a beau temps que les habitants de par ici ont d'une façon ou d'une autre fini par l'apprendre avant qu'on le leur vienne crier ! Les tabellions d'Aix avaient même fait discrètement savoir que l'on pouvait s'en procurer un double contre cinq écus. Cinq écus, vous imaginez un peu ! Ils n'y allaient pas de main morte ! Mais enfin, qui payait l'avait !

D'ailleurs, même si le Parlement n'a officiellement enregistré les lettres royales d'indulgence et d'abolition qu'il y a quelques jours, voici déjà un mois que des envoyés du Roi sont très officiellement venus à Mérindol pour demander aux hérétiques d'abjurer leur erreur. Et ceux-ci n'ont pas attendu pour envoyer leurs anciens supplier le Parlement de leur faire grâce. Ils ont même été jusqu'à députer leurs prédicateurs ! Tout cela pour nier être hérétiques, contre l'avis de l'Église.

Eh diantre ! C'est que la sévérité de l'arrêt leur a fait peur, à ces vaudois. Pour la première fois, la justice ne fait plus seulement sentir ses rigueurs à quelques individus, mais à un village tout entier. À peine eurent-ils vent de l'arrêt rendu contre eux qu'ils se sont enfuis dans les montagnes comme une volée de moineaux, et ils ont mis quelque temps avant de redescendre.

Mais peu importe que le commandement que je dois annoncer soit déjà connu. La loi reste la loi. Un arrêt ne vaut vraiment que s'il est crié ! Et il faut toujours respecter les procédures. Sinon tout s'en irait à vau-l'eau !

Cela dit, même s'ils se sont présentés au Parlement comme de pauvres oiselets fuyant devant l'épervier alors que leur seul désir est de labourer et cultiver paisiblement la terre, ce ne sont pas tous des enfants de chœur, ces bons vaudois – si vous me passez l'expression s'agissant d'hérétiques ! Ils ont dans la région un capitaine, un nommé Eustache Marron, qui sait bien les défendre, et qui sait même attaquer. Il est du Comtat, de Cabrières-d'Avignon, mais il va et vient dans les montagnes et on le trouve partout. C'est lui qui a libéré de force les filles de Cabrières emmenées par des soldats à Cavaillon, il y a neuf ans. C'est lui qui a tué le sieur de Goult, lors de l'échauffourée de Roussillon, trois ans après. Et l'an dernier, c'est encore lui qui a incendié le moulin du Plan-d'Apt. Lorsque le capitaine Marin, prétextant l'arrêt du Parlement, a prétendu s'emparer de Mérindol, c'est aussi Marron qui s'est chargé de le recevoir. Et il a des lieutenants, comme Roland de Ménerbes. Ah, ne me demandez pas comment ils sont ! Je ne les ai pas rencontrés et je n'y tiens pas. En tout cas, n'allez pas croire que les vaudois ne soient que de pauvres brebis sans défense !

En tout cas, moi, je fais mon devoir ! Par ordonnance du Parlement, les lettres du Roi seront criées et placardées par moi à Mérindol !

D'ailleurs, nous approchons. Vous voyez ces toits, là-bas, ces maisons perchées sur cette butte, au pied des vestiges d'un château ? C'est là, c'est Mérindol.

L'endroit est beau, on peut le dire. De là-haut, on domine toute la plaine de la Durance. On vous voit venir de loin.

Savez-vous que ce vieux village a jadis été complètement abandonné ? Il paraît qu'au siècle passé ce territoire était redevenu tout à fait sauvage. Le voyageur qui cheminait sur la grand-route des Alpes ne passait pas sans frémir en ce lieu qu'on nomme la Traverse du Puget. C'était alors, dit-on, une immense forêt dont c'est peu de dire qu'elle n'était pas sûre. Un véritable coupe-gorge. L'évêque de Marseille, seigneur du lieu, fut trop heureux d'y passer des actes d'habitation avec des immigrants du Piémont pour repeupler la région et, ma foi, il semble qu'il ne s'est pas montré trop regardant sur leur assiduité à la messe !

En attendant, ils ont rebâti le village. Sauf le château, qui demeure ruiné. Et ce sont eux qui ont déboisé et défriché tous ces champs que vous avez vus en montant jusqu'ici.

Cette fois, nous arrivons pour de bon. Nous allons monter jusqu'à la porte de l'église. J'y crierai les lettres et les placarderai devant la maison du baile.

Pardonnez-moi, mais ce n'est plus le lieu pour moi de chanter ni de deviser. Il me faut me composer un visage digne de la voix du Roi !

Devant l'église du village on déploie la bannière de France, aux lys d'or sur champ d'azur.

Allons, trompette mon ami, sonne !
Sonne encore...
Ah, voici que le peuple s'assemble !

« Oyez, oyez...

« Nous, François, par la grâce de Dieu Roi de France, Comte de Provence, Forcalquier et terres adjacentes...

« Voulant user de miséricorde envers nos sujets... accordons pardon et rémission de toute peine à tous vaudois et dévoyés de la foi étant au pays de Provence, pourvu que dans les trois mois ils viennent abjurer leurs erreurs et promettent de vivre catholiquement ! »

Deuxième partie

L'EXÉCUTION DE PROVENCE

4 avril 1542

Pierre Ghinucci, évêque de Cavaillon, s'efforce de faire bonne figure, étouffant une rage montante dans les plis de sa dignité épiscopale.

Dix-neuf paroissiens – dix-neuf ! dont cinq femmes ! pas un de plus ! – se sont rendus à son appel. Dix-neuf personnes pour ouïr la messe ! Alors qu'il ne doit pas y avoir loin d'un millier d'âmes sur la paroisse de Mérindol !

Même si l'église n'en pourrait contenir le tiers, dix-neuf, cela laisse un bien grand vide...

Nul ne pourra accuser l'évêque d'avoir ménagé ses efforts pour ramener à la raison les malheureux habitants du lieu. Par deux fois, il n'a pas craint d'affronter le ridicule. Et il lui semble à présent qu'il va devoir l'affronter une troisième...

Voici un mois, le Parlement de Provence, soucieux de respecter les formes, et avant de procéder plus avant contre les vaudois, lesquels n'étaient point venus abjurer selon les lettres de grâce accordées par le Roi, a ordonné que les curés résidant parmi eux rapportent s'ils ont bien, comme on le leur a commandé, publié lesdites lettres en leur église et au prône. Il décida en outre que l'évêque de Cavaillon se transporterait à Mérindol, qui est en son diocèse, afin de répéter aux habitants le contenu des lettres royales, de leur exposer les erreurs qu'ils ont déclarées dans leurs professions de foi, et de les convaincre par la persuasion et la controverse de changer d'opinion.

Pour mieux se faire entendre, il serait accompagné d'un frère prêcheur, savant docteur en théologie, et le conseiller à la cour Georges Durand, seigneur du Peynier, serait chargé de recevoir et enregistrer les abjurations.

C'est le baron Maynier d'Oppède, devenu l'an dernier Second Président au Parlement, qui a obtenu cet arrêt, engageant personnellement l'évêque de Cavaillon à entreprendre un ultime effort pour ramener les hérétiques à la foi catholique.

Nul plus que lui ne hait l'hérésie, mais il n'entend pas que le Roi puisse un jour reprocher aux autorités de Provence de n'avoir pas tout tenté.

Pierre Ghinucci, en fait, n'avait nul besoin d'être encouragé. Dès février, il a pris l'initiative de venir à Mérindol convertir les vaudois, escorté d'un théologien et confiant en l'espoir de confondre par l'éclat de son autorité épiscopale l'ignorance de ces paysans illettrés. Il se reprochait en fait de n'y avoir point déjà songé. Ces brebis ont été trop négligées. C'est sans doute pour cela qu'elles se sont égarées...

L'évêque réclama aux habitants une abjuration générale, les assurant qu'il prenait par là paternellement les devants pour leur éviter les pillages et mauvais traitements qu'entraînerait l'exécution de l'arrêt rendu contre Mérindol. Mais ceux-ci, protestant de leur foi chrétienne, demandèrent à savoir – respectueusement, d'ailleurs – ce qu'ils devaient abjurer, souhaitant qu'on leur précisât les points sur lesquels ils étaient dans l'erreur. Le théologien demanda à entendre la profession de foi que les vaudois avaient l'an passé adressée au Roi, au cardinal Sadolet à Carpentras, et à Pierre Ghinucci lui-même. Cet imbécile ne trouva alors rien de mieux que de hocher longuement la tête en se grattant le menton, pour conclure finalement qu'il lui faudrait huit jours de réflexion pour y répondre.

On se garda bien de faire savoir aux vaudois que, à l'issue de ce terme, il avait confessé à l'évêque qu'il n'y voyait rien à redire !

À surveiller, celui-là, à surveiller... Il pourrait bien couver la peste luthérienne.

Nullement découragé, l'évêque revint bientôt à la charge, avec cette fois quatre religieux frais émoulus de l'Université. Plutôt que de s'adresser à nouveau aux adultes qu'ils sentaient butés dans leurs errances, il résolut de réunir les enfants du village, espérant les séduire tant par sa bonhomie que par la splendeur de son équipage. Il leur demanda de réciter en latin le *Pater* et le *Credo*. Ils le firent, mais ajoutèrent aussitôt qu'il ne servait de rien de les dire en latin, car nul par ici ne comprenait cette langue, et les répétèrent en leur patois. Le baile André Maynard – au demeurant condamné par l'arrêt de Mérindol – surenchérit. L'évêque questionna alors les enfants sur leur foi, et se trouva fort surpris de la connaissance de l'Écriture dont ils faisaient preuve.

À l'issue de cet échange, Pierre Ghinucci, préoccupé, resta un moment à réfléchir. Puis un sourire ambigu se dessina sur ses lèvres.

Il faut savoir que l'évêque, en se hâtant de venir à Mérindol avant même que le Parlement l'en ait prié, était assurément mu par le désir d'accomplir les devoirs de sa charge, mais que, bien introduit comme il l'était à la Cour pontificale, il nourrissait aussi un rêve... Être, lui – lui et pas le Parlement, ni le cardinal Sadolet, et encore moins l'Inquisition du Comtat ! – celui qui ramènerait les vaudois dans le giron de l'Église ! Des milliers d'hérétiques paisiblement ramenés au bercail... Cela vaudrait bien, pour le moins, un chapeau de cardinal !

Pierre Ghinucci demanda alors à voir en privé, sans sa suite, le baile Maynard et les principaux du village. Il reconnut d'abord qu'on avait calomnié les habitants de Mérindol, qu'ils étaient assurément bons chrétiens, même s'ils se montraient ignorants de quelques préceptes de l'Église. Puis il leur proposa – que dis-je ? Il finit par les supplier ! – de procéder entre ses mains, sans notaire ni témoin, à une abjuration générale. Ensuite, pourvu qu'ils respectassent toutes les formes extérieures de la religion telles qu'elles sont commandées par Rome, lui-même se porterait garant auprès des autorités de Provence de leur orthodoxie.

De quel meilleur accord ces paysans pouvaient-ils rêver ? Il suffisait qu'ils fassent mine de suivre les préceptes de l'Église. Ils pourraient bien penser et dire ce qu'ils voudraient derrière les murs épais de leurs maisons et de leurs bastides. En échange, ils auraient la paix et la tranquillité, garanties par leur évêque !

Par leur cardinal-évêque...

Mais ces... ces... ces stupides sectaires, ces rustres grossiers lui opposèrent purement et simplement une fin de non-recevoir !

Vous rendez-vous compte ? Alors que pèse sur eux, depuis un an et demi, un arrêt condamnant tout leur village à la destruction !

Autant vous dire que, si l'évêque Ghinucci s'est aujourd'hui de nouveau transporté à Mérindol, cette fois pour respecter l'ordonnance du Parlement, il ne nourrit désormais guère d'indulgence pour les habitants du lieu.

On a procédé dans les formes. Le curé a confirmé qu'il avait publié les lettres avant Noël au prône dominical et qu'il les avait en outre affichées à la porte de l'église.

On a fait sonner les cloches pour appeler les paroissiens à la messe...

Et dix-neuf ! – il n'en est venu que dix-neuf !

Qu'importe – les formes, procédons dans les formes !

Le frère dominicain, monté en chaire, après avoir lu le pardon du Roi, fait à présent son sermon devant dix-neuf visages dont on ne sait s'ils sont contrits ou simplement fermés.

Pierre Ghinucci, en tout cas, les considère sans aménité. Puis son regard se pose un long moment sur le curé. Ne dit-on pas que celui-ci serait, au fond de lui-même, tout infecté d'hérésie ?

Qu'est-ce donc que cette église vide, avec ses quelques malheureuses statues de saints toutes couvertes de poussière ? Avec ses portes de guingois et ses vitres cassées qui laissent passer tous les vents ?

Lorsque le frère prêcheur demande d'une voix vibrante à la maigre assistance d'abjurer ses erreurs, l'évêque lève les yeux au ciel dans une mimique suppliante. Son regard se porte alors sur les fissures suintantes de la voûte, prolongées en lézardes parfois béantes dans les parties hautes des murs.

Cette vision apaise quelque peu sa colère, le ramenant à des sentiments plus chrétiens. Oui, décidément, on a vraiment trop négligé ce pays ! Face à un tel abandon, il est compréhensible que les gens d'ici aient pu se fourvoyer. Quelle que soit la conclusion de cette journée – et il ne se fait là-dessus plus d'illusions –, il faudra y mettre bon ordre. Voilà ce qu'il en coûte de laisser des brebis sans bon pasteur, dans une étable en ruine...

Il a pourtant déjà donné des instructions en février, mais rien n'a été fait.

Le dominicain a achevé son sermon. Le regard de l'évêque, abandonnant les voûtes, s'est tourné à nouveau vers les rares paroissiens. Il semble presque enclin à l'indulgence. Ne leur faut-il pas de la constance, pour se rendre dans un temple si sinistre et si abandonné ?

Le silence est absolu. Personne ne bouge.

Soudain un homme se lève, triturant le chapeau qu'il porte dans ses mains. Il semble hésiter une seconde, puis élève une voix ferme...

« Monseigneur, messieurs, mon nom est Louis Pascal. Les gens de ce bourg m'ont donné procuration pour les représenter. Sauf votre respect, il me faut à présent rapporter vos commandements et admonitions au conseil des principaux du village pour qu'il décide de sa réponse. Et pour mieux la peser, il serait bon qu'ils puissent tous relire ensemble la lettre du Roi. Puis-je humblement vous en demander la copie ? »

Aussitôt une grosse femme bondit.

« Menteur que tu es ! Nous ne t'avons point donné procuration pour faire pareille requête à ces seigneurs ! Ah, croyez-moi, Messeigneurs, nous que vous voyez ici, nous sommes tous bons chrétiens et nous ne voulons vivre ni croire autrement que selon les bons préceptes de notre Sainte Mère l'Église. »

Le hochement de dix-sept têtes et un long murmure d'approbation saluent ce discours.

« Soit, mes amis. Vous abjurez donc vos erreurs ?

— Mais, Monseigneur, chevrote un ancien. Cela n'est pas utile, puisque nous vivons justement selon les préceptes de notre sainte Mère l'Église. »

L'évêque maîtrise un geste d'énervement. Sa brève velléité d'indulgence a fondu aussitôt que Louis Pascal a pris la parole. Et son irritation renouvelée vient de trouver un aliment inattendu dans l'expression presque ironique du conseiller Durand. Trouverait-il quelque chose de drôle à la scène, celui-là ?

L'évêque lui jette un regard impérieux. L'autre se ressaisit, redevenant sévère.

« Louis Pascal, nous vous commandons d'aller sur l'heure rassembler les gens du village et de leur remontrer qu'ils ont à respecter le contenu des lettres royales, faute de quoi il sera procédé contre eux conformément à l'arrêt rendu à leur encontre. Vous nous rendrez leur réponse à la première heure de l'après-dîner. »

« Maître Durand !
— Monseigneur ?
— Avez-vous remarqué l'état de cette église ?
— Ma vue n'est assurément pas très bonne, néanmoins, à moins d'être aveugle...
— Soit, soit... Convenez-vous qu'il convient d'y faire au plus vite réparation ?
— Au cas où la cour d'Aix ou vos supérieurs nous manderaient de venir ici à nouveau, il serait assurément fâcheux que la voûte risquât de s'effondrer sur nos têtes.
— Bon, bon... Consignez, maître Durand ! Consignez que moi, Pierre Ghinucci, évêque diocésain de Cavaillon, et vous, Georges Durand, commissaire représentant le Parlement de Provence, ordonnons conjointement la réparation et l'agrandissement de l'église, charge donnée pour l'entreprendre au procureur du chapitre des chanoines de Salon, lequel est prieur et curé primitif de Mérindol, la tierce partie du revenu du chapitre étant confisquée pour ce faire. Et ajoutez que, à la charge de ce même chapitre, un second prêtre devra sans faute être commis à cette paroisse pour y prêcher la parole de Dieu. »

Ces énergiques décisions et le dîner simple, mais roboratif, qui les a suivies ont ramené quelque sérénité dans l'esprit de l'évêque.

Voici qu'approche de la table où les convives achèvent de se restaurer le procureur Louis Pascal, suivi du baile André Maynard et de quatre autres hommes qui se présentent aussitôt : les syndics Michelin Maynard et Jean Romane, Jean Bernard, lieutenant du baile, et un certain Jean Palenc.

Georges Durand, à qui il appartient de dresser procès-verbal de la réunion, tire de son sac crayon et papier.

C'est le baile qui prend la parole.

« Messeigneurs, permettez-moi de vous rappeler que nous avons adressé à la cour du Parlement et à vous-même, il y a déjà une année, une requête confessant notre foi et la manière de vivre que nous voulons tenir. Nous ne voyons à ce jour rien qu'il y eût à y ajouter ou à y retrancher. Nous sommes gens de bien et nous ne voyons point quelles erreurs s'y pourraient trouver que nous ayons à nous reprocher. »

Les joues bien remplies de l'évêque rosissent et frémissent sous l'insolence. « Taisez-vous ! Ce n'est pas à vous, rustiques et ignorants comme vous êtes, de tenir tels propos et disputes ! C'est à l'Église de juger. Et elle juge que votre requête est truffée d'erreurs hérétiques !

— Monseigneur, nous avons envoyé l'été passé promesse au Parlement de vivre catholiquement et de nous amender si nous connaissions que par notre requête et confession de foi nous étions en quelque endroit errants et dévoyés du Seigneur. Lorsque vous-même nous avez fait cet hiver l'honneur de votre visite, nous avons à nouveau demandé qu'on nous enseigne de quelles erreurs et hérésies nous sommes accusés, et nous n'avons point reçu réponse claire. »

L'évêque, d'un air pincé, se tourne vers le conseiller, en un conciliabule à voix basse qui dure un bon moment. Puis il se tourne vers l'oreille du théologien qui, l'œil glauque, opine lourdement du chef à ses propos. Enfin, sur son injonction, un religieux de sa suite se lève et donne lecture de la confession de foi reçue des vaudois.

« André Maynard, et vous autres, reconnaissez-vous bien là la requête à quoi vous faites référence ?

— Nous la reconnaissons, Monseigneur. Pouvons-nous savoir en quoi elle contient propos erronés et hérétiques, et contraires à la sainte Écriture ?

— En quoi ? Eh bien, notre frère ici présent, docteur en théologie, va à présent vous l'exposer ! »

Le prêcheur se lève avec difficulté, s'y reprenant à deux fois.

E... ego juro per haec sancta Dei evangelia qu... quod fidem Domini nostri Jesu Christi et... sancte Romane ecclesie teneo et ipsam defendo pro viribus contra omnes.

L'évêque sursaute. Son voisin semble parti pour faire tout son discours en latin, langue incompréhensible à ses interlocuteurs, dont béent les bouches et s'agrandissent les yeux à mesure que le dominicain, retrouvant l'assurance qui lui manquait au début, agitant son index, faisant voler bien haut ses manches, accélère son débit.

Ex hoc valdenses precipitati sunt ab ipso in errores innumeros et antiquorum hereticorum errores suis adinventionibus miscuerunt.

L'évêque, par-dessous la table, tire désespérément son vêtement. Sans autre effet que de voir l'orateur relever vivement, et d'un air outragé, tout un pan de sa robe.

Item, dicunt in secreto sanctos non orare pro nobis et ideo non opportet nos eorum suffragia implorare.

Sa voix tonitrue. Rien ne semble pouvoir l'arrêter. L'évêque contemple, atterré, son visage cramoisi, et mesure soudain le nombre de flacons vides qui s'alignent près de lui. S'apprêtant à parler à l'oreille du conseiller Durand, il s'avise que celui-ci, yeux fermés, pesamment accoudé sur la table, la bouche enfouie dans ses mains croisées, déploie une intense énergie pour maîtriser l'éclat d'un fou rire menaçant.

Item, promittetis tenere et servare ac defendere fidem catholicam quam ecclesia Romana predicat et observat.
Et eritis ibidem per dominum episcopum Petrum reconciliati et absoluti.
In nomine Patris et Filii et Spiritus Sancti. Amen!

L'orateur, en nage et visiblement satisfait de sa péroraison, s'effondre lourdement sur son siège.

Un moment se passe. Les villageois, debout, le chapeau à la main. L'évêque et ses compagnons, toujours assis à la table, devant les reliefs du repas.

Pierre Ghinucci se décide enfin à rompre le silence.
« L'auteur de votre confession de foi entend-il le latin?
— C'est possible, Monseigneur.
— Bien, alors faites-le venir!

— C'est que... il nous faudra tenir conseil pour y aviser. Ce n'est pas un homme du pays. Il était de passage à Mérindol et nous ne savons pas où il est à ce jour.

— Dans ce cas, vous n'avez pas bien fait de le loger, accueillir et écouter, car il était hérétique et luthérien ! C'était sans doute un de vos... barbes. »

André Maynard ne réplique pas. Il se tourne vers Georges Durand.

« Monsieur le conseiller, je vous prie de bien vouloir coucher sur le procès-verbal qu'il nous a été fait refus de nous exposer intelligiblement en quoi nous nous sommes rendus coupables d'hérésie.

— Et je vous prie d'y ajouter – c'est Louis Pascal qui a pris la parole – que Monseigneur l'évêque, vous-même et le docteur en théologie se parlaient à l'oreille avant de répondre, et que le docteur a parlé en latin, que nous n'entendons pas ! »

Tandis que l'évêque, muet, rumine sa fureur rentrée, le conseiller Durand, souriant, s'exécute avec la meilleure grâce.

La petite troupe reprend à présent la route de Cavaillon. Elle chemine en silence. L'évêque n'a pas un regard pour le conseiller qui chevauche à son côté.

Au moment où, s'enfonçant parmi les yeuses, il va perdre de vue ce village qui défie l'autorité de l'Église et du Roi, il fait faire à sa monture un brusque demi-tour.

Et fixant Mérindol, murmure entre ses dents :

« Chiens ! Vous me le paierez ! »

Fin décembre 1543

Ah, vous voici !

Je suis bien aise de vous voir, lecteurs !

Vous me reconnaissez, n'est-ce pas ?

Je suis Jean Maynier, baron d'Oppède, Premier Président au Parlement de Provence. Je viens de recevoir ce matin même les lettres royales confirmant ma nomination !

Eh oui, Premier Président... J'ai fait quelque chemin depuis que vous m'avez rencontré... À la mort du Président Chassanée, on créa l'office de Second Président, dont – pour récompenser l'œuvre de réformation des gabelles que j'avais entreprise d'ordre du Roi en pays de Saône et Rhône – je fus aussitôt le premier titulaire. C'est que le nombre des affaires comme celui des conseillers n'a cessé d'augmenter depuis que Louis Douzième a créé notre cour souveraine !

Et lorsque Guillaume Garçonnet, successeur de Chassanée, vint à mourir lui aussi, c'est tout naturellement mon nom que le Parlement présenta au Roi pour lui succéder.

Une promotion bien méritée, il faut le reconnaître ! J'ai toutes les qualités requises... La finesse... l'autorité... La fermeté qu'il faut pour rendre la justice... La souplesse d'esprit qu'impose une position aussi délicate... Et je ne parle pas de la maîtrise que j'ai acquise du droit ni de l'expérience qui est la mienne !

Mais asseyez-vous donc devant la cheminée ! Il fait froid. C'est l'hiver. Et permettez-moi de vous offrir de ce vin chaud aux épices.

Il est bon, n'est-ce pas ? C'est que, en toute chose, je veille à toujours avoir du meilleur !

Hélas, hélas, voyez-vous, les gens envient toujours le talent ! On m'a calomnié. On me calomnie. On me calomniera. Et je suis heureux d'avoir cette occasion de causer avec vous. Ne croyez pas ce que les méchantes langues pourront vous dire à mon sujet.

Si elles médisent, c'est qu'elles sont jalouses, tout simplement !

Tenez, tout récemment, que n'a-t-on pas été raconter autour de la mort de ce malheureux Garçonnet ! Vous connaissiez son innocente manie ? Non ? Eh bien il était raffolé des fleurs. Un beau jour on lui en fit porter un grand bouquet. Il le respira... et mourut pour ainsi dire sur-le-champ !

Aussitôt le bruit courut qu'il payait là son peu d'empressement à exécuter l'arrêt de Mérindol. Un zélé catholique, las de le voir différer celui-ci, lui aurait fait parvenir des fleurs empoisonnées. Mais pis, il s'en est trouvé pour insinuer du même souffle que sa mort venait servir fort opportunément mes ambitions. De là à suggérer que... Quelle honte !

Pauvre Garçonnet ! Je crois bien plutôt qu'il a eu les sangs retournés sans qu'il fût besoin d'empoisonner ce malheureux bouquet qui n'y était pour rien.

La jalousie, vous dis-je, toujours la jalousie !

Est-ce ma faute si je suis si bien doué ? À propos, je ne vous ai pas dit que j'ai l'amour des belles-lettres et que j'ai moi-même traduit six *Triomphes* de Pétrarque, lesquels ont été publiés à Paris et... Mais si, c'est vrai, vous le savez déjà !

Tenez, autre calomnie. Vous entendrez peut-être d'aucuns vous raconter que je suis le fils de Jean Guillaume Maynier, que celui-ci fut privé de son office de Président du Parlement d'Aix pour prévarication, et qu'il dépensa ensuite presque tout son bien pour sauver sa vie. C'est pure invention. Ce Jean Guillaume était mon oncle et, du reste, s'il est vrai qu'il eut quelque responsabilité à certains déboires qu'il rencontra, ceux-ci ont été fort exagérés. Moi, je suis né l'an mil quatre cent quatre-vingt-quinze d'Accurse Maynier, qui... Eh oui, je vous vois surpris, mais j'ai bien quarante-huit ans. Je sais, cela ne se voit guère. J'ai beau savoir apprécier les plaisirs de la table, je veille à me donner l'exercice qui convient. C'est ce qui me donne l'allure d'un jeune homme et, soit dit en passant, me vaut quelque succès...

Mais je m'égare ! Bref, je suis donc fils d'Accurse, qui fut au siècle passé conseiller au Grand Conseil de Provence, puis juge mage à Aix et ambassadeur du Roi auprès de la République de Venise. Il fut ensuite lui aussi Président au Parlement d'Aix, puis à celui de Toulouse, et il se montra en tout point digne de la confiance que le Roi lui faisait en lui confiant ces charges. C'est pour cela qu'il fut fait baron d'Oppède.

Et tenez, cette bague et ce brillant que vous admirez du coin de l'œil depuis tout à l'heure, c'est un cadeau que le Roi lui fit porter à son retour de Venise. Ce n'est point pour cela que je les porte, notez bien, mais c'est pour leur beauté.

Oui, que voulez-vous, c'est ainsi, je suis un homme de goût. Je ne saurais m'en cacher. Même si vous avez affecté de n'en rien laisser paraître pour ne pas gêner ma modestie, j'ai bien senti que vous appréciiez comme il convient l'élégance de ma vêture...

Oh, bien sûr, cette calomnie sur mon père, vous ne l'entendrez guère ici, où l'on me connaît trop bien. Mais vous l'entendrez à la Cour, par exemple !

Eh, c'est que j'y ai mes entrées, à la Cour ! Je suis ainsi au mieux avec le cardinal de Tournon, pour ne nommer que lui. Et là-bas comme ailleurs – là-bas bien plus qu'ailleurs, il faut le dire – la jalousie fait son œuvre. On m'envie...

Et s'il n'y avait que la jalousie... Mais il y a pis encore que ceux qui envient vos talents, c'est ceux qui les méprisent. Tenez, vous avez entendu parler de la Dame de Cental, la bonne Mérite de Trivulce ? Depuis la mort de son fils Antoine, elle est devenue tutrice de son petit-fils Louis-Nicolas de Bouliers. Depuis ses terres de Piémont, elle règne sur la vallée d'Aigues, elle possède vingt-quatre villages, et toutes les alliances qu'elle a passées dans la région font d'elle le principal seigneur du pays. Or, en parlant d'alliance, lorsque j'ai voulu me remarier, après la mort de ma première épouse, figurez-vous que j'ai sollicité la main d'une de ses sœurs. Quoi de plus normal ? Ma baronnie d'Oppède n'avoisine-t-elle pas les domaines des Cental ? J'eusse ainsi pu grandement rondir mon domaine ! Eh bien vous n'imaginez pas avec quelle hauteur cette bonne dame m'a traité. Et elle a récidivé lorsque, plus tard, j'ai proposé qu'une autre demoiselle de sa famille épousât un mien parent.

Un baron d'Oppède était sans doute un trop petit seigneur pour s'allier à sa noble maison ! Vous rendez-vous compte ? Ha, ha, elle ne pensait pas que j'en serais un jour là où je suis aujourd'hui ! La naissance est une chose, et il convient de la respecter, mais il y a aussi le mérite, et le mérite, toute grande dame que l'on soit, cela se respecte aussi !

La Cental, je peux vous dire que si j'ai un jour l'occasion de lui faire payer sa morgue...

Et ce n'est pas tout ! Il y a aussi ceux qui ne me peuvent souffrir car ils fleurent l'hérésie, et ils savent que j'ai bon nez pour flairer cette odeur-là.

J'abomine l'hérésie. D'abord parce que, puisque la sainte Église de Rome a de tout temps enseigné la Vérité, on ne voit pas en quoi elle se tromperait soudain, elle qui n'a pas varié depuis tant de siècles.

Mais aussi parce que l'hérésie, c'est comme une mine, une sape. Vous ne les voyez pas, mais elles font lentement leur œuvre, et, tout d'un coup, le plus solide rempart s'effondre. Eh bien, l'hérésie, c'est la même chose : si l'on n'y prend garde, elle minera le royaume. Elle le minera à la tête, car rejeter l'Église catholique ne signifierait-il pas que le sacre qu'elle administre au Roi, et par lequel il est manifesté qu'il tient son pouvoir de Dieu, n'a aucune valeur ? Elle le minera dans tous ses membres, qui ont été de tout temps le clergé, la noblesse et le troisième état, car si, de ces trois ordres qui fondent et ordonnent la société, le premier n'existe que par duperie, comment saurait-on mieux justifier les deux autres et la nécessaire soumission du troisième au second ?

L'hérésie, c'est l'anarchie, c'est le bouleversement assuré de ce royaume !

Or, de toute la France, c'est ici que les hérétiques pullulent. Car ici, ils sont tout un peuple ! Et il est bien vrai que Garçonnet, comme Chassanée, faisait preuve d'une indulgence coupable vis-à-vis de cette engeance !

Les choses vont à présent changer, croyez-moi, il en est plus que temps. L'insolence des vaudois ne cesse d'augmenter, tant ils se croient invulnérables ! On a vu une de leurs bandes mettre à sac l'abbaye de Sénanque. Cet été, leur capitaine, Marron, est même venu narguer Cavaillon avec une troupe armée. Il est vrai que le vice-légat Campeggi et l'évêque Ghinucci avaient tenté de s'emparer par force de Cabrières-d'Avignon, qui est, avec Mérindol, le principal refuge des hérétiques...

Mais tenez encore, cette année aussi, comme le Roi avait commandé à Monsieur de Grignan, son lieutenant en Provence, d'assister le vice-légat pour organiser la répression de Cabrières, le gouverneur a d'abord envoyé un commissaire enquêter dans les villages infectés par l'hérésie. Ce commissaire a même rencontré Eustache Marron et les consuls de Cabrières. Eh bien, l'Eustache l'a reçu arquebuse à l'épaule et épée au côté. Et quelques jours après, à Lourmarin, avec son complice fieffé, Roland de Ménerbes, il a même assiégé tout un jour et toute une nuit le commissaire dans le château pour l'obliger à libérer un de ses complices.

Tout cela est d'autant plus inquiétant qu'il y a vraiment trop de bouches à nourrir dans ce pays. On l'a bien vu après les mauvaises récoltes de mil cinq cent trente-neuf et mil cinq cent quarante ! Les affamés se sont multipliés. Ils se sont groupés en bandes. Il a fallu réprimer des émotions populaires provoquées par la cherté du blé. À Avignon, ce fut une véritable sédition ! Et la peste a même fait sa réapparition. La guerre a de plus conduit à multiplier les impositions et les réquisitions, qui mécontentent fort.

Tout cela n'en rend l'hérésie que plus dangereuse. En de pareils moments, ses prédicateurs ont tôt fait d'assurer aux pauvres gens éperdus que leur malheur leur est envoyé par Dieu pour punir les péchés de leurs prêtres, de leurs seigneurs – et pourquoi pas de leur Roi ? Alors que leur malheur ne tient qu'à ce qu'il y a trop de bouches à nourrir !

Et faut-il pendant ce temps-là que des milliers d'hérétiques continuent à s'accrocher à de bonnes terres pendant que les bons chrétiens pleurent la faim ?

Il va tout de même bien falloir que le Roi cesse d'atermoyer ! De ce côté-là, hélas, rien n'a changé ! Lorsqu'il se décide à faire exécuter l'arrêt de Mérindol et toutes les décisions de justice concernant les vaudois, il revient quasiment aussitôt sur sa résolution sous quelque maligne influence. En mars dernier encore, lorsque le vice-légat lui écrivit d'Avignon pour demander de l'aide, il sembla se résoudre à ordonner l'exécution de l'arrêt, puisque les vaudois n'avaient toujours pas abjuré et multipliaient les provocations.

Mais, comme l'année d'avant, comme en mil cinq cent quarante et un, il a encore voulu contenter les protestants d'Allemagne et de Suisse.

Loin de moi l'idée de critiquer le Roi, mais il me semble que c'est là une politique à courte vue. Sans doute entend-il ainsi les tenir éloignés de l'Empereur, maintenant que la guerre a repris avec celui-ci, mais en attendant, sa trop grande mansuétude envers les hérétiques fait que ceux-ci gangrènent un peu plus le royaume. Quand le ferment de discorde y lèvera partout, c'est alors que l'Empereur sera content de voir la France affaiblie. Qu'importeront à ce moment les Allemands ou les Suisses !

Bref, le Roi a renouvelé par deux fois ses lettres de grâce de quinze cent quarante et un. Et ce n'est pas pour autant que les vaudois se hâtent de venir abjurer. Tout au contraire, ils se comportent comme si ces grâces devaient se renouveler indéfiniment.

Il va falloir une bonne fois pour toutes faire changer le Roi d'avis !

Croyez-moi, je vais m'y employer. J'obtiendrai la révocation de ces maudites lettres de grâce, et j'anéantirai les vaudois !

Et que l'on ne me reproche pas de n'avoir pas été miséricordieux envers ces mauvais bougres ! Je crois fermement qu'il faut savoir distinguer ceux dont l'hérésie procède plus d'ignorance, d'erreur et de fragilité humaine de ceux qui ont vraie malice et authentique volonté de se séparer de l'Église. N'ai-je pas, moi-même, engagé Pierre Ghinucci à faire un dernier effort pour les convertir par la persuasion ?

Il l'a fait. Mais avec quel résultat !

Lui et moi sommes bien convaincus à présent que l'hérésie est profondément enracinée dans les cervelles des vaudois et qu'il n'y aura pas d'autre moyen que la force pour l'en extirper.

Et hélas, hélas, voyez où mène une clémence mal placée ! Exécuté il y a deux ans, l'arrêt de Mérindol eût glacé d'effroi les vaudois. Aujourd'hui, fort des grâces successives du Roi, ils se croient tout permis ! Ce ne sont pas dix-neuf hérétiques qu'il importe à présent de châtier, mais plus, beaucoup plus. Et ce n'est pas un seul village qui sert de nid à l'hérésie !

Vous semblez dubitatifs ? Vous pensez encore que l'on pourra les convertir ? Ah non, je vois, vous songez à ce que certains serinent à l'oreille du Roi : les vaudois ne sont que de paisibles paysans... quoi qu'ils pensent, ils ne songent à convertir personne... laissons-les donc en paix... occupons-nous plutôt des prédicateurs luthériens...

Je vois...

Mais vaudois et luthériens, je l'ai dit, je le répète, c'est tout un !

Quand bien même les vaudois ne seraient pas dangereux par eux-mêmes – j'ai dit quand bien même ! –, ils le seraient par les gens qu'ils accueillent, qu'ils nourrissent, qu'ils logent et qu'ils cachent. Combien cheminent par les routes, vêtus en simples gens mécaniques, qui sont des prêcheurs genevois, des colporteurs aux malles pleines de livres interdits, des lansquenets luthériens en rupture de ban à la recherche de quelque employeur ? Ceux-là ne s'arrêteront pas en Luberon. Ils iront se répandre par tout le royaume. Mais ils sauront qu'ils ont là un havre où se reposer et s'abriter des poursuites, avant de repartir accomplir leurs méfaits. L'adage populaire est faux, qui assure que tous les chemins mènent à Rome. Il en est hélas aujourd'hui quelques-uns qui mènent à Genève... ou qui en viennent. Croyez-vous que nous avons les moyens de contrôler les routes ? Les portes des villes, à la rigueur, et encore... Monsieur de Grignan lui-même se plaint de son manque de soldats. La plupart sont en Italie pour la guerre du Roi.

Mais au surplus je tiens, j'assure et j'affirme que les vaudois sont dangereux par eux-mêmes !

Lorsque le Parlement a rendu l'arrêt de Mérindol, le bruit courait qu'une armée d'hérétiques s'assemblait en Luberon. Je n'étais pas à Aix à l'époque, et lorsque j'y suis revenu, il m'est vite apparu que cela n'avait été que rumeur fausse ou très exagérée. Je ne crois pas qu'il y ait eu jamais d'armée digne de ce nom cachée en Luberon. Mais je crois qu'il pourrait aisément y en avoir une !

Comment vous faire comprendre ? Voilà ! Représentez-vous donc le Luberon comme un énorme château fort planté entre Provence et Comtat. Qui contrôlera ce château contrôlera l'une et l'autre province.

Or voyez cet Eustache Marron qui s'en prend sans cesse aux bons chrétiens pour défendre les vaudois. Dans ses plus grandes expéditions, il semble qu'il n'ait guère avec lui plus de deux cents personnes. Mais qui dit que ce sont toujours les mêmes ? Je suis persuadé qu'il y a en Luberon et dans toute la région à l'entour des centaines d'hommes – et qui sait, des milliers ? – entraînés à combattre, tout équipés de piques et d'arquebuses. Dites-vous qu'aujourd'hui la plupart cultivent paisiblement leurs champs ? C'est possible, je n'en sais rien. Mais que demain un chef de guerre se présente pour les soulever et fédérer, et vous verrez alors ! Et pourquoi pas ce Marron lui-même ? Voyez déjà Cabrières, où il s'abrite, c'est une vraie petite ville, entièrement fortifiée et totalement acquise à l'hérésie, et le vice-légat comme l'évêque ont bien montré qu'ils n'en pouvaient mais ! Imaginez que toute la région ne soit bientôt plus qu'un tissu de petits Cabrières. Nous en sommes bien près...

Vous semblez surpris que moi, premier magistrat de Provence et viguier de Cavaillon, j'en sois réduit à faire des conjectures sur les forces et les intentions réelles des vaudois ! Aix n'est pas loin du Luberon, pourtant, et Cavaillon moins encore. Quant à ma baronnie d'Oppède, elle s'y trouve tout plein !

C'est que, voyez-vous, les vaudois ne se fréquentent volontiers qu'entre eux. Et ceux qui vont et viennent par chez eux, d'où qu'ils viennent et où qu'ils aillent, sont de leurs amis, et ne viennent pas nous raconter ce qui se passe là-bas. Le Luberon, de plus, n'est peut-être pas une grande montagne, mais il est pour ainsi dire inaccessible. Du moins inaccessible à ceux qui ne le connaissent pas, autrement dit à ceux qui ne sont pas vaudois. Non, croyez moi, vu d'Aix, vu de Cavaillon, et même quand, de mon château d'Oppède, je lève vers lui les yeux, le Luberon est lourd de mystères. Dieu seul sait ce qui niche au fond de ses forêts, au creux de ses cavernes...

En tout cas, les déboires du vice-légat et de l'évêque de Cavaillon à Cabrières ont eu du bon. C'est à cause de son échec que le vice-légat a sollicité le concours du Roi, l'avertissant qu'il y avait là-bas grande assemblée de gens mal sentant de la foi. Le Pape, quant à lui, est bien décidé à rétablir l'orthodoxie de la foi en Comtat. Il avait déjà rétabli le tribunal de l'Inquisition. Cette année il vient de nommer un grand inquisiteur à Orange, et le nonce n'aura de cesse que d'obtenir l'aide des armes du Roi. En tant que viguier de Cavaillon, vous pouvez croire que je seconderai autant qu'il me sera possible tous les efforts qui seront entrepris en Comtat pour extirper l'hérésie.

Ah, mais à propos, vous n'êtes peut-être pas au fait du gouvernement du Comtat ?

Mais vos verres sont vides ! Allons, servez-vous ! Servez-vous ! Je le fais moi-même, alors... Tenez, réchauffez-vous !

Bien. En Provence, rien qui diffère des autres provinces du royaume. Le Parlement y est l'autorité civile suprême, et le gouverneur y détient l'autorité militaire. La seule nuance est qu'il porte ici, comme dans les autres provinces frontières, le titre de lieutenant général du Roi. Le gouverneur, pour l'heure – je vous l'ai d'ailleurs dit –, est Louis-Adhémar, comte de Grignan, qui a succédé dans cette charge au comte Claude de Tende.

Au Comtat de Venise – ou au Comtat Venaissin, si vous préférez –, c'est différent. Le pays est terre pontificale depuis que le Roi Philippe le Bel installa le Pape en Avignon. Ainsi, étant viguier de Cavaillon, je suis en Comtat officier du Pape, de même que je suis en Provence officier du Roi.

Le pontife confie le gouvernement du Comtat à un légat. En ce moment, c'est le cardinal Alexandre Farnèse, son propre petit-fils, également archevêque d'Avignon. Eh quoi, pourquoi me regardez-vous ainsi ? Ignorez-vous que, avant d'embrasser la carrière ecclésiastique, notre Saint-Père Paul III a eu une vie laïque ?

Mais s'il veille à réformer les mœurs du clergé de la région, le puissant cardinal préfère rester à Rome. C'est donc un vice-légat qui assure sur place le pouvoir effectif. Pour l'heure, c'est l'évêque de Bologne, Alexandre Campeggi. Mais le bruit court que cela va bientôt changer. On murmure que Paul III trouve Campeggi trop mou et qu'Antoine de Trivulce, l'évêque de Toulon, pourrait bien le remplacer. Le Pape a raison. Tenez, il y a près de deux ans, le vice-légat avait déjà pensé monter contre Cabrières une expédition plus que justifiée, mais il s'en était aisément laissé dissuader par le cardinal Sadolet. Un saint homme et un grand savant, ce dernier, mais trop bon, beaucoup trop bon... Et quand cette année Campeggi s'est enfin décidé à s'en prendre à Cabrières, il a fort mal monté sa tentative.

Non, vraiment, je crois que pour les vaudois le vent va tourner.

C'est le Premier Président du Parlement de Provence qui vous le dit !

À ce propos, juste avant votre arrivée, j'ai fait convier quelques amis pour fêter ce soir dignement la confirmation de ma nomination en cet office. Vous resterez bien à souper avec nous ? Savez-vous que vous m'êtes fort sympathiques ?

Et tenez, si vous insistez, et pour vous faire plaisir, je vous lirai volontiers un extrait des *Triomphes* de Pétrarque...

Mi-octobre 1544

Mince et diaphane, le vieillard glisse silencieusement au milieu de l'assemblée.

Vous ne le voyez pas ? Vous ne voyez qu'une douzaine d'hommes, les uns assis, d'autres debout, rassemblés dans une salle de l'hôtel d'Oppède ?

Eux, pourtant, le voient bien... Regardez comme ils sont pâles. Voyez la sueur qui perle à certains fronts. Il ne fait pourtant pas si chaud...

C'est que le vieillard les dévisage, un par un, s'arrêtant plus longuement devant certains d'entre eux...

Voyez Guillaume Guérin, l'avocat général, comme il vient tout soudain de reculer d'effroi...

Cet vieil homme blême, c'est Jacques de Beaune, seigneur de Semblançay.

Mais que fait-il donc ici, à Aix-en-Provence, en ce début d'automne mil cinq cent quarante-quatre, alors que le douze août mil cinq cent vingt-sept, le Roi l'a envoyé se balancer au grand gibet de Montfaucon pour malversations et mauvaise administration de ses finances ?

Banquier de trois rois, surintendant des finances, il eut surtout le malheur d'encourir la colère de la reine régente, durant la captivité du Roi. Mais s'il n'avait pas commis plus de malversations que d'autres, il n'en avait pas commis moins.

Quel sortilège a donc tiré cette âme de son purgatoire – vous y croyez, n'est-ce pas ? vous êtes bons chrétiens ? –, de son purgatoire, disais-je, où elle expie ses péchés ? Quel sortilège a donc évoqué ce triste fantôme ?

Ce sortilège est entre les mains du Président d'Oppède. Il porte la date du dix-huit juillet dernier et est signé : François.

Des hommes qui entourent le baron, vous reconnaissez sans doute la plupart. C'est le Second Président de La Font. Ce sont des conseillers au Parlement de Provence.

Deux lettres du Roi sont successivement arrivées comme viennent tonnerre et foudre. Nul ne s'attendait à cela !

Savez-vous ce qui s'est passé ? Eh bien, en avril dernier, les vaudois, les vaudois de Mérindol eux-mêmes – nul ne sait précisément qui d'entre eux tient leur plume ! –, se sont adressés directement au Roi. Ils lui ont présenté une supplique protestant une fois de plus qu'ils n'étaient pas hérétiques, obtenant ainsi en mai de nouvelles lettres de grâce. Heureusement, on avait tout de même réussi à arrêter à temps Thomas Pellenc, un des condamnés de l'arrêt de Mérindol, et à l'envoyer au bûcher. Mais l'incroyable est alors arrivé !

Les vaudois, dans leur supplique, ont en effet prétendu qu'on ne leur reprochait leurs idées religieuses que par avarice et cupidité, dans la seule intention de s'emparer de leurs biens. Ils ont ajouté que le Parlement les a délibérément maltraités après la suspension de l'arrêt de Mérindol par le Roi, et ils n'ont pas hésité à affirmer que les juges des évêques, des gentilshommes et des officiers de justice, jusqu'au sein même du Parlement, ont obtenu à leur profit des confiscations sous prétexte d'hérésie.

On dit que la reine de Navarre est encore intervenue en leur faveur. Et voici que, le quatorze juin, le Roi a adressé des lettres patentes tant au Parlement qu'à Monsieur de Grignan, disant que les habitants de Mérindol lui avaient exposé qu'ils étaient chrétiens, vivaient dans la loi de l'Évangile et l'obéissance à la Sainte Église, et n'étaient persécutés par officiers et prélats que par avidité et appétit de profits personnels.

Entendez-vous cela ? Le Roi ne se contente plus de pardonner leur hérésie en échange d'une abjuration, il se fait lui-même l'écho de leurs calomnies ! Enfin... calomnies... Pas tout à fait... Mais il faut bien que quelqu'un rachète les biens confisqués, vous le comprenez. Et la noblesse, tant de robe que d'épée, est un acquéreur naturel, n'est-ce pas ? Sans doute est-il bien vrai que cela fournit de bonnes occasions d'arrondir ses domaines. Mais ne serait-il pas bien mauvais ménager de ses biens celui qui les négligerait ? Cela n'est point corruption, c'est seulement tirer un parti intelligent de sa charge, voilà tout ! Et puis, le Roi lui-même, pour remplir son trésor toujours vide et financer ses guerres, n'impose-t-il pas à ses officiers de justice comme aux autres détenteurs d'offices de lui acheter leur charge ? Comment faire autrement, dès lors, que de se rembourser en tirant parti des avantages de celle-ci ?

Le problème, c'est que le Roi, las de recevoir des avis contradictoires, a finalement résolu de se faire une opinion par lui-même. Par lettre du dix-huit juillet – celle-là même que le Président d'Oppède a en main, et qui n'a été effectivement transmise qu'à la fin de l'été –, il a commis un docteur en théologie de l'Université de

Paris, un dominicain du nom de Jean Le Chat, pour venir en Provence s'enquérir de la doctrine et des mœurs des vaudois, et savoir s'ils sont ou non luthériens.

Jusque-là, rien d'inquiétant. N'est-ce pas au contraire le meilleur moyen pour qu'il se convainque une fois pour toutes de l'hérésie des vaudois ?

Oui, mais... le dominicain ne sera pas seul. Il sera accompagné d'un maître des requêtes de l'Hôtel du Roi, un sieur du Pré, à qui le souverain a ordonné de mener une enquête, tant pour savoir de quelles voies de fait les vaudois ont pu se rendre coupables que pour éviter tout abus des gens de justice – oui, vous avez bien entendu ! – et tout excès des nobles ou des soldats.

Le Roi mande au Parlement de donner aux enquêteurs accès à toutes pièces utiles, et comme il ne peut les envoyer tout de suite, du fait des troubles et difficultés qu'entraîne la guerre avec l'Empereur, il mande à la cour d'Aix et à Monsieur de Grignan de surseoir en attendant à l'exécution des arrêts et des lettres patentes antérieurs. Il ordonne de libérer les vaudois prisonniers pour soupçon d'hérésie. Il déclare qu'ils auront deux mois de délai pour abjurer si les commissaires font la preuve qu'ils sont bien hérétiques.

Plus, il annonce qu'il évoque l'affaire devant sa personne, et qu'il en dessaisit en conséquence le Parlement de Provence, pour en confier l'examen à celui de Dauphiné, à Grenoble !

Une enquête... non plus seulement sur les vaudois, mais sur les membres du Parlement eux-mêmes !

On se souvient en silence de l'amiral Chabot de Brion, condamné pour prévarication il n'y a pas trois ans, et qui n'a dû de retrouver ses charges qu'à toute la persuasion de la duchesse d'Étampes. Mais qui ira supplier le Roi de pardonner les conseillers d'Aix qui viendraient à être condamnés pour le même motif ?

Et le vieillard d'outre-tombe, qui n'eut point de pardon, hoche la tête, haussant ses sourcils blancs sur ses orbites caves, esquissant sur ses lèvres mortes une moue fataliste...

Comment pourra-t-on cacher aux enquêteurs que les mises à prix des biens confisqués aux hérétiques sont bien souvent délibérément sous-estimées ? que certains conseillers envoient alors des hommes de paille manipuler les enchères ? que certaines confiscations n'ont même donné lieu à aucune mise en vente officielle ? que...

Au vrai, ce ne sont que quelques-uns des conseillers qui ont personnellement de véritables indélicatesses à se reprocher. Seulement... tous ont des amis, des parents qui, eux, ont su profiter de certaines occasions dont ils les ont soigneusement informés... Et puis, la plupart des conseillers sont alliés à de puissantes familles de la noblesse d'épée, qui ne s'encombrent pas de scrupules juridiques pour se partager les dépouilles des vaudois arrêtés.

Jean Maynier d'Oppède lui-même songe en ce moment à son gendre François de Pérussis – un de ceux qui transpirent –, à son neveu Gaspard Forbin, qui a vite mûri ces dernières années, jusqu'à acquérir un sens particulièrement aigu de ses intérêts, au sieur de Faucon, également son parent, ou encore au sieur de Venelles, capitaine de son château d'Oppède...

Le Premier Président se résout à briser un silence qui devient insupportable.

D'un geste impérieux, il dissipe la sinistre apparition dont la livide présence glaçait têtes et cœurs.

« Cette fois, Messieurs, la comédie va trop loin ! Nous ne pouvons éviter de publier officiellement ces lettres, mais c'est une raison de plus pour nous employer sans délai à faire changer le Roi d'avis, à obtenir leur révocation et à recevoir à la place un ordre d'exécution sans équivoque de l'arrêt de Mérindol, qu'il conviendra cette fois d'exécuter avant que quiconque ait eu le temps d'interjeter appel auprès du Roi !

— Et comment cela, baron ?

— Puisque, Dieu en soit loué, le Roi nous dit lui-même que les commissaires ne peuvent pas immédiatement se rendre en Provence, il nous laisse un répit pour lui députer nous-mêmes notre propre envoyé. Mais il faut faire vite. Le répit sera sans doute bref.

— À qui pensez-vous ?

— À l'huissier Philippe Courtin. Il a belle prestance, parle fort bien et sait mettre de la conviction dans le plus anodin propos. Il impressionnera favorablement le Roi. Son départ d'Aix sera plus discret que celui d'aucun d'entre nous. Nous trouverons aisément quelque prétexte pour le justifier. Qu'en pensez-vous, La Font ?

— Cela ne fait aucun doute. Courtin est un choix excellent. Il aura de plus des motivations personnelles à ne pas souhaiter d'enquête royale. Mais, mon cher baron, que pourra-t-il dire au Roi pour obtenir pareil revirement ?

— Le revirement n'est pas en soi un problème, nous ne savons que trop combien le Roi y est sujet sur cette matière... Quant au discours, sachez qu'il est une chose, Messieurs, que notre Roi ne tolère pas. Une chose qui le met en fureur. C'est que l'on attente à son autorité. La solution est donc très simple. Nous allons démontrer que les vaudois sont des rebelles au Roi !

— Comment pourrions-nous prouver cela ?

— Doutez-vous, Messieurs, en votre âme et conscience, que l'opiniâtreté des vaudois à persister dans leurs erreurs ne les mène pas inévitablement sur la voie de la rébellion ? Que certains d'entre eux, en leur for intérieur, n'ont pas déjà franchi ce pas ? »

L'opinion des conseillers, dont les visages reprennent quelque couleur, ne fait visiblement aucun doute.

« Les rumeurs de rassemblements d'arquebusiers dans les villages vaudois, d'attroupements de paysans en armes dans la montagne, ne se multiplient-elles pas ?

— Sans doute, mais ce n'est pas la première fois !

— Le Roi a-t-il eu vent des rumeurs précédentes ? Et après tout, Messieurs, si ce n'étaient pas seulement des rumeurs ? Et si c'étaient celles qui semblent les plus folles qui étaient véridiques ? Il conviendrait alors, en les citant, de remplacer le mode conditionnel par le mode indicatif, rien de plus... »

Jean Maynier d'Oppède, calant son poing contre sa hanche, prend une pose avantageuse.

« Courtin exposera d'abord au Roi des faits indubitables : le saccage de l'abbaye de Sénanque par une bande de vaudois, le pillage et la profanation de l'église de Lioux et la mise à rançon de son curé sous peine de la vie, et bien sûr toutes les exactions et provocations d'Eustache Marron et de ses lieutenants. Ne viennent-ils pas encore d'apparaître en la foire de Roussillon, au jour de la Saint-Michel, avec une troupe d'hérétiques armés de bâtons, venus tant de Murs que d'Apt ou de Lacoste, défilant enseignes déployées au son du tambourin ? Combien étaient-ils ? Quelques dizaines, ont dit certains. Beaucoup plus, ont dit d'autres. Eh bien voilà, nous attesterons qu'ils étaient plus... Quelques centaines, dirons-nous.

« Si cela s'y prête, Courtin pourra ensuite laisser entendre au Roi que les hérétiques favorisent le parti de l'Empereur parce que celui-ci a accordé aux Allemands leur doctrine. »

Charles Quint a dû en effet, contraint et forcé, reconnaître à chaque prince allemand le droit d'imposer sa religion dans son État.

A contrario – car tous les arguments sont bons, qu'importe qu'ils se contredisent ! –, le Roi a moins besoin aujourd'hui de l'alliance des princes protestants. Après que Monseigneur le duc d'Enghien eut brillamment battu au printemps le marquis del Vasto à Cérisoles, il a bien fallu que l'Empereur traitât, bien que ses armées aient envahi la Champagne et soient encore parvenues à obliger le Roi à évacuer la Savoie. On sait depuis peu de jours que les deux souverains viennent tout juste de signer la paix à Crépy-en-Laonnois. Ils se sont mutuellement promis d'extirper l'hérésie de leurs terres. Loin de ménager les luthériens d'Allemagne, le Roi devrait donc être plutôt enclin à donner à l'Empereur un gage de la volonté d'exterminer l'hérésie.

« N'oubliez pas, Messieurs, que nous comptons auprès du Roi un appui des plus précieux, dont l'influence, déjà grande, s'accroît encore de jour en jour. Et qui, je vous le demande, en dehors d'eux-mêmes, servira d'avocat aux vaudois ? Dieu a rappelé à lui l'an dernier Monsieur du Bellay. La reine de Navarre est repartie dans ses États... Nous n'aurons pas de peine à obtenir de Monsieur de Grignan qu'il confirme tous les dires de Courtin.

— Le gouverneur s'est toujours montré très prudent, pourtant.

— Ne vous inquiétez pas là-dessus. Il nous soutiendra. »

Monsieur d'Oppède appuie sa phrase d'un air entendu. Il sait que Louis-Adhémar de Grignan ambitionne de représenter le Roi à la diète que l'Empereur a convoquée à Worms pour régler toutes les affaires d'Allemagne. Après avoir un temps espéré en l'appui de Marguerite de Navarre, c'est de son oncle qu'il attend d'obtenir la décision royale. C'est-à-dire précisément de ce puissant appui sur lequel le Président compte tant...

« Maître Guérin, en plus de l'envoi de Courtin auprès du Roi, il me semblerait opportun que, en tant qu'avocat général, vous adressiez une requête officielle au Roi pour demander la révocation des lettres.

— J'y songeais, baron, j'y songeais.

— Et dans le même temps, je propose que l'on convoque sans délai les États de Provence, pour que les trois ordres du pays supplient à son tour le Roi, tous ensemble, de revenir sur sa décision et de faire bonne justice des crimes des vaudois. »

Les approbations fusent de toutes parts.

« Et il ne faut rien lui celer des crimes de ces impies, nous devons tout dire à Courtin – c'est un des conseillers qui a pris la parole. Tenez, on assure par exemple que, près de Murs, on a aperçu une compagnie d'arquebusiers et de piquiers étrangers dînant dans une clairière.

— Et près de Lourmarin, j'ai ouï dire qu'on aurait aperçu une troupe dans la montagne, qui aurait allumé des feux.

— Et il est notoire qu'il se fait un peu partout des prédications en assemblées armées ! »

La salle s'emplit soudain d'un véritable vacarme. Parlant tous en même temps, les conseillers rapportent pêle-mêle les rumeurs dont ils ont eu vent. Au silence angoissé d'il y a un moment succèdent les clameurs de l'indignation. Sur leurs joues rubescentes la pâleur est bien loin.

Les conseillers s'échauffent.

Le vieux spectre blafard s'est bel et bien évanoui.

À s'entendre échanger des bruits incontrôlés mais toujours inquiétants, dont les uns ne sont peut-être pourtant que l'écho déformé des autres, ils se convainquent eux-mêmes du danger des vaudois, s'effrayent de leur puissance, les voient bientôt entrer en rébellion, si ce n'est déjà fait...

L'huissier Courtin aura beaucoup à dire...

Maudits impies qui voudraient compromettre auprès du Roi d'honnêtes magistrats pour mieux dissimuler leurs intentions séditieuses !

Oui, le Roi doit savoir ce que vous préparez ! Et le Roi doit sévir ! Car ce serait justice !

En notre âme et conscience...

Janvier 1545

« Approchez, Monsieur le Cardinal, approchez ! »

Le Roi gît dans son lit, pâle, les traits tirés.

Au début de ce mois, le mal qui le tourmente depuis plus de cinq ans est revenu.

L'an mil cinq cent trente-neuf, alors qu'il séjournait à Compiègne, un apostume lui était venu à l'aine, l'accablant de douleur au point que l'on avait craint pour sa vie. Et si sa vigoureuse constitution a finalement repris le dessus, cet abcès resurgit de loin en loin, provoqué par quelque fistule, et le jetant alors dans de terribles souffrances jusqu'à ce que les médecins puissent l'inciser pour en évacuer toutes les humeurs mauvaises.

« Tournon, sur le fait des vaudois, tout est-il bien avéré ?

— C'est certain, Sire ! Le Président d'Oppède, mon neveu Grignan, le vice-légat Trivulce, tous m'ont écrit pour me représenter et me confirmer le danger qu'ils représentent, rebelles qu'ils sont à l'autorité tant du Saint-Père que de Votre Majesté. Au nom du Pape, le nonce apostolique ne cesse d'appeler au secours des armes françaises contre la sédition de ces hérétiques avant qu'ils n'aient pris trop de force.

— Alors, hâtez-vous d'exécuter mon ordre, Monsieur le Cardinal ! »

En novembre, François de Tournon a introduit auprès du Roi l'huissier Philippe Courtin. Celui-ci, au nom du Parlement de Provence, lui a représenté l'état alarmant de la région. Les vaudois ont fortifié leurs villages et fait de la ville de Cabrières-d'Avignon une véritable place forte. Ils allument la nuit de grands feux sur les montagnes pour convoquer les hommes à des réunions de guerre. Ils ont rassemblé une armée de plusieurs milliers d'hommes – dix mille, assure-t-on, qui pourraient devenir bien plus nombreux. Cette armée a un capitaine, un certain Eustache Marron, et un état-major. À la Saint-Michel, on l'a vue se mettre aux champs, à enseignes déployées, près du bourg de Roussillon. Elle a déjà menacé Cavaillon, et de sûres informations rapportent qu'elle s'apprête à marcher sur Marseille, pour en faire une république à l'image des cantons luthériens de Suisse, avec lesquels les vaudois sont en intelligence ouverte, comme l'attestent des courriers saisis sur les chemins de Bourgogne.

Sans plus attendre, ces rebelles ont résolu de ne plus payer tribut ni au Roi ni à l'Église, de frapper leur propre monnaie ou d'en faire de la fausse.

Ils sont pour ainsi dire en état d'insurrection permanente, pillant les abbayes, rançonnant les voyageurs, volant récoltes et cheptels. Si d'aucuns d'entre eux sont détenus prisonniers, pour quelque crime que ce soit, ils s'assemblent en grand nombre et viennent tout armés forcer villes et châteaux et briser les prisons.

Aux côtés du cardinal et de l'huissier se tenait Pierre Gelido, trésorier du Comtat, député par le vice-légat, que – Dieu sait pourquoi ? par déformation de son prénom peut-être – on surnomme *il Pero*, le Poirier. C'est l'homme de confiance du légat lui-même, le cardinal Farnèse. C'est lui qui a obtenu de celui-ci le remplacement d'Alexandre Campeggi, trop peu énergique à son gré contre les hérétiques, par Antoine de Trivulce. Il attesta sans réserve de la part des autorités du Comtat la véracité des informations envoyées par celles de Provence.

L'huissier Courtin a également présenté au Conseil privé la requête rédigée par Guillaume Guérin, avocat général près le Parlement d'Aix, aussi visée de Monsieur de Piolenc, procureur général. Enfin les États de Provence eux-mêmes, réunis en décembre, ont écrit au Roi pour le supplier de révoquer ses lettres de grâce de juin.

Oui, les vaudois sont bel et bien des séditieux, rebelles à leur Roi !

Une preuve de leurs menées vient d'être fournie tout récemment encore. Alors même que l'huissier était à la Cour, Marron, leur capitaine, a délivré de la prison de Cavaillon, à la tête de ses troupes, un vaudois qui avait tué un juif.

Face à ces terribles nouvelles s'abattant sur lui comme déluge, le Roi s'est montré atterré. Ainsi, la supplique reçue des vaudois au printemps n'était donc qu'un moyen de tromper sa vigilance et de gagner du temps ? D'affaiblir Parlement et noblesse en jetant l'opprobre sur eux pendant qu'ils préparaient leur rébellion ? Et il s'était laissé émouvoir par l'apparente sincérité et la fausse candeur dont ils avaient su travestir leur requête !

Il a donc décidé de suspendre ses lettres de grâce. Foin d'enquêtes et de commissaires. Ce sont les troupes royales qu'il convient d'envoyer là-bas ! Il convient cette fois que la cour d'Aix exécute sans délai l'arrêt de Mérindol et tous ceux qu'elle a pu prendre depuis contre ces séditieux !

Il convient cette fois d'extirper l'hérésie des monts de Luberon !

Tel est l'ordre que le Roi a notifié à son Conseil.

« Avez-vous préparé les lettres patentes ?

— Pas encore, Majesté, je voulais d'abord pouvoir vous confirmer par toutes sources possibles tout ce qu'a rapporté l'huissier Courtin.

— Eh bien, puisqu'il apparaît que c'est fait, hâtez-vous à présent de mettre ma volonté dans la bonne et due forme qu'imposent la loi et les usages. »

Le Roi se tait un instant, fermant les yeux. Sa voix revient, murmurante.

« ... Hâtez-vous ! N'en va-t-il pas de mon salut, de purger le royaume de la peste hérétique ? Vous me l'avez assez dit, n'est-ce pas ?... de mon salut... »

Le Roi, soudain, se crispe de douleur.

Derrière ce visage vieilli, derrière ces traits alourdis tirés par la souffrance, le cardinal revoit le jeune homme d'il y a vingt-neuf ans. Il revenait de sa première et glorieuse campagne, vainqueur à Marignan. Il rayonnait de force et de joie de vivre. Il pétillait d'intelligence. François de Tournon, chanoine régulier de Saint-Augustin, l'avait accueilli à la commanderie de Feurs dont ses supérieurs de l'abbaye de Saint-Antoine, en Dauphiné, lui avaient confié la charge.

Les deux hommes s'étaient immédiatement appréciés. Depuis lors, Tournon n'a jamais quitté le service du Roi, qui n'a jamais cessé de lui témoigner sa confiance, le faisant successivement abbé de La Chaise-Dieu, archevêque d'Embrun, puis de Bourges, abbé de Saint-Germain-des-Prés et archevêque d'Auch.

Aujourd'hui, le cardinal est, avec Claude d'Annebault, Amiral de France, le principal conseiller du Roi. Mais d'Annebault est avant tout un militaire, et il n'a pas toujours l'esprit très politique. En dépit des apparences, c'est donc lui, Tournon, qui règne avant tout autre sur le Conseil royal.

En cet instant, il mesure combien, par-delà le Roi qu'il respecte, il aime cet homme. Malgré sa légèreté, parfois poussée jusqu'à l'inconséquence. Malgré les péchés de chair dont il est coutumier. Mais pour son intelligence et sa vitalité. Sa générosité et son courage. Son amour des lettres et des beaux-arts...

Et aussi pour la haute idée qu'il se fait de ce que c'est qu'être choisi par Dieu pour être Roi de France.

Le Roi étouffe un grognement. Sa main a agrippé celle du cardinal.

Tournon sait son devoir. Il aidera son Roi jusqu'à son dernier souffle. Il lui épargnera des tracas excessifs. Il le déchargera autant qu'il le pourra des soucis de sa charge.

Le Roi n'a jamais été très assidu au travail, le cardinal s'en est assez plaint. Mais aujourd'hui, à cinquante ans passés, il répugne de plus en plus à fatiguer son esprit et à réfléchir plus qu'il ne faut, s'attachant plus que jamais – s'acharnant même, dirait-on parfois – à jouir le plus voluptueusement possible des plaisirs de l'existence.

Eh bien, le cardinal ne s'en plaindra plus. Au contraire, il s'emploiera à lui laisser le loisir de vivre gaiement, puisque tel est son bon plaisir. Il le délivrera autant qu'il se peut faire des fatigues du gouvernement. Il prendra sur ses épaules les plus lourdes décisions.

En celles-ci il tâchera de toute son âme de se montrer digne de sa confiance. Et il suppléera même à ses faiblesses. Pour la plus grande gloire de son règne.

Et il n'est plus temps qu'il fasse preuve de faiblesse contre les hérétiques !

Oui, mon Roi, il est de mon devoir d'agir avant que ta trop grande mansuétude ne trouve encore quelque excuse à ces méchants vaudois !

C'est moi qui ai voulu la paix avec l'Empereur, pour qu'enfin les deux plus grands souverains de la Chrétienté s'attachent à réprimer l'erreur !

C'est le moment ou jamais de frapper !

Ta maladie, du moins, éloigne fort opportunément la duchesse d'Étampes, bien trop favorable aux luthériens.

Et la reine de Navarre n'est pas encore de retour à la Cour...

En nage, le souffle court, le Roi semble à présent recouvrer ses esprits.

« Ah, Tournon. C'est terrible. C'est comme un coup d'épée. Mais un coup d'épée qui reviendrait sans cesse, et que l'on prendrait plaisir à tordre dans la plaie !... Que disions-nous ?

— Vous parliez de votre salut, Sire.

— De mon salut, oui... l'hérésie...

— Ne vous en souciez plus, Majesté. Je me charge de tout. Je pourvoirai moi-même aux lettres patentes. Votre Conseil fera son devoir... Apaisez-vous, Sire. Il vous faut du repos. Ne songez plus à ces vaudois maudits. Ne vous inquiétez de rien. Vos ordres seront fidèlement exécutés !

— C'est bien, Tournon, merci. Que ferais-je sans vous ! Allons, laissez-moi reposer à présent, je vous prie.

— À bientôt, Sire. Prenez grand soin de vous ! »

Samedi 11 avril 1545

Un haut piton calcaire monte la garde au sud de la ville, couronné par une chapelle dédiée à Notre-Dame et par le fort dont le Roi François a ordonné la construction. À son pied, cernée de pins, l'abbaye fortifiée de Saint-Victor. En face, le fort Saint-Jean contrôle l'entrée de la crique où les Grecs, jadis, ont établi le port.

Sous une douce brise printanière, la vieille cité tassée derrière le fort, dont murailles et bastions ont découragé l'Empereur en personne, ne semble guère s'inquiéter de ce que les vaudois, dans leur montagne, puissent songer à la transformer en république luthérienne...

Les barques de pêche sont en mer. Rouge et or, les galères, sous le vent, se balancent doucement, taches de couleur à ras d'eau auprès des bateaux ronds qui servent au commerce. La plupart sont des marsilianes, c'est-à-dire des navires construits ici, à Marseille, dans l'arsenal qui s'étend au fond du port, près des canebières où l'on tisse le chanvre dont on fera des cordages. Elles se distinguent des autres par leurs deux gouvernails. Seule à être peinte de blanc, la *Réale*, galère amirale, arbore l'étendard royal.

Le Roi avait jadis l'habitude de louer ses galères à Gênes et aux autres villes maritimes italiennes. Mais lorsque presque toute l'Italie passa aux mains de l'Empereur, les chantiers de construction de Provence s'animèrent d'une grande activité, et d'abord ceux de Marseille, le plus grand port de guerre du Levant.

Un homme s'est plus que tout autre juré de donner à son Roi la marine qu'il mérite, déployant pour ce faire la plus intense activité.

Cet homme se tient là, debout, regardant sa flotte par la croisée ouverte.

Trois personnages sont assis près de lui.

Vous reconnaissez l'un d'eux. Oui, c'est bien le Président Maynier d'Oppède.

Les deux autres, vous n'en serez pas surpris à considérer leur allure martiale, sont des hommes de guerre. Ils se ressemblent quelque peu, ne trouvez-vous pas ? C'est normal, ce sont les frères Strozzi.

Voici Pierre, colonel des bandes italiennes, et Léon, son cadet, le prieur de Capoue, à ce jour commandant d'escadre pour compte de sa Majesté.

Quant à l'homme debout, il vous fait grande impression, n'est-ce pas ? Et ce n'est pas seulement pour sa belle prestance. On sent confusément en lui une énergie peu commune, et le vif regard qu'il porte à présent vers la pièce brille d'une intelligence qui a l'habitude de se faire obéir.

Ce n'est certes pas un personnage ordinaire qu'Antoine Escalin des Aymars ! Lorsqu'il naquit à La Garde, en Dauphiné, lieu que le Roi a récemment érigé pour lui en baronnie, il n'était qu'un petit paysan, fils de modestes laboureurs.

Mais, à quinze ans, il s'enfuit de la maison paternelle pour aller s'engager comme valet d'armée. Alors, sans autre appui que les capacités de son esprit et un indomptable courage, il devint successivement soldat, enseigne, puis lieutenant, enfin capitaine. Il montrait dans sa jeunesse tant de fougue et de vivacité qu'on le surnommait Poulain. C'est pourquoi, aujourd'hui, il est surtout connu des troupes et de la Cour sous le nom, légèrement déformé, de capitaine Paulin.

Il n'est pas si fréquent, en ce royaume, de rencontrer un homme issu de la plus basse roture qui se hisse à la noblesse par le moyen de ses seuls talents, sans intrigue ni bassesse, et puisse au surplus se flatter d'avoir ses entrées chez le Roi.

Car il a su acquérir toute la confiance de notre souverain.

Guillaume du Bellay, lieutenant général du Roi dans le Piémont, qui avait fait de lui son confident, l'envoya en effet à la Cour, voici quatre ans et demi, muni d'une chaleureuse lettre de recommandation. Désireux d'éprouver ses talents, le Roi le députa auprès de la République de Venise dans l'intention d'y conclure avec elle un traité d'alliance contre l'Empereur. Il réussit si bien cette délicate mission qu'il se vit bientôt confier une négociation des plus extraordinaires. L'homme dont il devait cette fois obtenir l'alliance guerroyait en Hongrie. Ce n'était rien moins que Soliman, le Grand Seigneur des Turcs, qu'on nomme le Magnifique !

Le succès de Paulin fut tel qu'on le vit arriver à Marseille, en juillet mil cinq cent quarante-trois, escorté d'une flotte ottomane de cent douze navires, commandée par le beylerbey d'Alger en personne, le redoutable Khayr al-Dîn Barberousse.

Sa curiosité insatiable ayant mis à profit le séjour à Venise pour s'y adonner à toutes les subtilités de la science maritime, il obtint du Roi le commandement de ses galères du Levant, avec le titre de capitaine général, et participa aux côtés de nos nouveaux alliés turcs à l'assaut de Nice et de quelques autres villes des côtes de la Savoie, alliée de l'Empereur.

Il accompagna ensuite, à bord de la *Réale*, l'amiral ottoman dans son voyage de retour vers Constantinople, où il fut brillamment fêté par le Grand Seigneur et ses vizirs.

Non, ce n'est pas quelqu'un d'ordinaire, que ce capitaine Paulin...

Et c'est visiblement vers lui que ses trois compagnons se tournent.

« Capitaine, je puis vous confirmer que les troupes du Roi sont descendues vers la Provence par la route du Mont-Genèvre et qu'elles approchent du pays d'Apt, comme il était prévu. J'ajoute que les troupes et l'artillerie rassemblées en Comtat par Monseigneur Trivulce sont également prêtes à marcher. Je vous requiers donc, comme nous en sommes convenus, de bailler main forte à l'exécution que nous allons faire.

— N'ayez crainte, baron, le Roi vient de nous confirmer clairement sa volonté. Et il importe de faire d'autant plus vivement ladite exécution que je ne saurais retarder le mouvement des troupes vers la mer du Nord. Quant aux bandes du Piémont, depuis cinq jours que je suis de retour à Marseille pour les accueillir, je me suis assez bien informé de leur marche. Tout est prêt, en effet. »

En février, dès avant Carême-prenant, sur la requête du Président d'Oppède, les quatre mêmes hommes se sont déjà rencontrés ici, à Marseille, pour examiner les conditions nécessaires à l'exécution de l'arrêt de Mérindol.

Peu de temps auparavant, le Président avait en effet reçu du cardinal de Tournon, par courrier spécial, les lettres patentes faisant officiellement savoir la volonté du Roi. Le vingt-cinq février suivaient d'autres lettres royales, le nommant gouverneur de Provence par intérim, en l'absence de Monsieur de Grignan, appelé à représenter le Roi en Allemagne, où il va, paraît-il, renouveler l'amitié de la France aux princes protestants.

Jean Maynier d'Oppède cumule donc en Provence l'autorité militaire autant que judiciaire. Et c'est au titre de cette double fonction qu'il s'est cette fois rendu à Marseille auprès des chefs de guerre.

Il s'est employé à le faire dans la plus grande discrétion. Ainsi, hier, c'est sous le prétexte d'une inondation en Arles qui exigeait sa présence qu'il a quitté Aix. Afin de ne pas jeter prématurément l'alarme parmi les hérétiques, il a en effet décidé que les lettres patentes seraient maintenues secrètes le plus longtemps possible, sans même une communication au Parlement, et encore moins un enregistrement, afin que les vaudois continuent à attendre sans méfiance les enquêteurs royaux. Pas question de leur signifier le commandement du Roi. Ce serait vouloir prendre des lièvres au son du tambour !

Au-delà des trois hommes ici présents, du vice-légat Trivulce, avec qui il a personnellement été s'entretenir en Avignon, et de quelques parlementaires comme le Second Président de La Font, ils sont peu nombreux ceux qu'il a explicitement mis dans la confidence. Sans doute n'a-t-on pu dissimuler longtemps que les mesures prises tant en Provence qu'en Comtat pour lever et rassembler des troupes visaient à réprimer les hérétiques. Le Comtat a même sans détour fait appel à ses villes pour contribuer à la défaite de ceux-ci et à la défense de la foi. La rumeur d'un assaut prochain s'est donc répandue, c'était inévitable. Mais faute d'information officielle, ce n'est encore qu'une rumeur, et ce n'est pas la première fois qu'elle circule...

« Avez-vous du nouveau sur les forces des hérétiques ?

— Rien de plus, capitaine. Je gage toujours qu'ils peuvent bien mettre aux champs quelque trois mille hommes en armes.

— J'ai presque peine à croire qu'une pareille armée puisse se dissimuler là-bas. Mais vous le savez mieux que moi. Et les mille hommes que je vous amènerai vaudront bien trois mille hérétiques ! »

La chance a servi Jean Maynier d'Oppède.

Même soutenues par le ban et l'arrière-ban de la noblesse, les faibles forces armées de la province, peu aguerries qu'elles sont, ne suffiraient pas à réduire ces trois mille hommes dont il s'est convaincu, à force de recouper tant les informations avérées que les bruits et les rumeurs venus à ses oreilles, qu'ils constituaient la force des vaudois. Sans doute n'est-ce point dix mille, comme on a dit au Roi, mais c'est bien une armée !

Or, à la fin de l'année passée, le Président apprit que Paulin de La Garde avait reçu l'ordre de recevoir en France une partie des vieilles bandes du Piémont ! On les attendait aux alentours de Pâques. Elles ne compteraient guère qu'un bon millier d'hommes, mais quels hommes ! Ce sont les fameuses cohortes piémontaises qui, l'an dernier, ont battu devant Carignan l'armée de l'Empereur commandée par le marquis del Vasto. Ces cohortes qui ont su tenir tête à l'infanterie d'Espagne, la meilleure qui soit au monde. La paix signée avec Charles, on les attendait en Normandie, où l'Amiral d'Annebault préparait une descente en Angleterre, laquelle s'opiniâtrait dans la guerre, et elles devaient pour ce faire s'embarquer à Marseille.

En descendant des Alpes, elles passeraient donc non loin du Luberon.

Assurément, pareils soldats feraient la décision !

Lorsqu'ils se rencontrèrent en février, le Président et les trois capitaines conclurent donc que Paulin emploierait ses bandes à l'exécution, pourvu que cela ne retardât pas leur embarquement.

Et le baron de La Garde, sur ce point, n'a pas d'états d'âme. Depuis ce temps, il est monté à Chambord voir le Roi en personne. Celui-ci, cette fois, n'a pas changé d'avis. Le cardinal de Tournon y veille.

Sur les instances du nonce Dandino, lui-même dûment chapitré par le vice-légat Trivulce, le Roi a enjoint au capitaine d'employer ses vieilles bandes à la répression des hérétiques. Tous ces méchants rebelles, insista-t-il, devaient être taillés en pièces !

En mars, le Roi a expédié d'Amboise une lettre confirmant par écrit les ordres verbaux donnés à Chambord.

« Vous commanderez aux vieilles bandes de se rendre sans délai aux bourgs de Pertuis et de Cadenet, capitaine. Nous concentrerons là toutes les forces du comté, et nous y tiendrons un dernier conseil avant l'exécution.

— Je serai demain à leur tête, baron. »

Dimanche 12 avril 1545

Réunion exceptionnelle, aujourd'hui, au Parlement de Provence.

Car nous sommes dimanche – dimanche de Quasimodo, sanctifié par l'octave de Pâques –, et la cour du Parlement n'a pas coutume de se réunir un dimanche, et moins encore un dimanche après-midi !

Convoqués d'urgence ce matin à la demande du Premier Président, les magistrats sont presque tous là, pourtant, avec leurs longues robes et leurs bonnets carrés.

À l'aube, crevant plusieurs chevaux, le baron d'Oppède est revenu de Marseille à bride abattue. À présent que tout est prêt pour l'exécution imminente de l'arrêt de Mérindol, puisque dans deux jours l'armée s'assemble à Cadenet, il convient de lever tout secret et de donner à celle-ci toutes les formes légales qu'elle doit revêtir.

À l'heure où vous arrivez, le baron vient tout juste de communiquer officiellement à la cour le contenu des lettres patentes signées par le Roi le trente et un janvier, à effet pour la cour de les enregistrer.

Les conseillers, pour tout vous dire, n'ont pas été excessivement surpris. Ils en connaissaient généralement l'existence, même s'ils évitaient de la mentionner en dehors de leur sein.

C'est l'avocat général Guillaume Guérin qui prend à présent la parole.

« Messieurs les Présidents, Messieurs les conseillers !

« Je porte à votre connaissance avoir été informé que les résidents et habitants de Mérindol se sont présentement rassemblés. Depuis si longtemps condamnés, pour hérésie et lèse-majesté divine et humaine, à être brûlés et à voir l'endroit rasé et rendu inhabitable, ils craignent et redoutent de voir procéder à l'exécution de l'arrêt rendu contre eux. Pour s'y opposer et résister à la justice, je tiens de source sûre qu'ils ont ainsi pris les armes et se sont retirés, avec leurs meubles, dans les montagnes et lieux fortifiés dans les bois, avec ceux de La Roque, Villelaure, Lourmarin, Cabrières-d'Aigues, Peypin et d'autres, leurs voisins, aussi notoirement suspectés et accusés d'être vaudois et luthériens et qui, comme eux, ont vidé et abandonné leurs maisons, soutenant et rejoignant ceux de Mérindol.

« En conséquence, et conformément aux mandements et lettres patentes qu'il a plu à Sa Majesté le Roi d'adresser à cette cour, je requiers instamment qu'il soit procédé à l'exécution de l'arrêt de Mérindol et à la totale extirpation des vaudois et luthériens par les commissaires que la cour a par le passé désignés pour y procéder.

« Je requiers le gouverneur et lieutenant général du Roi en ce pays, à savoir, en l'absence du comte de Grignan, le baron Jean

Maynier d'Oppède, ici présent, de donner à la cour loisir d'employer à ces fins la force des armées royales.

— Monsieur l'avocat général, en tant que lieutenant du Roi assurant par sa délégation le gouvernement de Provence, soyez assuré que je me tiens prêt à prêter main-forte à cette cour pour l'exécution de l'arrêt de Mérindol, et tiens pour ce faire à sa disposition l'armée du Roi. »

Bien dit, n'est-ce pas ?

Et, à présent, Jean Maynier d'Oppède, Premier Président au Parlement de Provence, va pouvoir faire prendre à celui-ci un nouvel arrêt, constatant la bonne volonté de Jean Maynier d'Oppède, gouverneur de cette même Provence !

N'est-ce pas merveilleusement commode que de réunir tous les pouvoirs sur sa tête ?

Oyez donc à présent comment l'affaire va être bien jugée.

Force au droit ! Force au droit !

La cour, toutes chambres assemblées, vu les lettres patentes du Roy... a ordonné et ordonne que les commissaires, déjà députés par elle pour procéder à l'exécution de l'arrêt donné contre ceux de Mérindol, se rendent sur les lieux requis et nécessaires pour procéder à l'entière exécution d'icelui arrêt et à la totale extirpation de tous ceux qui seront trouvés tenir sectes hérétiques et réprouvées, qui seront rebelles et désobéissants au Roy et à justice, qui favoriseront et rejoindront ceux de Mérindol pour empêcher ladite exécution, selon le vouloir et mandement du Roy et selon la forme et la teneur de ses lettres patentes.

Et ceux qui seront faits prisonniers en procédant à ladite exécution, qui pourraient être en grand nombre, seront envoyés aux galères du Roy, pour y être détenus par manière de garde et de prison sur le port de Marseille, jusqu'à ce que leurs procès soient faits et parfaits et qu'autrement en soit ordonné.

Et pour faire ladite exécution et résister auxdites rébellions et assemblées, lesdits commissaires emploieront la force du gouverneur et lieutenant du Roy en ce pays, afin que l'obéissance reste au Roy, suivant son vouloir et intention.

Fait au Parlement de Provence siégeant à Aix, le XII avril mil cinq cent quarante-cinq.

Lundi 13 avril 1545

Aix-en-Provence, l'après-dîner

La foule crie. La foule s'exclame.

C'est grande presse dans les rues d'Aix où, à rompre tympans, sonnent trompes, sifflent fifres et battent tambours.

C'est que défile par la ville, en grand arroi de guerre, Monsieur le baron Jean Maynier d'Oppède, Premier Président au Parlement de Provence, et présentement lieutenant général du Roi en ce même comté.

Comme il a belle allure, du haut de son grand cheval, accoutré en guerre comme s'il allait affronter l'Empereur en personne, son épée passée à travers une écharpe de taffetas blanc, faisant porter devant lui un heaume de bataille !

À ses côtés chevauchent ses deux gendres, qu'il s'est donnés comme aides de camp pour les événements à venir, François de Pérussis, sieur de Lauris, et Antoine de Glandèves, sieur de Pourrières.

Voici marcher, derrière, les troupiers de la ville d'Aix, assemblés à la hâte – ce n'est que samedi qu'on leur a commandé de se tenir prêts pour quelque expédition que l'on allait faire –, mais bellement ordonnés à présent avec avant-garde de bataille et arrière-garde de protection.

Ils se redressent fièrement, bombent hardiment le torse, lancent des regards terribles...

Mais quel est ce cri affreux qui vient troubler la fête ?

Mon Dieu, c'est le juge Jean Mairan, capitaine des enfants de la ville, qui vient de choir de sa mule noire ! Le voici qui gît sans vie ! Il est mort ! Il est mort ! Seigneur, il a fait un tel saut ! C'est qu'il a tant chargé sa mule, hélas, qu'elle n'a pu porter ni sa bedaine, ni son encombrant équipage !

Mais non, il vit, il râle, il se soulève...

Ah, nous avons eu bien peur !

Mais ne trouvez-vous pas cette belle cohorte bien prompte à s'affoler ? Est-elle aussi martiale qu'elle veut s'en donner l'air ?

Ce n'est point tant que ses armes et vêtures soient à ce point disparates. Après tout, hors la garde royale, il est bien rare de voir des soldats équipés de tenues uniformes. Mais, à la manière qu'ils ont de porter l'épée ou la pique, à ces bourrelets graisseux débordant çà et là de cuirasses trop étroites attachées à la diable, à ces casques point toujours faits pour les têtes qu'ils coiffent, ces bons guerriers aixois semblent, à la réflexion, plus compagnons à vaincre flacons et bouteilles que routiers rompus à la guerre.

Il a été sans doute été bien sage, notre Président, d'attendre que passent par la Provence les vieilles bandes du Piémont, avant que d'entreprendre l'exécution de Mérindol...

Mais qui sont donc ceux-là qui ferment la marche, avec leurs pioches et leurs grosses masses ?

Ceux-là sont les pionniers qui devront démolir les maisons du village condamné...

À Pertuis

Le bac glisse sur la Durance.

C'est aujourd'hui une bien belle rivière. Point de ce maigrelet filet d'eau qui serpente dans une plaine de galets les fins d'étés trop chauds.

Point non plus de ces crues torrentielles, au lendemain des grandes pluies, qui en font une mer déchaînée emportant tout sur son passage.

Elle paraît bien sage ce jour d'hui, cette Durance inconstante et si folle qu'architectes et maîtres d'œuvre désespèrent qu'elle puisse jamais porter pont !

Ne dit-on point par ici – pardon, messieurs du Parlement ! – que Parlement, Mistral et Durance sont les trois fléaux de Provence ?

Le bac porte le Second Président François de La Font et les conseillers Bernard de Badet et Honoré de Tributiis, que la cour a commis à l'exécution de l'arrêt de Mérindol, avec une petite troupe. Sur la rive du nord, du côté de Pertuis, l'attend, en un aimable désordre, un parti de cavaliers et de fantassins.

Peu avant la cavalcade menée par Monsieur d'Oppède par les rues d'Aix-en-Provence, ils ont quitté la ville pour se transporter sur les lieux condamnés, comme les en a solennellement sommés ce matin l'avocat général Guérin, leur remettant un dossier enliassé comprenant tout ensemble l'arrêt de Mérindol, les lettres patentes du Roi, et la commission à eux donnée par le Parlement.

L'avocat général, d'ailleurs, les accompagne. C'eût dû être le procureur de Piolenc mais, curieusement, nul n'a pu mettre la main sur lui depuis deux jours. Il s'est comme évanoui ! Avec eux, également, Maître Honoré Boisson, greffier pour les affaires criminelles, et l'huissier de la cour Pierre Samson.

Le bac accoste.

L'un des cavaliers qui l'attendent adresse aux passagers un ample salut de son chapeau brillamment emplumé. C'est le capitaine Vaujouine, un homme du pays à qui Monsieur d'Oppède a commandé, voici un mois déjà, de concentrer une troupe à Pertuis, et qui ne s'est pas privé depuis de piller le bétail et les biens de quelques hameaux des environs dont il vous jurera ses grands dieux qu'ils sont peuplés de luthériens.

On se met en route vers Pertuis. Les commissaires ont décidé d'y faire étape avant de se rendre à Cadenet, où le Premier Président a convoqué les capitaines des différentes troupes. Ils ont préféré faire ce détour car on leur a rapporté que les câbles du bac de Cadenet avaient été mystérieusement rompus. Sans doute faut-il y voir la main de quelque hérétique !

Mais voici qu'un cavalier accourt à bride abattue ! Son cheval se cabre lorsqu'il tire brusquement sur ses rênes, arrivant à hauteur des commissaires.

« Ah, Président, messieurs... Je suis bien aise de vous voir !

— Gaspard, que vous arrive-t-il ? »

Le Président de La Font a reconnu Gaspard Forbin, seigneur de Genson et Villelaure, neveu de Monsieur d'Oppède. Vous aussi, sans doute ? Non ? Ah, il est vrai qu'il a bien forci depuis que vous l'avez rencontré, presque imberbe encore, à ce souper chez son oncle, voici tout juste sept ans.

« Messieurs, messieurs. Il faut se hâter. Figurez-vous que j'arrive de Villelaure. C'est terrible. Tous mes sujets s'y sont armés. Ceux de La Roque-d'Anthéron ont fait de même. Ils ont décidé de se joindre tous ensemble aux gens de Mérindol, de la vallée d'Aigues et même de Lourmarin. Ils disent qu'ils vont résister jusqu'à la mort. Ils ont soi-disant été alarmés par une proclamation qu'on a faite à Pertuis, qui disait que le Parlement allait procéder contre les luthériens du pays avec moult gens de guerre. »

Le débit du jeune seigneur est précipité.

« Et savez-vous bien qu'ils m'ont chassé de mon propre château ? J'ai dû sauter par la fenêtre ! En plus, ce n'est pas tout, on dit qu'il y a des soldats du Roi qui sont plutôt de leur côté que du nôtre et les renseignent en secret.

— Calmez-vous, Gaspard, calmez-vous. Votre oncle va marcher vers Cadenet avec ses troupes. Demain nous y retrouverons le capitaine Paulin et ses bandes piémontaises, et nous établirons notre plan de campagne.

— Eh bien, messieurs, je vous accompagne. Je serai le premier à conduire nos bonnes troupes là où se sont réfugiés les mutins ! »

Dans le Luberon, en fin d'après-midi

D'animaux ou d'humains ? D'animaux *et* d'humains ! Que sont ces piteux cris ?

Qui sont donc tous ces gens, dans la fraîcheur tombante, ahanant dans la forêt en long serpent humain ?

D'où viennent-ils ? Est-ce de la vallée de l'Aigues, du côté de Provence, ou de celle du Calavon, du côté du Comtat ?

Qu'importe ! D'où qu'ils viennent, ils fuient dans la montagne. Vers l'ombre protectrice des bois qui couvrent les sommets. Vers le refuge des cavernes dissimulées loin de tous les chemins.

Qui sont-ils ?

Ils se nomment Talon, Maynard, Callier, Dauphin, Serre, Vian, Rambert... Peut-être aussi Panin, Anthouard, Allard, Baridon, Pellat, Bret ou Jouvent...

Ou bien encore Bonin, Callier, Coupier, Bertin, Perrotet, Sambuc, Jourdan, Baude, ou Blanc...

Qui sont-ils ?
Ils sont les hérétiques ! Ou ceux qu'on prétend l'être.
Ou bien ceux qui redoutent qu'on vienne à le prétendre.

Bref, ils sont les vaudois !

Ce sont les habitants de Villelaure ou de Cabrières-d'Aigues, de Lourmarin ou bien de La Motte, de Mérindol ou encore de Gargas...
Qu'importe d'où ils viennent ! Car tous à cette heure se ressemblent.

Ainsi, c'était donc vrai !
Ainsi, Pape et Roi ont levé leurs armées !
Il y avait plusieurs jours que les plus prudents, les plus inquiets, avaient pris la route du Dauphiné. Mais la plupart ne croyaient pas les bruits. On en avait déjà tant et tant entendu ! D'aucuns se rappelaient être ainsi, un beau jour, partis dans la montagne sur la foi de rumeurs qui n'étaient que de vent.
Cette fois, le Roi lui-même n'a-t-il pas fait proclamer sa grâce et libérer les prisonniers ? N'a-t-il pas promis qu'il dépêcherait des commissaires pour leur rendre sa bonne justice que leur refusent les juges de par ici ?

Mais vendredi tout le plat pays bruissait de guerre. Samedi, c'était pire. Et hier dans la nuit, ou ce jour au petit matin, on murmura dans les fermes et les bastides que le Parlement avait commandé qu'on marchât le jour même contre les bourgs, villages et hameaux d'alentour qui sentaient l'hérésie.

Tout le jour, par les champs, on a vu confluer vers le Luberon des groupes de paysans tout chargés d'un bagage des plus hétéroclites.
Tout le jour, par les routes, on a vu des fuyards accrochés à des charrettes encombrées de bric et de broc, qui cahotaient vers la montagne.
Mais il faut abandonner les charrettes. Aucune route n'est sûre. Il faut s'enfoncer dans les sentiers.

Foule ici affolée, foule là résignée, hommes, femmes, enfants se hâtent, poussant leurs bêtes bêlantes et mugissantes, effrayées de la soudaine presse et des sous-bois lourds de dangers inconnus.

On a emporté quelques coffres, avant de les abandonner parce que cela monte trop et qu'on n'a plus la force, en les vidant du plus précieux.

Des vieillards se traînent, tremblant sur leurs bâtons, soutenus par leurs enfants ou leurs petits-enfants.

Là-bas, une civière de fortune porte un malade râlant qu'on n'a pas voulu laisser.

Ici, un homme mieux vêtu porte un livre, fardeau précieux que d'autres, en passant, viennent parfois embrasser.

Un autre va, les bras encombrés de miches de pain rassis.

Voyez les petits emportés par les femmes, les uns dans des berceaux, les autres entre leurs bras ou enfouis dans leur sein, qui pleurent une angoisse qu'ils ne comprennent pas.

Mais il n'y a peut-être point tant d'hommes jeunes qu'on pourrait s'y attendre.

C'est que beaucoup de ceux capables de porter des armes ne font pas le même chemin. Ils ont décidé de descendre vers le Comtat pour s'en aller s'assembler à l'abri des remparts de Cabrières, où Eustache Marron, sûrement, ne se laissera pas faire !

Mais quelles armes ont-ils ? Des arquebuses ? Bien peu. Des arbalètes ? Beaucoup, car elles sont bien utiles contre les bêtes sauvages et on aime se mesurer au tir avec elles. Des épées ? Guère, car seuls les nobles peuvent en porter. Des piques ? Quelques-unes. Sinon ? Des faux. Et des bâtons ferrés. Des bâtons tout court, plus souvent ! Quand ce ne sont pas de simples fragons...

Lorsqu'ils ont quitté leurs femmes et leurs enfants, dans les larmes et les cris, et les lamentations, des vieux les ont bénis, leur ont parlé de Dieu, les ont encouragés.

Ils n'ont pas eu le cœur de dire à leurs jeunes que, dans leur longue vie, ils avaient souventes fois vu passer routiers et gens de guerre, comme il s'en assemble en cet instant partout en Provence et Comtat.

Et qu'il faut bien autre chose que fragons, bâtons ou même arbalètes pour traiter avec ces gens-là...

Entre Manosque et Pertuis, à la même heure

De Suse nous sommes partis
Cinq enseignes de compaignie,
Ce fut pour saluer le Roy
Avecques sa grande baronnie.

Ponctuant le chant des vieilles bandes du Piémont, les tambours roulent à chaque refrain.

Voyez les drapeaux ! On a déployé les enseignes, signe qu'on va à la bataille. La croix blanche qu'on voit sur chacune d'elles ? Ah non, vous vous trompez. Elle n'est pas là parce qu'on va déconfire les hérétiques, mais parce que c'est l'insigne auquel se rallient tous les Français dans les guerres d'Italie.

Car j'étions quatre bonne bandes
En armes fort bien équippez,
Pour passer toutes les montaignes,
Car nous en avons bien mestier.

Piétinement des soldats, roulement des trains d'artillerie.

Sous les pesantes roues des affûts de canon, sous les pas indifférents des attelages de lourds chevaux qui les traînent, dans le sourd martèlement des bottes et souliers des combattants d'Italie, s'élève l'épaisse poussière du grand chemin qui longe la Durance.

Et, sous les éclats rougeoyants du soleil déclinant, on aperçoit, émergeant de ce nuage, des éclairs métalliques. Piques, hallebardes, pertuisanes...

Regardez, à cet endroit, la route est plus pierreuse et fait moins de poussière. Voyez chevaucher en tête de la colonne, juste après tambours, étendards et guidons, le capitaine Paulin et ses gens d'armes, tout armés en guerre de pied en cap.

Là, pas d'à peu près, comme à Aix, dans l'appareillage de leur carapace d'acier !

Voici derrière eux une compagnie d'arquebusiers, bourguignottes en tête, portant cottes multicolores et épées d'infanterie qui battent leurs cuissardes. Manches jaunes crevées de vert, ou rouges crevées de bleu, toutes les couleurs se mêlent que l'éclat du couchant ravive sous la poussière.

Dans Briançon on séjourna
À l'environ quatre journées,
Et en beuvant de ce bon vin,
Et en menant grand rusterie.

À présent, avec leurs corselets et leurs morions à haute crête, ce sont les piquiers qui passent, épée au côté, comme les arquebusiers.

Jeunes gens maigres comme des loups. Vieux braves tout couturés des cicatrices de leurs combats passés.

Les canons à présent...
Trains de boulets et munitions...
Suivis par les pionniers qu'on a levés sur le pays...

Et voici, cahotant lourdement devant l'arrière-garde, les chariots, les voiturins, les caissons, les sommiers, les bagages...

Les chants martiaux redoublent à mesure que l'on approche de l'étape.

Ce n'est pas seulement l'idée de se reposer pour le soir qui met la troupe en joie ! Savez-vous bien que demain, à Pertuis ou à Cadenet, tous ces braves que vous voyez là vont fêter l'anniversaire de la bataille de Cérisoles ? Ils s'y sont illustrés tout un jour dans la confusion d'une mêlée sanglante où la victoire, hésitante, virevolta d'un camp à l'autre, avant que leur acharnement fît plier l'armée impériale, qui laissa sur le terrain ses canons, ses enseignes, son trésor...

Et ses dix mille cadavres.

Meschans luthériens mauldis,
Ne courés plus sur le pays
Du bon duc de Lorraine ;
Retournez d'où estes partis,
Et laissez les maux infinis
Dont prenez si grand peine.
N'alés donc plus contre les loix
De mère saincte Église !

Mardi 14 avril 1545

« Messieurs, messieurs, ah, messieurs !
— Calmez-vous, mon père ! Reprenez votre souffle !
— Ah... ah..., messieurs les commissaires, c'est terrible ! »

Du cheval qu'il venait d'enfourcher au sortir de son logis, François de La Font s'efforce à apaiser le curé affolé, écarlate, qui, surgissant d'on ne sait où, vient de s'accrocher à sa botte, roulant des yeux hagards.

« Calmez-vous, de grâce. Je suis le Président de La Font. Vous êtes en sécurité ici. Que vous est-il arrivé.
— Mon nom est Raymond Bonnafous. Je suis le curé de Cabrières-d'Aigues. J'ai fait aussi vite que j'ai pu, seigneur Président... J'ai dû m'enfuir en cachette cette nuit pour venir vous avertir... Il y a dans ma paroisse force luthériens en armes qui dressent un bastion près de l'église... Ils menacent les bons chrétiens qui ne veulent pas les aider... Ils les tiennent en telle sujétion qu'ils n'ont d'autre ressource que de s'enfuir, comme moi, s'ils ne veulent pas subir le sort de ces maudits !
— Combien sont-ils ?
— Oh, une foule, une foule... Ils sont bien... cinq ou six cents.
— Avec des arquebuses ?
— Oh oui ! Oh oui ! C'est effrayant !
— Bien. Maître Bonnafous, pour notre part, nous devons partir pour Cadenet. Mais on va vous conduire auprès du baron de La Garde, qui va arriver à Pertuis ce jour et qui a reçu commandement du Roi de châtier les rebelles. Vous lui répéterez ce que vous venez de nous dire, avec tous les détails que vous pourrez connaître. »

L'agitation qui règne en cette matinée en la ville de Pertuis évoque comme un jour de foire dans quelque grand'ville. C'est une véritable foule qui va et vient en tous sens, au milieu des charrois et des animaux de bât.

Ce serait une foire bien militaire, toutefois. Il y a des gens de guerre partout. Certains sont des compagnies de Provence, comme les volontaires du capitaine Vaujouine, qui ont eu tout le temps de prendre ici leurs habitudes, mais toute une partie des vieilles bandes du Piémont a aussi planté hier ses tentes devant les murs. Le baron d'Oppède a en effet ordonné que toutes les troupes convoquées pour l'exécution se rassemblent à Pertuis et à Cadenet.

Mais avec les hommes d'armes, c'est presque toute la population du bourg qui est sortie dans la rue. Dame ! Ce n'est pas tous les jours qu'on voit pareil spectacle ! Toutes ces armes, ces armures, tous ces chapeaux à plumes et ces tenues bigarrées qui font paraître bien ternes celles des bourgeois ! Et puis, chacun se réjouit de ce que l'on va châtier les ennemis de Dieu et du Roi, tous ces vaudois qui trament on ne sait quoi là-bas, dans la montagne. Quand ce n'est pas tout près d'ici, à Villelaure !

Et, surtout, il faut bien le dire, pareille armée, c'est une manne pour la cité ! Les soldats mangent, boivent, font la fête ! Et pour cela ils dépensent tant et plus. Vous auriez entendu les braves du Piémont conter leur victoire de l'an dernier à Cérisoles, hier soir ! Les auberges du lieu ont fait fortune pour toute une année ! Et on se presse ce matin pour vendre aux soldats tout ce qu'il leur faut pour leur commodité et leur divertissement.

Il est vrai qu'on est aussi un petit peu inquiet. Là où il y a si grand concours d'hommes de guerre, il y a toujours quelque incident à redouter. Comme cette bagarre qui a éclaté hier soir entre arquebusiers provençaux et piquiers du Piémont, au sortir d'une taverne dans la rue Petite. Il se produit aussi toujours quelque larcin, et les dames qui tiennent à leur vertu ont parfois quelque mal à la défendre.

Mais, dans l'ensemble, tout se passe bien. Les soldats sont de bonne humeur, ce qui les rend bons enfants. Et la seule présence des commissaires envoyés par le Parlement a suffi à apaiser bien des querelles.

Bourgeois et gens de guerre, ce matin, se saluent gaiement par les rues...

C'est un branle-bas semblable qui agite Cadenet.

Une mauvaise nouvelle y attend toutefois les commissaires. À peine sont-ils arrivés que se présentent à eux Gabriel de Pontevès, seigneur de Buoux, et leur collègue le conseiller Antoine Argous. Ils ont été dépêchés par Monsieur d'Oppède pour préparer les étapes des gens d'armes, et veiller à les pourvoir en vivres.

Or le conseiller Argous expose que, pour préparer l'étape de Cadenet, il a fait toute la diligence possible afin d'y réunir des vivres et de les répartir selon les indications données, mais que les habitants de Lourmarin, requis de fournir de la nourriture pour les troupes, ont refusé d'obtempérer. Bien au rebours, ils ont pris les armes, comme il a pu le constater lui-même.

La veille, en effet, il a été au-devant d'eux et les a trouvés sur la place de la ville, en armes et écoutant l'un des leurs qui leur tenait un discours. On lui a fait comprendre sans autre forme de procès qu'il valait mieux pour sa sûreté qu'il se retirât, ce qu'il fit craignant de se trouver victime de quelque grave offense.

Monsieur de Pontevès confirme la rébellion. Il assure que les habitants de Lourmarin se sont enfuis dans les montagnes et les bois, avec leurs femmes et enfants, leurs meubles et bétail. Plus de quatre cents personnes en tout ! La plupart seraient armés d'arquebuses et ont décidé de rejoindre ceux de Mérindol et de Cabrières-d'Aigues pour s'allier à eux.

« Monsieur le Président, vous savez à présent ce qui s'ourdit à Lourmarin. Comme vous êtes investi ici du pouvoir de Monsieur d'Oppède, par délégation d'icelui en son absence, je vous prie de bien vouloir désormais prendre en charge les nécessités du gouvernement de la place et de la lieutenance du Roi, et de bien vouloir me tenir quitte de ce que j'ai fait toute diligence pour préparer l'étape, bien qu'elle ne soit pas apprêtée comme elle l'eût dû être.

— J'y consens bien volontiers, mon cher Argous. Mais il faut sans délai aviser pour ce qui est de Lourmarin. Ici, à Cadenet, nous arriverons bien à pourvoir au nécessaire, mais comment allons-nous concentrer comme prévu à l'étape de Lourmarin les bandes du baron de La Garde si les habitants se révoltent ? »

Le Second Président prend un temps de réflexion. Puis :

« Messieurs, de par l'autorité qui m'est conférée, je vous prie au nom du Roi de vous rendre tous deux à Lourmarin. Vous aurez mission de donner lecture aux habitants du lieu des lettres que je vais faire rédiger dans l'instant, leur ordonnant, sous peine de confiscation de corps et de biens, de déposer les armes, de rentrer avec leurs familles et leurs biens dans leurs maisons, et de préparer l'étape pour les mille hommes et trois cents chevaux descendus du Piémont pour aller servir le Roi dans son armée de mer. »

L'après-dîner est déjà quelque peu avancé lorsque le sieur de Buoux et le conseiller Argous s'en reviennent à Cadenet. Ils sont accompagnés de quatre hommes. Ceux-ci se présentent : Louis de Pierre, baile de Lourmarin, Monet Rey, Jean Cavalier dit Compier, et Barthélemy Millard.

Le rapport des deux envoyés est bref. Arrivés à Lourmarin, ils y ont trouvé, comme la veille, le peuple assemblé en armes sur la place, écoutant un prêcheur qui l'exhortait à se défendre, et à vivre et mourir pour sa foi. Dans un pareil moment, craignant pour leur sauvegarde, ils n'ont pas osé présenter la commission dont ils étaient chargés. Mais Monsieur de Buoux a toutefois invité les habitants du bourg à envoyer quatre d'entre eux auprès des commissaires, en se portant garant pour leur sûreté. Pour mieux les persuader, il n'a pas hésité à leur rappeler toutes les maisons et tous les biens qu'il possède alentour, consentant à ce qu'on les brûle dans le cas où serait fait un quelconque désagrément aux envoyés, ou s'ils ne pouvaient pas s'en retourner librement.

C'est ainsi que Louis de Pierre et ses trois compagnons ont accepté de venir à Cadenet.

« Vous et les vôtres êtes grandement coupables ! En adhérant à des fausses sectes et en prêchant leurs doctrines, vous avez offensé le Roi, la Sainte Église et la justice ! Vous vous êtes autrefois rendus coupables de rébellion quand vous vous êtes assemblés en armes et acoquinés avec le brigand notoire Eustache Marron pour assiéger et assaillir le commissaire Johannis, envoyé pour enquêter sur vos terres par Monsieur le comte de Grignan, lieutenant général du Roi. Et aujourd'hui, à nouveau, les vôtres se sont assemblés en armes pour soutenir leurs opinions contre les ordres du Roi et de sa justice, et ils refusent de se présenter devant ses commissaires, au grand scandale de la religion ! »

Les quatre hommes baissent la tête sous la volée de reproches. Lorsque le Président de La Font se tait, ils se répandent en regrets, en excuses, en prières et en adjurations. Ils ne sont que de pauvres paysans ignorants, qu'on a souvent trompés et qui craignent pour leur vie et leurs biens.

Il faut dire qu'ils ont été fort impressionnés par le concours de troupes qu'ils ont rencontré autour de Cadenet...

« Messeigneurs, croyez-nous, nous voulons seulement vivre en bons chrétiens. Notre seul désir est d'être obéissants au Roi et à sa justice. Je vous prie de nous laisser un jour de grâce pour retourner parler aux nôtres. Ces seigneurs nous ont dit que Monsieur le baron d'Oppède sera ici demain. Nous pourrons alors venir tous ensemble nous présenter à lui pour lui demander miséricorde. »

Aux côtés des commissaires et des autres témoins de la scène, une dame de belle vêture a écouté l'échange sans mot dire. Elle s'avance vers le baile et ses compagnons, qui s'inclinent respectueusement.

C'est la demoiselle Blanche de Lévis, mère du jeune comte François d'Agoult, seigneur de Sault et de Lourmarin.

« Mes amis. Nulle n'a plus souci de votre sûreté que moi qui suis votre Dame. Le seul moyen de l'assurer est d'exécuter sans faillir les ordres du Roi. »

Blanche de Lévis adresse à voix basse un mot au Second Président, qui y répond avec grâce. Elle se fait conduire à l'écart pour parler avec les quatre hommes.

Lorsqu'elle revient, elle prend à part les trois commissaires et l'avocat général Guérin.

« Messieurs. Je connais bien mes sujets. Ils ont pu errer dans leur foi mais c'est seulement par ignorance, et je vous assure qu'ils n'ont jamais été rebelles dans leur cœur. Ils ont peur, voilà tout. S'ils s'arment ou envoient leurs familles dans les bois, c'est qu'ils tremblent de frayeur. Je suis convaincue qu'ils veulent se rendre à la volonté du Roi. Mais, comme ils viennent de me le dire, ils craignent, s'ils se rendent, d'avoir à porter la corde au cou. Et ce n'est pas tout, ils craignent aussi que les habitants de Cabrières-d'Aigues, de La Motte, de Villelaure, de Mérindol ou d'autres villages ne soient mécontents de ce qu'ils se soient soumis à la justice sans les avoir consultés. Pour être brève, ils ont peur des soldats du Roi et ils ont peur des vaudois des environs. Mais le baile et ses compagnons m'ont assuré que plusieurs des habitants, et parmi les plus importants, leur ont promis qu'ils étaient prêts à déposer les armes et à convaincre les autres d'en faire autant. Ils sont tout prêts à venir en personne se constituer prisonniers, usant de la miséricorde du Roi et de la cour, ainsi qu'il a été promis dans les lettres de grâce de Sa Majesté. Permettez-moi donc à moi aussi de me rendre à Lourmarin et de leur parler.

— Madame, ils eussent été bien inspirés de se souvenir plus tôt du contenu de ces lettres de grâce ! Pour l'heure, ce sont des lettres d'exécution que nous avons reçues... Vous me permettrez aussi d'observer que des sujets n'ont pas à parlementer avec leur prince ou ses représentants. Cependant, s'ils veulent sincèrement revenir à la foi de la Sainte Église et à l'obéissance au Roi et à la justice, il nous faut les y encourager. Le Roi préfère la conversion à la répression. Je vous accorde d'avoir en notre nom une rencontre bienveillante avec vos sujets de Lourmarin. Ces gens ont de la chance de vous avoir pour Dame ! Nous vous fournirons une escorte. Engagez-les à cesser leur rébellion et à venir demain faire repentance. Au nom du Roi et de la cour, nous leur garantirons alors miséricorde et indulgence.

— Monsieur le Président, je n'en attendais pas moins de votre rectitude. Croyez que je ferai tout ce qui est en mon pouvoir pour que mon fief de Lourmarin rentre pacifiquement dans l'obéissance au Roi.

— Madame, vous avez jusqu'à demain soir. À ce moment, il devra avoir été dûment constaté que les armes ont été déposées, que chacun est rentré chez soi, et que l'on s'emploie à dresser l'étape pour les soldats du Roi. Passé ce temps, le lieutenant du Roi procédera avec eux comme il convient de faire à des rebelles. »

Mercredi 15 avril 1545

À Lourmarin

La demoiselle de Lévis, qui a répété ce matin aux commissaires que ses sujets n'agissaient que par peur et étaient prêts à se rendre à la miséricorde du Roi, s'est rendue en son fief, accompagnée des seigneurs de Genson et de Buoux. Dans une ferme à l'écart où ils tenaient conseil, elle a retrouvé les principaux responsables de la cité, et les habitants les plus importants. Tous ont mis chapeau bas, accueillant avec déférence leur Dame qu'ils aiment et respectent.

Celle-ci, pourtant, a été frappée par le visage fermé du baile et des trois hommes qui l'accompagnaient hier auprès des commissaires.

Lorsqu'elle a commencé à parler, elle n'a trouvé devant elle que des regards inquiets, mais butés. Lorsqu'elle s'interrompt, seul le silence lui répond.

Elle insiste...

« Mes amis, vous ai-je été mauvaise maîtresse ? N'ai-je point scrupuleusement veillé à remplir au nom de mon fils les devoirs d'un seigneur envers ses sujets ? »

Murmure d'approbation...

« Alors écoutez-moi, croyez-moi ! Écoutez maître de Pierre, et maître Rey, et maître Compier, et maître Millard ! Ils ont vu comme moi les soldats du Roi s'assembler par centaines. Il serait vain de vouloir leur résister. Vous n'en tirerez que du malheur ! Par contre, si vous vous soumettez, vous aurez miséricorde et pardon du Roi, j'en ai reçu la promesse formelle ! »

Un vieil homme fait un pas en avant. C'est un riche laboureur respecté dans tout le pays.

« Madame, il faut nous comprendre. Nous savons bien le mal que les soldats peuvent nous faire. C'est pour cela que nous avons sorti nos armes. Mais vous savez bien aussi que les gens de l'Église et du Parlement n'ont guère été bons pour nous, malgré les grâces accordées par le Roi. À vous nous faisons confiance, mais pas à eux ! Si nous nous rendons à miséricorde, nous sommes à leur merci, sans défense. Si nous prenons le chemin de la forêt, nous avons une chance d'échapper aux gens de guerre.

— Mon ami, vous rêvez. Vous n'avez aucune chance de leur échapper. Ils vous poursuivront. Et même si vous vous cachez bien, de quoi donc vivrez-vous ? Votre seule sûreté est de vous en remettre à la miséricorde du Roi ! »

Un autre homme aux cheveux blancs s'avance.

« Madame, nous avons beaucoup conféré cette nuit. Si le Roi en personne était là, nous irions tous nous jeter à ses pieds. Mais il n'est pas là. À sa place, c'est le baron d'Oppède et ses gens du Parlement que nous allons trouver, avec tous leurs gens de guerre qu'ils ont réunis pour nous faire tort. Nous croyons que, avec eux, nous serons moins en sûreté que dans la forêt.

— Madame – c'est un troisième ancien qui vient de prendre la parole –, vous dites vrai quand vous dites que la fuite est aussi dangereuse. Mais nous avons délibéré cette nuit que nos vies sont en danger quoi que nous fassions. Alors, Madame, c'est du salut de notre âme qu'il nous faut nous préoccuper.

— Oui ! Comme la volonté de Dieu sera, ainsi en soit-il fait ! Mais s'il doit nous arriver malheur, que ce soit du moins sans avoir renié notre foi ! La moindre sollicitude que nous devons avoir, c'est de notre bien et de notre vie. Mais la plus grande et principale crainte qui doit nous émouvoir, c'est que par faiblesse et lâcheté nous ne défaillions en la confession de Notre-Seigneur Jésus-Christ et de son saint Évangile. »

Blanche de Lévis, atterrée, regarde soudain ces trois hommes comme si elle les découvrait pour la première fois. Où sont les paysans angoissés et effrayés qu'elle s'attendait à trouver ?

« Mes amis, mes enfants, mais qui parle de renier votre foi ? Vous êtes bons chrétiens, je suis bonne chrétienne. Notre Roi n'est-il pas chrétien ? C'est le Seigneur Lui-même qui l'a appelé au trône ! S'il se fait que par ignorance vous croyez en des erreurs, écoutez les clercs qui savent mieux que vous... mieux que nous ! Laissez-vous instruire et votre foi n'en sera que meilleure !

— Madame, on veut nous affliger par injures, par outrages et fausses accusations. Mais nous voyons souvent que Dieu Se moque des entreprises des hommes. Nous sommes ici plusieurs anciens que le Seigneur a par plusieurs fois délivrés de grands périls. Et maintenant, que pouvons-nous faire sinon mettre toute notre confiance en Lui ?

— Le Seigneur, qui seul peut tout ce qu'Il veut, ne permettra point qu'un seul cheveu de notre tête tombe en terre sans Sa volonté. S'Il a ordonné de nous délivrer, nul ne pourra Lui résister. S'il Lui plaît que nous mourions tous, nous ne devons pas craindre, car Il a plu à notre Père de nous donner une autre habitation, qui est le royaume céleste. »

L'assemblée s'échauffe.

« Au livre de Judith, il est dit que tous les fidèles qui ont plu à Dieu sont passés par plusieurs tribulations. Si donc c'est par de telles tribulations qu'il nous faut entrer au royaume de Dieu, le Seigneur montre bien qu'Il a soin de nous. Mettons-nous donc en Sa sauvegarde et protection, et nous ne craindrons point chose que l'homme nous puisse faire.

— Le Seigneur nous envoie les afflictions pour éprouver notre patience, pour nous faire connaître nos péchés et Lui demander merci. Nous avons besoin de prières ardentes pour demander merci et miséricorde, et pour obtenir la grâce que nous puissions plier notre col sous le joug de Dieu. »

Blanche de Lévis, blême, tourne les yeux vers les hommes qui l'accompagnent. Elle voit la dureté de leurs regards. La moue de mépris du seigneur de Genson. Elle voit la main du seigneur de Buoux se crisper sur le pommeau de son épée.

Revenant vers ses sujets groupés derrière les trois anciens, elle cherche à scruter leurs pensées. Dans les yeux de beaucoup, elle devine bien la crainte. Mais dans le regard de ceux qui parlent, d'habitude humble et paisible, elle discerne une lueur qu'elle n'y a jamais vue. Une lueur inquiétante.

Les larmes lui montent aux yeux

Elle porte convulsivement la main à sa bouche.

Cette lueur, il lui souvient soudain l'avoir déjà vue...

Elle était toute jeune alors.

C'était dans le regard de l'inquisiteur Jean da Roma.

Blanche de Lévis a éclaté en larmes. Elle balbutie :

« Mes amis. Je vous en supplie. Rendez-vous à la justice. Ne mettez pas vos biens, vos corps, vos âmes en péril. Je vous défendrai... Je vous défendrai, je vous le promets ! Vous ne me croyez donc pas ? Ne vous ai-je point toujours été affectionnée ? »

Non, ils ne la croient pas. Ou plutôt, même lorsqu'ils laissent paraître leur peur, ils ne croient pas qu'il soit en son pouvoir de les défendre devant les gens du Parlement et leurs soudards...

« Madame, vous êtes bonne. Mais nous sommes désormais dans la main de Dieu. Rentrez dans vos châteaux vous mettre en sûreté. Quant à nous, nous allons partir et essayer de quitter la région. Mais sachez qu'il n'y aura feu, ni flammes, ni glaives, ni bombardes ou canons qui puissent ébranler notre foi. »

À Cadenet

Le bourg de Cadenet s'adosse à un éperon rocheux couronné de pins, sur lequel s'accroche son château fort, à moins d'une lieue de la Durance, sur la route de Cavaillon à Pertuis.

De mémoire de trisaïeul, on n'y a jamais vu si grand concours de peuple !

Comme à Pertuis, on a d'abord vu se rassembler, ces dernières semaines, des volontaires levés sur la région, sous les ordres du capitaine Redortier. Braillards et indisciplinés, mais enfants du pays qu'on a eu tôt fait d'apprivoiser. Et qui sont bien heureux de narrer leurs exploits autour d'un bon gobelet lorsqu'ils reviennent de tel mas ou telle bastide vaudois où ils ont été se mettre en jambes !

Plus inquiétante est la nuée de volontaires qui a brusquement surgi d'on ne sait où depuis que, avant-hier, on a fait crier partout à son de trompes de venir s'assembler pour courir sus aux hérétiques. Il a été mandé que tout homme de qualité prît les armes pour concourir à l'exécution. En fait de qualité, ceux que l'on voit accourir, parfois vêtus d'invraisemblables hardes, le plus souvent armés de bric et de broc, on préférerait ne pas les rencontrer sur les grands chemins, si on ne savait pas qu'ils sont là pour la défense de la foi...

Tout de même, l'arrivée hier des soldats du Piémont a plutôt rassuré. Eux du moins doivent savoir comment se tenir en pays ami.

À leur allure martiale les volontaires provençaux ont opposé cet air bravache que les Espagnols nomment de matamore, s'attirant au mieux le sourire méprisant des soldats d'Italie, et au pire quelque rixe que les jurons et plats d'épée des officiers ont réussi à contenir.

Quelques gentilshommes à cheval, du ban et de l'arrière-ban, arrivent de-ci, de-là, avec leurs écuyers, voire quelques gens de pied.

Tout à l'heure, enfin, c'est le Président d'Oppède qui a fait son entrée, avec les troupes aixoises. Après la parade qu'il a fait défiler lundi par les rues de sa ville, il a préféré se préparer toute la journée d'hier avant de se rendre au rendez-vous fixé aux capitaines, sans d'ailleurs avoir été autrement dérangé par la prétendue rupture des câbles du bac, dont on faisait grand cas avant-hier.

Et les capitaines sont tous là, en effet, rassemblés dans la grande salle de l'unique auberge du bourg, où ils tiennent conseil pour décider du déroulement des opérations.

Assis autour de la longue table de chêne massif, voici le Président d'Oppède, menton hautain et mine guerrière ; auprès de lui les trois commissaires à l'exécution, Messieurs de La Font, de Badet et de

Tributiis, et l'avocat général Guérin. Face à lui, le baron de La Garde, entouré des capitaines Vaujouine et Redortier et de leurs principaux adjoints.

D'autres seigneurs et gentilshommes sont là aussi. Vous reconnaissez, assis, François de Pérussis et Antoine de Glandèves, gendres et aides de camp du Premier Président. Vous reconnaissez aussi, debout, Gaspard Forbin, seigneur de Genson et Villelaure, Gabriel de Pontevès, seigneur de Buoux, et le conseiller Argous. Celui-là, là-bas, c'est le seigneur de Brunet.

Il a fait bien frais, aujourd'hui, pour une mi-avril, et c'est sans déplaisir que tous ces messieurs voient crépiter une énorme pièce de bois dans la grande cheminée. Même si, le tirage de celle-ci laissant à désirer, la pièce s'en retrouve largement enfumée.

On a d'abord fait les comptes. Le baron d'Oppède peut disposer, entre ici et Pertuis, de quelque quatre mille hommes de pied et d'une centaine de cavaliers.

Puis on a fait le point des informations reçues.

Le curé de Cabrières-d'Aigues a répété ce matin au baron de La Garde ce qu'il sait de la rébellion des vaudois de la vallée d'Aigues.

Les sieurs de Genson et de Buoux ont confirmé la rébellion de Lourmarin, et dit l'insolence dont les habitants du lieu ont fait preuve ce matin même envers leur Dame.

Gaspard Forbin a ajouté avoir appris que les gens de ses terres de Villelaure, comme ils en avaient témoigné l'intention, se sont réunis à ceux des autres villages. Que, ensemble, ils sont au nombre de deux mille et plus, qu'ils ont décidé de se défendre s'ils sont assaillis et de résister dans les bois jusqu'à ce que les bandes du Piémont soient allées s'embarquer. Ensuite, ils reprendront leur mauvaise vie d'infidèles.

On assure que, du côté de Mérindol, les vaudois ont brisé la roue à aubes du bac de Mallemort et font garder le passage de la Durance avec force arquebusiers.

Le capitaine Vaujouine rapporte avoir été, la veille, assailli en chemin par des habitants de Villelaure, en armes, qui redoutaient d'être capturés. Ils ont menacé de le tuer et de brûler sa maison. Il a alors fait prisonniers deux d'entre eux, qui portaient chacun deux arquebuses, et quatre autres qui se disaient luthériens, et les a mis en prison à Pertuis. Sur la requête de Guillaume Guérin, les commissaires ordonnent qu'on les conduise à la conciergerie du palais comtal d'Aix pour y être jugés.

On décide aussi d'envoyer aux galères, pour y attendre leur jugement, la vingtaine d'hommes raflés ici ou là depuis hier, et de les mettre aussitôt sur la route de Marseille.

Comme il convient d'agir dans les règles, les commissaires ont officiellement et solennellement demandé l'intervention de toutes les troupes disponibles, attendu que, à Mérindol, les gens se sont assemblés en armes avec ceux d'autres lieux et sont décidés à résister et à se faire tuer plutôt que de laisser exécuter l'arrêt qui les condamne, attendu d'autre part qu'une autre troupe de luthériens s'est rassemblée à Cabrières-d'Avignon, en Comtat, et entend porter secours à ceux de Mérindol.

L'intervention armée doit faire triompher l'honneur de Dieu, du Roi et de la justice !

À présent, l'avocat général Guérin requiert que les vaudois de Lourmarin, La Roque, Villelaure, Cabrières-d'Aigues, La Motte et leurs complices, puisqu'ils ont résolu d'empêcher l'exécution des arrêts, de se montrer rebelles et désobéissants au Roi et à sa justice, et obstinés dans leurs fausses doctrines et hérésies, soient exécutés comme ennemis du Roi, comme ceux de Mérindol. Tous ceux qui ne pourront être retrouvés et arrêtés verront leurs maisons et cabanes brûlées et démolies pour l'exemple et comme punition de leurs scandaleuses rébellions.

Ayant ainsi clairement désigné l'ennemi, on se penche sur une carte déployée sur la table.

Mérindol est la principale place forte des vaudois de ce côté-ci du Luberon. C'est bien pour exécuter l'arrêt rendu contre elle que l'on a monté toute cette expédition. Mais il ne faut pas risquer d'être pris à revers par ceux de Lourmarin, de Villelaure ou de la vallée d'Aigues quand on l'attaquera.

Il faut s'en prendre à eux d'abord, pour assurer ses arrières. Dès demain, on s'emploiera donc à les poursuivre dans les montagnes, à tâcher de les déloger de leurs fortins, de les faire prisonniers, et à les combattre s'ils se défendent.

Et s'ils s'enfuient on brûlera leurs maisons tant pour les effrayer que pour qu'ils ne puissent s'y réfugier après le départ des gens de guerre, et on abattra bien sûr le bastion qu'ils ont dressé à Cabrières-d'Aigues.

Il est ainsi résolu que l'on divisera l'armée en trois colonnes : le baron de La Garde et ses vieilles bandes se dirigeront vers la vallée d'Aigues, le Premier Président et les troupes provinciales vers Villelaure, tandis que Vaujouine et Redortier reconnaîtront la route de Mérindol avec leurs volontaires.

Quant à Lourmarin, on y enverra d'abord, en avant-garde des troupes de Monsieur d'Oppède, la bande des viguier et juge d'Aix, avec celle du capitaine Loubières, ainsi que l'unité des pionniers, pour voir si les cantonnements de l'étape ont été préparés. Si, comme c'est quasiment certain, ils ne le sont pas, et que les habitants se sont enfuis en laissant leurs maisons vides, comme ils ont annoncé qu'ils le feraient, on mettra le feu à leurs demeures et on les poursuivra jusqu'à ce que la victoire reste au Roi.

Pendant que, sous la surveillance du Premier Président, on consigne le procès-verbal du conseil de guerre qui vient de s'achever, le baron de La Garde entre en conversation avec deux hommes qui viennent juste d'entrer dans l'auberge. Il les mène auprès de Monsieur d'Oppède.

« Baron, voici les sieurs Riqueti et de Scalis, que j'ai rencontrés ce matin et dont je vous ai parlé. Madame de Cental nous les a envoyés pour nous remontrer que ses sujets lui ont écrit pour attester de leur obéissance et de l'orthodoxie de leur foi, et qu'ils la supplient, avant que de procéder par armes contre eux, de procéder par justice et d'envoyer des commissaires pour les ouïr et les interroger, et qu'ils promettent de se soumettre totalement aux mandements du Parlement. »

Le baron d'Oppède sourit, un pétillement dans l'œil.

« Je suis bien aise de vous voir, Messieurs. Le baron de La Garde n'a pas manqué de me remettre la lettre de Madame de Cental que vous lui avez confiée ce matin...

« Mais hélas, hélas... nous voyons bien que ses sujets de la vallée d'Aigues se sont rebellés, quoi qu'ils en aient dit à leur Dame. Il est bien tard pour procéder par enquête et voie de justice... Mais pour l'amitié que j'ai pour elle... »

Le baron d'Oppède sourit de biais, plissant les yeux.

« ... qu'elle commande donc à ses sujets de se retirer à La Tour-d'Aigues pour y déposer les armes. J'y enverrai dès que j'en aurai loisir des commissaires pour les ouïr, punir les malfaiteurs et relâcher les innocents. Je vais incontinent coucher tout cela par écrit à son intention. »

Le Président désigne à ses interlocuteurs un banc, à l'autre bout de la pièce. Comme ils s'éloignent, Paulin de La Garde se penche à son oreille :

« Cela change-t-il quelque chose à ce que nous venons de convenir concernant la vallée d'Aigues ?

— Évidemment non ! »

Monsieur d'Oppède, au vrai, est fort satisfait. L'orgueilleuse Mérite de Trivulce est enfin venue le supplier ! La lettre qu'il va lui faire la rassurera quelque peu, mais pour quelques heures seulement... Elle va bientôt sentir sa puissance !

Et qu'elle ne se montre pas trop exigeante, la bonne Dame ! Dans l'arrêt qu'elle vient de rendre au dimanche de Quasimodo, la cour n'a-t-elle pas décidé qu'elle pourrait assigner à comparaître les gentilshommes des lieux qui ont accueilli les pervertis sans les avoir chassés, ainsi qu'on le leur avait formellement enjoint, et que pour ces motifs leurs fiefs seraient alors déclarés revenir au Roi ? Car chacun sait bien que les habitants des villages d'Aigues sont vaudois et hérétiques notoires !

Que la Dame de Cental se satisfasse donc de voir sa belle vallée d'Aigues soumise au dégât qu'elle mérite, plutôt que de se la voir purement et simplement confisquée !

On passe à la signature du procès-verbal.

Monsieur Maynier d'Oppède appose son paraphe.

Puis le Second Président de La Font.

Puis le conseiller de Badet, qui tend la plume au conseiller de Tributiis, troisième commissaire à l'exécution, lequel est demeuré muet durant tout le conseil.

« Non ! »

Brusquement Honoré de Tributiis repousse la main de Bernard de Badet.

« Non. Je refuse de signer. Il n'y a que Mérindol qui est condamné. Pas Lourmarin, pas Villelaure, pas la vallée d'Aigues ! Je suis ici pour exécuter l'arrêt de Mérindol, et c'est tout ! »

Le silence se fait dans la pièce. Stupéfaits, magistrats, capitaines et seigneurs se tournent vers le conseiller qui a fait cet esclandre. Certains se souviennent soudain qu'il est gendre de Thomas de Becarris, syndic de Mérindol.

« Mais, mon cher conseiller... mon cher Honoré... Les gens de tous ces lieux se sont rebellés contre le Roi et sa justice. Vous avez entendu comme nous tous les témoignages. Ils se sont mis aux champs avec toutes leurs armes.

— Aux champs ! Avec toutes leurs armes ! Vous en parlez comme de l'infanterie espagnole ! Mais vous savez bien que ce ne sont que des paysans !

— Des paysans en révolte !

— Des paysans effrayés, c'est tout. Chacun sait cela. Vous n'allez pas me faire accroire à moi qu'il y a aux champs assemblée de milliers d'hommes en armes comme vous l'avez fait accroire au Roi !

— Vous ne signerez donc pas ?

— Non ! Ce que vous avez résolu est grande folie et irréparable outrage. Je n'entends pas y avoir la moindre part. À vous revoir, Messieurs ! Je me retire. »

Le Président, qui a rougi, maîtrisant visiblement sa colère, rejoint le conseiller près de la porte.

« Mon cher ami, voyons, reprenez-vous. Que vous arrive-t-il ? Que ne vous êtes vous exprimé quand nous débattions ? Par votre silence, vous avez consenti à tout ce qui s'est dit. Ne participez pas aux opérations si cela vous chante. Ne nous rejoignez qu'à Mérindol si vous l'entendez ainsi. Mais signez du moins le procès-verbal !

— Monsieur le Premier Président, mon cher baron, il n'en est pas question ! »

Jeudi 16 avril 1545

Le baron de La Garde n'est pas de bonne humeur.

Ses ordres claquent comme des coups de fouet.
Aux questions qu'on lui pose, il répond d'un ton sec et cassant.
Et le reste du temps il se réfugie dans un mutisme bourru.

Son entourage s'en étonne.

La journée s'est pourtant bien passée. On a pillé sans avoir à combattre. On a incendié les villages rebelles comme il a été résolu hier. Cabrières-d'Aigues, La Motte, Saint-Martin-de-la-Brasque et Peypin ont été successivement livrés aux flammes. On les a tous trouvés presque vides, leurs maisons abandonnées et ouvertes.

Tout au plus pourrait-on regretter que les vaudois aient eux-mêmes dépouillé leurs fermes des biens les plus précieux.

Quant aux vaudois, justement, on ne les a pour ainsi dire pas vus. Quelques brèves battues dans les bois, quelques coups d'arquebuse ont eu tôt fait de disperser ceux d'entre eux qui n'avaient pas eu le cœur de trop s'éloigner de leurs villages.

Bref, ce n'était même pas une promenade militaire. C'était plutôt comme si on allait faire son marché sans payer !

Pourtant, le capitaine baron de La Garde n'est pas de bonne humeur !

C'est à Cabrières-d'Aigues que celle-ci a commencé à s'assombrir. On s'en était approché avec force précautions, s'attendant à devoir affronter les cinq ou six cents vaudois dont le curé Bonnafous avait assuré qu'ils tenaient le village.

Eh bien, le village était vide !

Quant au fameux bastion dressé près de l'église dont Bonnafous avait rebattu les oreilles du capitaine, c'est tout juste si on a trouvé quelques tas de pierres et quelques bouts de bois auprès de quelques chariots !

Ce maudit curé a dû s'enfuir de Cabrières bien plus tôt qu'il ne l'a dit et sa frayeur a dû décupler de simples rumeurs elles-mêmes sans fondement !

À Marseille, le baron d'Oppède assurait que les vaudois pourraient bien mettre aux champs trois mille combattants.

Hier encore, on parlait de deux mille hommes en armes.

Eh bien, où sont-ils donc, ces fameux guerriers ?

Faut-il mobiliser ainsi six compagnies de routiers pour brûler quatre villages déserts ?

Alors que des vaisseaux les attendent à Marseille pour les mener contre le Roi d'Angleterre !

Après une bataille, il est de bonne guerre de piller les dépouilles du vaincu. Mais il y a pillage et pillage.

Que le soldat qui a durement besogné au péril de sa vie se paye, fût-ce sans douceur, sur ceux qui ont eu le mauvais esprit de se faire battre, cela est bien normal.

Mais derrière lui viennent toujours les corbeaux, les vautours, gens de rien qui se permettent tout.

On n'y peut rien, c'est ainsi dans toute guerre !

Seulement aujourd'hui, justement, il n'y a pas eu bataille. Et peut-on parler de guerre ?

Par contre, c'est en nuées que l'on a vu arriver les corbeaux et vautours...

D'abord les corbeaux.

Ce sont des volontaires de Provence qui ont préféré marcher sur les traces des vieilles bandes que risquer de se trouver eux-mêmes face aux vaudois en suivant les capitaines Vaujouine et Redortier en route pour Mérindol.

D'un village à l'autre, les soldats d'Italie ont bien arquebusé dans leur progression quelques paysans suffisamment imprudents pour ne pas s'être enfuis. En visitant les fermes, ils ont chargé leurs chariots de ce qui leur a plu. Et ils poussent devant eux une partie du bétail qui vaguait par les champs. Tout cela est bien normal.

Bon, c'est vrai, à Saint-Martin, on a vu l'un d'eux emporter la croix d'argent de l'église, la chasuble du prêtre et la nappe de l'autel. À Peypin, il se pourrait bien que ce soient quelques-uns de ses compagnons qui aient forcé serrures et portes de l'église pour y voler la croix, les calices et la custode d'argent. C'est vrai, c'est vrai...

Mais cela reste finalement l'accompagnement normal de l'avance d'une armée...

Les volontaires, par contre, attendent d'abord d'être sûrs qu'il n'y a plus de danger. Ensuite seulement, ils viennent en arrière-coureurs, ils incendient ce qui reste et, s'ils débusquent quelque paysan de sa cachette, ils le mettent à mort par pure satisfaction... Un serviteur du rentier de Cental arquebusé à Saint-Martin ; à Cabrières quatre hommes et une femme, qu'ils ont jetée sur un fumier ; deux vieillards à La Motte ; un jeune homme tué d'un coup d'épée par un homme de Vaujouine, du seul fait qu'il lui avait dit être de Peypin...

Jusque-là c'est bien peu de chose, il faut l'admettre...

Mais les corbeaux savent aussi prendre quelques plaisirs plus raffinés.

On les a vus mettre la tête d'une vieille femme dans le feu et la brûler ainsi, car elle n'avait pas voulu leur montrer ses secrets pour avoir le fourrage.

À Grambois, on a brûlé le meunier dans sa grange.

À Peypin, on a tué deux vieilles femmes, et une autre près de La Bastide-des-Jourdans, à qui l'on trouva le tétin coupé.

Ah, La Bastide-des-Jourdans, nous y voilà !

Les corbeaux, vous le voyez, ne sont finalement pas bien méchants.

Mais les vautours, c'est une autre affaire...

À La Bastide – village tout catholique –, ce sont les habitants eux-mêmes qui se sont mis en armes et ont entrepris de courir le pays pour piller et exterminer leurs voisins hérétiques !

Et de même à Grambois, à Monjustin ou à Montfuron, et en bien d'autres endroits.

Se répandant par toute la vallée d'Aigues, ils font mille maux sans bride ni correction de personne, se conduisant bien plus mal que les pires des gens d'armes, dépouillant ceux qu'ils trouvent, les battant et torturant pour qu'ils révèlent où ils ont caché leurs biens. Ils emportent jusqu'aux haies et clôtures, poussant devant eux bœufs, vaches, ânes, porcs, et leurs femmes sont parfois si chargées de butin qu'elles peuvent à peine cheminer.

Les Bastidans-des-Jourdans font véritablement régner la terreur – pillant, et tuant tant à l'épée qu'à la hallebarde. Ils s'en vont criant : « qui aura argent le baille et aura la vie sauve ! » et mettent à mort même ceux qui ont baillé argent, sans se préoccuper de ce que leurs victimes ne sont parfois restées là que parce qu'elles étaient en dehors de la route des troupes et n'avaient en leur cœur aucun soupçon d'hérésie.

Eh oui, voyez-vous, il semble que ces gens aient trouvé dans l'événement du moment l'occasion d'exercer bien des vengeances particulières ou de s'abandonner à la plus grossière avidité. Combien de bons catholiques, ce jour, ont été odieusement pillés et assassinés, jusqu'à leurs petits-enfants ? Comme ce vieillard qu'on a retrouvé hallebardé au fond d'une citerne... Les femmes, rapporte-t-on, se signalent au surplus par une imagination plus raffinée que celle de leurs maris. On en a vu ainsi menacer une vieille femme de lui crever les yeux avec une aiguille si elle ne montrait ses secrets. On lui arracha ainsi cent écus, mais l'histoire ne dit pas clairement si on lui a tout de même crevé un seul œil ou les deux...

Sont-ce les mêmes qui ont suggéré qu'on attachât un fermier par les génitoires et qu'on le promenât ainsi une heure durant par son domaine pour en arracher toutes les richesses ?

Imagine-t-on que, il y a quelques jours encore, ces gens-là étaient voisins, qu'ils travaillaient paisiblement leurs champs non loin les uns des autres ?

Combien de haines, toutes jeunes et toutes fraîches, ou bien tout au contraire accumulées et recuites, se sont donné libre cours depuis ce matin ?

Ici ou là traînent corps de femmes et d'enfants, blessés et meurtris, que les chiens errants viennent déjà manger avant qu'ils soient tout à fait morts, sans que personne les en défende.

Les habitants de Cucuron et de Pertuis eux-mêmes suivent les troupes pour profiter du pillage. Même des gentilshommes, comme le jeune sieur de Cucuron, sont accourus pour en profiter.

Mais, pareils à ses lieutenants, sans doute vous demandez-vous ce qui, dans tout cela, peut donner matière au mécontentement du baron de La Garde ?

Ces quelques incidents qu'on vient de relater sont le lot de toute guerre. Où en a-t-on vu une où l'on ne pille pas, ne massacre pas, ne torture pas ?

Et, de plus, il y a bien peu de victimes, puisque la plupart des habitants ont fui !

Il faut bien plus que cela pour émouvoir un homme comme le capitaine Paulin. Dans tous les combats par où il est passé, il a vu quelques belles choses, et beaucoup de laides. Lui-même ne s'est pas privé de commettre, de son propre mouvement ou pressé par les circonstances, et des unes et des autres.

En fait, rien ne devrait plus émouvoir un homme comme le capitaine Paulin !

Tenez, tout récemment encore, lorsqu'il a accompagné nos alliés turcs à la prise de Nice, en Savoie, il a vu ce qu'est un pillage fait dans les règles par une belle armée. Encore la population de Nice avait-elle eu le bon esprit de se réfugier au château ou de s'enfuir dans la campagne. Mais lorsque le baron raccompagna ensuite à Constantinople la flotte de Barberousse, il vit maintes fois flamber villes et villages de Campanie, des Pouilles et de Calabre, tandis que le vent ramenait vers la flotte les hurlements d'une population dont on égorgeait vieillards et nourrissons, dont on violait les femmes, dont on vendrait bientôt les enfants comme esclaves et dont les hommes survivants rameraient sur les galères. Cela pour ne citer que les destinées les moins horrifiques...

Et ce n'était pas, comme aujourd'hui, de méchants hérétiques que venaient châtier de bons chrétiens, mais bien de bons chrétiens livrés à la démoniaque fureur des soldats mahométans !

Qu'y a-t-il donc ce jour qui puisse ainsi renfrogner le capitaine Paulin ?

Serait-ce la légèreté avec laquelle on a reçu la requête de la Dame de Cental ?

Ce matin, à l'aube, le capitaine a adressé un mot au baron d'Oppède pour lui confirmer qu'il partait exécuter ce qui avait été décidé la veille, mais qu'il venait de recevoir de Madame de Cental le rôle de ses sujets qu'elle disait obéissants et bons chrétiens, et qu'il aimerait bien avoir l'assistance d'un homme de robe longue pour l'examiner. Mais aucun des magistrats accompagnant le Premier Président ne voulut perdre son temps à se rendre à son invite.

Le capitaine a bien pris soin de s'adjoindre un certain Gallot, maître d'hôtel de la Dame de Cental, pour indiquer aux troupes ce qui était vaudois et ce qui était bon catholique, mais il était quasiment impossible de s'y retrouver et, dans la chaleur de l'action, on a même fini par incendier aussi la grange de Cental, la plus belle de Provence, propriété personnelle de la Dame, ainsi que des moulins qui lui appartenaient, rompant aussi ses fours.

Pourtant, il paraît que des sujets de Cental viennent ce soir en grand nombre déposer leurs bâtons à La Tour-d'Aigues, comme le Premier Président l'a demandé hier dans sa lettre en réponse à Mérite de Trivulce.

Sans doute le baron de La Garde connaît-il celle-ci du temps qu'il servait en Piémont et n'a-t-il nulle envie de lui causer du tort.

Mais tout de même, est-ce grave à ce point-là ?

Qu'est-ce qui renfrogne donc le capitaine Paulin ?

Le capitaine Paulin connaît la guerre, la vraie.

Et la guerre, il l'aime ! Il aime la bataille, avec ses risques et ses faits d'armes. La guerre, c'est elle qui l'a fait ce qu'il est !

Mais il lui déplaît de ne voir d'elle que ses mauvais lendemains, alors qu'elle n'a pas même eu lieu.

Le capitaine Paulin ne s'offusque pas de voir le vainqueur dépouiller le vaincu.

Mais il n'y a vainqueur et vaincu que lorsqu'il y a eu bataille.

Le capitaine Paulin ne s'offusque pas de voir les Impériaux dévaster les terres françaises ou les Français ravager les terres impériales.

Il ne s'offusque pas de voir les mahométans rudoyer les chrétiens, pas plus que les chrétiens les mahométans.

Car tous sont naturels ennemis, et de forces égales.

Ici, point d'Impériaux, mais rien que des sujets du Roi.

Ici, point d'armée à combattre. Tout juste quelques paysans à arquebuser.

Ici, point de mahométans. Des hérétiques, il est vrai. Mais qu'on est bien en peine de distinguer des bons chrétiens !

Dans tout ce qu'il a fait, et de bien et de mal, pour se hisser là où il est, le petit paysan jadis illettré aujourd'hui devenu capitaine général en l'armée de mer du Roi dans le Levant, que le Grand Seigneur des Turcs a admis à ses côtés jusqu'à en faire son intime, a toujours retenu qu'un seul mot devait définir la véritable noblesse :

Honneur.

Où est l'honneur, aujourd'hui ?

Non. Le capitaine Paulin de La Garde n'est pas de bonne humeur.

Vendredi 17 avril 1545

Ne trouvez-vous pas que le Président d'Oppède paraît tout transformé ?

Ce n'est point tant parce qu'il chevauche tout attifé en guerre, sur son beau coursier gris. C'est vraiment qu'il a pris l'allure et la manière d'un capitaine ! Voyez comme il porte haut la crête ! Je veux dire, plus haut encore que d'habitude...

C'est ainsi, il y a un je-ne-sais-quoi dans la guerre qui échauffe et émoustille !

Et ce qu'éprouve en ce moment le baron d'Oppède, c'est le plaisir d'un robin qui... pardon, voilà que je me mets à parler comme un noble d'épée ! Je veux dire : c'est le plaisir d'un noble de robe longue qui doit jouer le rôle d'un noble de robe courte.

Le second, vous le savez bien, méprise souvent le premier. Pour lui, la noblesse, c'est d'abord le métier des armes. L'autre n'est qu'un magistrat, un paperassier incapable de seulement tenir une épée !

Or, aujourd'hui, le baron d'Oppède n'est pas là en tant que Président du Parlement, mais en tant que lieutenant général du Roi pour la Provence. Et par l'intermédiaire du capitaine Paulin – un vrai parvenu, celui-là, et de la plus basse extraction, tout homme d'épée qu'il soit ! – il se retrouve commander à quelques-unes des vieilles bandes du Piémont qui ont déconfit l'armée de l'Empereur.

Il y a assurément là matière à ressentir quelque enivrement.

En fait, voulez-vous que je vous dise ? Avec cette exécution, c'est l'aventure qui fait irruption dans la vie trop bourgeoisement réglée du Président d'Oppède !

Oui, c'est excitant, la guerre !

Jusque-là, il est vrai, on n'y a pas beaucoup affronté d'ennemis.

Mais s'il est bon de ressentir quelque parfum d'aventure, peut-être vaut-il mieux après tout que celle-ci ne soit point excessivement aventureuse !

La campagne, en tout cas, se déroule selon le plan arrêté à Cadenet, avec une précision d'horlogerie qui pourrait laisser croire au baron – si bien sûr il n'avait pas la modestie que vous lui connaissez ! – qu'il est un grand stratège.

Accompagné des commissaires de La Font et de Badet, et de l'avocat général Guérin, il a d'abord quitté Cadenet vers l'est, marchant sur Villelaure, où il a trouvé toutes les maisons vides, ouvertes et délaissées, qu'il a fait incendier ainsi qu'il était résolu, avec le hameau de Trésémines.

Ses troupes se sont en outre chargées de battre la campagne pour y débusquer des hérétiques et pour détruire leurs biens lorsque – ce qui était quasiment toujours le cas – on ne les trouvait pas. Après qu'il eut rebroussé chemin en direction de Lourmarin, on a pu voir s'élever un peu partout dans la campagne les colonnes de fumée que vous apercevez en ce moment, et qui montrent que les soldats ont fait leur devoir. En montant un peu, on verrait sans doute mieux les flammes rougeoyer sous les volutes noires.

Un cri fait brusquement se retourner le Premier Président – pardon, le lieutenant général du Roi ! – du haut de son cheval.

« Les vaudois ! Les vaudois ! »

Aussitôt, on court, on s'affaire, on s'affole...

C'est que l'on vient d'apercevoir une troupe de vaudois, là-bas, sur la crête, au-dessus de Lourmarin !

Mais c'est une fausse alerte. Ils prennent bientôt la fuite, sans doute peu désireux d'affronter les bonnes troupes de Provence.

Ah, il y a de ces émois, dans la guerre, dont on se passerait bien dans l'instant mais qui, le danger passé, ajoutent encore aux charmes de l'aventure !

Les soldats peuvent en toute quiétude reprendre le cours de leurs occupations, au demeurant fort prenantes.

Les troupes envoyées en avant-garde à Lourmarin y ont constaté, comme prévu, que rien n'y avait été préparé pour l'étape des vieilles bandes, et que les habitants s'étaient réfugiés dans les bois.

Le baron d'Oppède, en les rejoignant avec le gros de ses hommes, s'est installé avec son état-major devant le château, dont la butte fait face au bourg, le dominant légèrement.

C'est ici un lieu stratégique, au débouché de la combe creusée par l'Aiguebrun entre le Grand et le Petit Luberon, par où passe la route qui relie Apt à Aix et Marseille.

Le lieutenant du Roi a tout d'abord accordé à ses troupes, sous les acclamations, le pillage de la cité, à charge pour elles d'y mettre ensuite le feu. Elles se sont élancées à la tâche avec une allègre vaillance.

C'est cette même tâche qu'elles reprennent à présent, passé l'alarme des vaudois sur la crête.

Plusieurs dizaines de maisons sont déjà en flammes. Et ce n'est que le début. Ordre a été donné de tout brûler, y compris étables, celliers et bergeries. On n'épargnera que le château et, bien sûr, l'église Saint-André.

Tout se passe comme prévu, donc !

Sur l'autre rive de la Durance, le sieur de La Roque, parent du baron, assisté de plusieurs volontaires levés en Arles, était, de son côté, chargé d'incendier ce jour La Roque-d'Anthéron et Saint-Estève-de-Genson. À voir les fumées qui s'élèvent dans cette direction, nul doute qu'il a rempli sa mission !

Enfin, le baron a reçu de la part du capitaine Paulin rapport que l'exécution de la vallée d'Aigues était consommée et qu'il faisait retour vers Cadenet.

Les arrières, sans nul doute, sont désormais bien assurés. On pourra donc tous se retrouver demain, au rendez-vous de Mérindol !

Est-ce là qu'on trouvera enfin les vaudois ?

Le moins que l'on puisse dire est qu'ils n'ont pas beaucoup montré le bout du nez, aujourd'hui. On a tout au plus raflé quelques fugitifs, dont on entreprendra de vendre les hommes à Marseille, aux capitaines des galères, et comme esclaves les filles et les enfants.

Oh, surtout, soyez gentils, évitez de mentionner ce dernier point – oui, celui des filles et des enfants – devant Monsieur d'Oppède ! C'est un grand homme de bien et être mis au courant de ce genre de détail l'irrite inutilement.

En tout cas lorsqu'on lui en parle devant témoin et que sa responsabilité pourrait ainsi se trouver engagée.

Le jour décline.

Lourmarin n'est plus qu'un brasier.

Mais si c'est une chose que de faire la guerre, il ne faut pas pour autant oublier pourquoi on la fait !

Or, ici, on la fait pour exécuter une décision de justice contre les hérétiques et rebelles vaudois et luthériens. Il importe donc qu'on la mène dans les formes propres à un État où règnent le droit et la justice.

Devant la première porte du château, en présence des seigneurs d'Oraison, de Puy-Saint-Martin, de Pourrières, et de quelques autres, les commissaires à l'exécution – hors bien sûr Honoré de Tributiis, que l'on n'a pas revu depuis deux jours – font défense à la demoiselle Blanche de Lévis, Dame de Sault, et à son fils François d'Agoult, sous peine de confiscation de leur fief de Lourmarin, de recevoir dans aucune de leurs maisons des vaudois et luthériens, de leur permettre de reconstruire les maisons brûlées ou d'en édifier de nouvelles sur leurs terres et fiefs.

S'ils trouvent des luthériens, ils les doivent capturer ou faire capturer et remettre à la justice. Il leur est de surcroît enjoint, dans un délai d'un mois, de dresser l'inventaire de tous les biens meubles et immeubles que les luthériens possèdent sur leurs terres. À défaut de quoi ces biens seront déclarés sortis de leur juridiction au profit du Roi.

Les commissaires ajoutent qu'ils leur permettent de faire appel contre les luthériens à l'aide des seigneurs et gentilshommes du ban et de l'arrière-ban des places avoisinantes, comme il sera prescrit à ceux-ci à son de trompe et cri public.

La Dame de Sault n'étant point là, c'est Uzet, son maître d'hôtel, qu'on a chargé de la représenter, et de lui faire connaître le commandement des commissaires du Parlement.

À Villelaure, de semblables ordres, injonctions et défenses ont de même été faits ce matin à Antoinette de La Terre, Dame de Genson, et à ses deux fils, Gaspard et Jean-Baptiste Forbin. Gaspard s'en montra fort content. La tâche pour lui sera facilitée : avant de s'enfuir, les habitants avaient eux-mêmes apporté en son château leurs biens les plus précieux, confiants dans la protection de leur seigneur dont Gaspard – tiens, il semble qu'il avait omis de nous le mentionner ! – s'était, la main sur le cœur, porté garant.

En tout cas, mes amis, vous qui allez reprendre quelque force avant de nous rejoindre demain à Mérindol, vous pouvez dormir tranquilles. Quelle que soit la malignité des vaudois, je gage qu'une si grande assemblée d'hommes de guerre chrétiens, qui depuis deux jours a déjà si bien œuvré, fera que vous pourrez bientôt vous promener en toute liberté par le pays de Luberon sans plus nulle part vous trouver incommodés par l'odeur infecte de l'hérésie !

Samedi 18 avril 1545

À Lauris

« Ah, vous voilà, Président !

— Je suis ici en tant que lieutenant du Roi, baron ! répond Monsieur d'Oppède au capitaine Paulin, avec un large sourire. Et c'est en tant que tel que je tiens à vous féliciter pour la diligence avec laquelle vous avez procédé dans la vallée d'Aigues.

— Mille mercis, Monsieur le gouverneur. Puis-je toutefois vous poser une question ?

— Faites, baron, faites !

— Où sont donc les trois mille luthériens en armes dont vous me parliez à Marseille ? Où sont les deux mille qu'on m'a annoncés à Cadenet ? Pour ma part, je n'ai jusqu'ici rien vu d'autre qu'une volée de moineaux ! Est-ce pour chasser l'oisillon que vous avez requis les arquebuses des vainqueurs de Cérisoles ? »

Sous la tirade inattendue, la mine du baron d'Oppède s'est pincée.

« Baron, je vous rappelle que c'est le Roi qui les a requises. Il vous l'a dit de sa propre bouche ! Vous et moi sommes ici pour faire sa volonté. »

Puis, se rassérénant :

« Notre campagne commence tout juste, baron. Rien qu'hier, j'ai aperçu de mes yeux une grande troupe d'hérétiques au-dessus de Lourmarin. Sans doute allons-nous en trouver à Mérindol. Il m'a été rapporté qu'il y en aurait là-bas qui seraient prêts à lutter jusqu'à la dernière extrémité. Mais en tout cas, il est certain qu'ils se retranchent en nombre dans leur forteresse de Cabrières-du-Comtat. Allons, baron ! Allons enfin exécuter l'arrêt de Mérindol, et nous irons demain porter notre aide au Pape devant Cabrières. Et là, vous aurez de la bataille, je vous le promets ! »

À Mérindol

Jean Maynier d'Oppède s'est installé sur la place du village, à l'ombre d'un ormeau qui le protège du vif soleil de midi. Il s'applique à afficher à la fois la sévérité d'un magistrat brandissant le glaive de la justice et celle d'un représentant du Roi venu châtier des rebelles. Mais on devine sous cette façade une satisfaction proche de la jubilation.

Voyez avec quelle joyeuse voracité il mord dans les morceaux que son cuisinier vient d'apporter. Il est bien agréable, ce dîner de vainqueurs qu'on vient d'improviser à l'ombre de l'ormeau ! Savez-vous bien que cela creuse, la guerre ?

Autour des tables dressées sur des tréteaux, voici réuni tout l'état-major du lieutenant général.

Ses deux gendres, les sieurs de Lauris et de Pourrières.

Le commissaire à l'exécution et Second Président François de La Font, qui devise gaiement avec Monsieur d'Oppède.

Le capitaine baron Paulin de La Garde, peu disert, mais de qui les journées au grand air semblent avoir stimulé l'appétit.

Les capitaines Vaujouine, Redortier et Loubières, qui mordent à belles dents dans les victuailles, vident force gobelets, et tonitruent au point que l'air semble tout rempli de leur accent de Provence.

Quelques lieutenants des uns ou des autres, que vous avez peut-être déjà entrevus ces derniers jours.

Et quelques gentilshommes qu'on a voulu honorer.

Il manque en fait trois personnes d'importance.

Le conseiller de Tributiis, qui, tout à sa mauvaise humeur, s'est enfermé dans une bastide et a fait obstinément savoir qu'il n'en sortirait point, tout commissaire à l'exécution qu'il soit, et en dépit des requêtes réitérées de Monsieur d'Oppède.

Le conseiller de Badet, que l'on a aperçu tout à l'heure avec quelques troupes d'arrière-garde en proie aux humeurs d'une jument hargneuse, laquelle eût sans nul doute mieux fait de naître ânesse, et que l'adresse modérée de son cavalier semblait fort en peine de maîtriser.

Inexpliquée est par contre l'absence de l'avocat général Guérin, d'autant qu'il fait de plus figure de commissaire à l'exécution par intérim, depuis la défection de fait d'Honoré de Tributiis.

Les gens de guerre vont et viennent partout dans la petite cité. Tout juste ont-ils quelque peu apaisé leur tumulte pour prendre, eux aussi, le temps d'une collation bien venue.

Il y a là et dans la campagne environnante bien plus de soldats qu'il n'y eut jamais d'habitants. Ils sont des milliers. Les volontaires, les compagnies provinciales, les vieilles bandes du Piémont, les gentilshommes du ban et de l'arrière-ban. Au total, plus de huit enseignes de gens de pied et bon nombre de cavaliers. Sans oublier les artilleurs, auprès de leurs canons, qui n'ont jusqu'ici pas eu à tirer un seul coup.

Inquiets des vagues rumeurs faisant état de luthériens prêts à défendre Mérindol – la Rome des vaudois ! –, les volontaires des capitaines Vaujouine et Redortier n'ont investi hier le bourg qu'avec la plus grande prudence.

N'apercevant rien ni personne, ils se sont finalement résolus à y entrer ce matin, à la suite toutefois des premiers soldats du Piémont qui montaient de Lauris.

Ils n'ont trouvé qu'un village désert, aux maisons grandes ouvertes.

Pas tout à fait désert, en fait. Un soldat des vieilles bandes a tué une femme qui courait près de l'église, et les hommes de Redortier ont trouvé dans celle-ci des femmes et quelques jeunes filles, avec de petits enfants à la mamelle, qui s'étaient réfugiées là, dans la sécurité de ce lieu saint.

On a même déniché un mâle ! C'est un jeune homme de dix-sept ou dix-huit ans que l'on amène à l'instant devant les convives qui achèvent de dîner.

Le soldat qui le tient attaché l'a trouvé caché dans une grotte près du village.

Enfin un probable hérétique, peut-être apparenté à l'un des dix-neuf condamnés de l'arrêt de Mérindol, et dès lors comme tel inclus dans la condamnation !

« Brave soldat, au nom du Roi, je te requiers de me remettre ton prisonnier.

— Sauf votre respect, seigneur Président, combien m'en donnez-vous ?

— Euh ! Tu es soldat du Roi. Tu as fait ce prisonnier au nom du Roi. Je suis ici son lieutenant, et tu dois me le remettre.

— Seigneur Président, j'ai toujours entendu dire que, dans la guerre, les plus grands seigneurs libèrent leurs prisonniers seulement contre rançon. Et ce gaillard-là s'est justement rendu prisonnier en me promettant que j'aurais deux écus pour sa rançon.

— Bon, bon, je vais te les payer, tes deux écus !

— Sauf votre respect, deux écus, c'est ce que lui m'a promis. Mais il me semble que j'en tirerais bien plus en le vendant pour les galères ! »

Le baron s'échauffe.

« Tu en auras deux écus ! Au nom du Roi !

— Je veux d'abord savoir combien on m'en donnerait pour les galères ! Les capitaines qui sont là me le peuvent peut-être dire.

— Tu es un insolent. Prends tes deux écus, et remets ton prisonnier à la justice, comme un bon sujet du Roi.

— Si moi je suis insolent, il serait bien voleur, celui qui ne voudrait pas me payer son juste prix ! »

Un murmure s'est élevé parmi les hommes d'armes présents sur la place. Le capitaine Vaujouine a froncé les sourcils. Il s'est approché du Président d'Oppède et l'a pris par le bras.

Il lui parle à l'oreille.

« Seigneur Président, cet homme est très aimé dans sa compagnie. Il est vrai qu'il pourrait vendre son prisonnier plus cher pour les galères. Si vous lui faites tort en ne lui donnant pas ce qu'il aura sûrement ailleurs, je ne réponds pas de ses compagnons. »

Monsieur d'Oppède se retourne vers les soldats. Ceux qui étaient assis se sont relevés. Ceux qui étaient debout se sont approchés de la table. Le Premier Président ne peut s'empêcher de songer qu'il a dans sa vie surtout vu ces mines-là à ces gens de sac et de corde que, en bon magistrat, il faisait usuellement pendre.

« Bon. Capitaine, croyez-vous qu'avec deux écus et vingt sous...

— Trois écus, seigneur Président, trois écus ! À trois écus, je fais mon affaire du moindre murmure qui pourrait s'élever. »

Jean Maynier d'Oppède soupire. Il se tourne vers son gendre Pourrières.

« Antoine, comptez trois écus à ce larron. »

Antoine de Glandèves soupire à son tour, en regardant son beau-père comme s'il trouvait la facture un peu forte.

« Antoine, cela vous sera bien sûr compté sur les frais de la guerre ! Ne perdons pas de temps, je vous prie. »

Le soldat a pris les trois écus en grommelant un remerciement. L'atmosphère sur la place se détend.

Le Premier Président d'Oppède et le Second Président de La Font interrogent à présent le prisonnier.

Le garçon dit être de Mallemort, s'appeler Maurice Blanc, et être valet de ferme du baile André Maynard.

Les deux présidents échangent un regard satisfait. André Maynard est le premier des dix-neuf condamnés de l'arrêt de Mérindol. L'un des deux seuls que l'on ait réussi à capturer – et du reste à exécuter – il y a déjà quelque temps.

Son valet est donc compris dans l'arrêt. À moins toutefois qu'il ne prouve qu'il est bon catholique.

« Sais-tu réciter le *Pater Noster* et l'*Ave Maria* ?

— Oui, Messeigneurs, je les sais. Mais je ne les sais pas bien dire, parce que c'est du latin et que je n'y entends goutte.

— Tu n'entends goutte au *Pater* et à l'*Ave* ? Tu es donc luthérien ?

— Du tout ! Je ne sais même point ce que c'est que cette bête-là. »

Le Premier Président tire à part lui le Second.

« Qu'en pensez-vous ?

— Je trouve surtout qu'il a l'air à demi idiot.

— À mon avis, il en a plus que l'air... Expédions-le à Aix avec les autres suspects que nous détenons là-bas. Nous le jugerons tranquillement plus tard.

— Je vous rejoins. C'est ce que nous avons de mieux à faire. »

« *Crucifige eum!* À mort, à mort sur la croix ! »

Qui hurle donc ainsi ?

Tiens donc ! C'est l'avocat général Guérin qui vient de surgir à cheval sur la place. Il semble avoir quelque mal à dominer sa monture. Si celle de Monsieur de Badet semblerait avoir un tempérament d'ânesse, celle-ci serait bien mieux en étalon sauvage.

En fait, elle a failli jeter à bas son cavalier à plusieurs reprises, l'emmenant galoper contre son gré sur des chemins de traverse. D'où son retard et son humeur massacrante. À cause d'elle, il n'a même pas pu dîner ! Ceci explique que lorsqu'on lui a dit, à son entrée dans le village, que l'on venait de capturer un de ces hérétiques qui sont cause de ce qu'il se trouve jeté dans si inconfortable aventure, il ait laissé exploser sa colère.

Celle-ci s'apaise un peu à présent qu'il est descendu de son coursier et qu'on lui a tendu un peu de pain et de fromage. Mais il demeure d'autant plus intraitable qu'il vient d'apprendre que le prisonnier est un serviteur du baile Maynard, et ne sait au surplus pas dire correctement le *Pater* et l'*Ave*. Il requiert fermement que, aux termes de l'arrêt de Mérindol, il doit subir le sort de son maître. Il faut donc l'exécuter sans attendre.

À nouveau, un murmure s'élève des groupes de soldats que la scène commence à intéresser. On entend quelques *À mort !*, *Tue ! Tue !...*

Visiblement contrarié, Monsieur d'Oppède se concerte à mi-voix avec les capitaines, délibérant avec eux ce que l'on doit faire de ce jeune homme. Vaujouine et Redortier sont les plus véhéments.

Le Premier Président opine du chef. Prenant un peu de recul, il tend le bras : « En tant que Premier Président du Parlement de Provence, je déclare que le dénommé Maurice Blanc est coupable de complicité avec un hérétique condamné, et comme tel condamné comme lui à périr par arrêt de la cour. En tant que lieutenant du Roi, je commande qu'il soit emmené pour qu'il soit sur-le-champ procédé à l'exécution. »

Sa proclamation est vivement acclamée.

On a mené Maurice Blanc, l'air égaré et semblant ne pas comprendre, dans un pré à l'écart, et on l'a lié au tronc d'un olivier.

Le Premier Président est là. L'avocat général également. De même les capitaines Vaujouine et Redortier.

Le Président de La Font, quant à lui, a préféré demeurer sur la place.

Que va-t-on faire du condamné ? Le pendre ?

Le capitaine Vaujouine indique qu'il a une meilleure idée. Un grand nombre de soldats ont suivi pour jouir du spectacle. Parmi eux, bon nombre d'arquebusiers.

« Cinq volontaires pour faire la justice du Roi ! »

Une dizaine d'hommes se détachent bruyamment. Le capitaine désigne cinq porteurs d'arquebuses assez légères pour qu'on puisse les manier sans s'appuyer sur une fourche.

Ils s'alignent, allument la mèche de leurs armes, épaulent, visent, et font feu. Le Premier Président a tourné la tête au dernier moment. Il est accoutumé à voir des pendaisons de criminels ou des brûlements d'hérétiques, mais cela, c'est nouveau...

Tout juste a-t-il entendu, à l'instant de la dernière décharge, Maurice Blanc s'écrier : « Ô Dieu ! »

Maurice Blanc qui n'est plus qu'un corps sanglant et sans vie, que ses liens seuls retiennent d'entièrement s'affaisser à terre.

Dans son interrogatoire, il a déclaré que, comme on s'en doutait, les autres habitants se sont réfugiés dans les cavernes de la montagne. Le baron de La Garde – dont on sent bien qu'il voudrait trouver enfin un ennemi à combattre – propose de les y poursuivre.

Mais le lieutenant du Roi s'y oppose. Il ne tient pas à aller risquer ses hommes dans les bois. Il y a mieux à faire ailleurs, et l'on n'a pas de temps à perdre !

Dès que le pillage auquel se livraient ses soldats semble s'apaiser, il commande que soit exécutée la dernière partie de l'arrêt de Mérindol. Symboliquement, des pionniers ont frappé de leurs pioches les murs de la maison du baile.

Les torches s'allument. Les soldats, repus de pilleries, se réjouissent à présent d'aller mettre en scène un bien beau spectacle.

Depuis un bon moment, flammes et fumées s'élèvent déjà partout des fermes environnantes.

Les unes après les autres, ce sont les maisons de Mérindol qui à présent s'embrasent.

Caracolant devant son état-major, Jean Maynier d'Oppède rayonne.

« Messieurs, justice est faite !

« Qu'on donne ordre aux troupes de se rassembler. On les attend à Cavaillon. Quant à ceux d'entre vous, Messieurs, qui n'auront pas à les accompagner, hâtez-vous de monter à cheval, nous avons une longue route : je vous convie ce soir en mon château d'Oppède. La nuit y sera courte, mais je vous promets que la chère n'y sera point mauvaise ! »

À Lauris

Maintenant que vous connaissez le sort de Maurice Blanc, je vois que vous vous demandez ce que sont devenues les femmes et les filles capturées dans l'église de Mérindol par les hommes du capitaine Redortier.

Je comprends... Je comprends...

Eh bien... Voyez-vous... Comment dire ? Voilà, tout l'état-major de l'expédition est resté à Mérindol, vous l'avez bien vu.

Du coup, les soldats qui n'y étaient pas eux-mêmes n'avaient pour ainsi dire plus d'officiers. Et vous savez, en dehors des batailles – et encore ! –, les gens de guerre se montrent souvent fort indisciplinés. Et ceux-là sont des volontaires, pas des soldats de métier. Alors vous comprenez, sans officiers...

Bon, je vais tout vous dire !

Les hommes de Redortier qui étaient entrés dans l'église ont aussitôt quitté Mérindol avec les femmes, les filles et les petits enfants qu'ils avaient capturés.

En chemin, ils ont rencontré des charretiers venus de Cavaillon, qui se rendaient à Lauris charger des blés pour le compte du seigneur du lieu, François de Pérussis, gendre de Monsieur d'Oppède, que vous connaissez bien et qui lui aussi, d'ailleurs, se trouvait à Mérindol. Si j'insiste sur ce point, c'est pour souligner qu'il ne pouvait pas, dans le même temps, savoir ce qui se passait à Lauris.

Bref, nos gaillards font monter femmes et filles sur les charrettes, grimpent avec elles, et en route pour Lauris, puisque c'est la destination des voitures !

On ne saurait dire que les charretiers fussent pleinement enchantés de leurs nouveaux passagers, mais ils se sont bien gardés de leur causer la moindre contrariété. D'une façon générale, ils ont même évité de se retourner quand des ahanements et cris de bêtes forcées leur signalaient que leurs nouveaux compagnons prenaient leur plaisir à même le véhicule.

Arrivés à Lauris, les soldats ont fait descendre les malheureuses, toutes terrifiées et les vêtements déchirés – ceux des plus jeunes, du moins.

Mais c'est sans distinction d'âge qu'ils ont alors fait dépouiller toutes nues toutes leurs prisonnières. Ils leur ont commandé de se tenir par la main comme on fait en une danse et, se mettant à chanter et jouer du tambourin, ils les ont menées ainsi par le bourg et autour du château, sans jamais cesser de les rouer de coups, disant qu'elles ne chantaient pas assez à leur gré.

Cela fait, ils ont à nouveau violé les jeunes femmes parmi les blés qu'on venait chercher, rossant celles d'entre elles qui ne voulaient pas lâcher leurs nourrissons. L'une d'elles a même été prise tandis qu'elle tenait toujours son enfançon entre ses bras.

Vous connaissez Lauris ? Non ?

Eh bien, le bourg est perché sur son éperon, qui se dresse face à la Durance. Tout au sommet est campé le château, sur sa terrasse d'où l'on domine la plaine.

C'est là, sur le haut du rocher situé près du château, que nos hommes ont amené tout à l'heure quelques-unes de leurs proies – car je crois qu'il faut bien les appeler ainsi – dont ils n'attendaient pas ou plus de plaisir.

Là, ils leur ont commandé de dire un *Pater*, ce qu'elles n'ont guère fait qu'en balbutiant au milieu de leurs larmes, et ils les ont poussées du pied au bas du rocher en les traitant de chiennes vaudoises.

Et celles qu'ils ont trouvées en bas encore en vie, ils sont descendus les achever à coups d'épée et de pierres.

Voilà, vous savez tout !

Mais... que se passe-t-il là-bas, dans ce verger ? Ah non, moi je n'y vais pas ! J'en ai vu assez pour aujourd'hui. Allez-y si ça vous chante... Mais de grâce, soyez prudents. Avec ces compères-là, on ne sait jamais.

Vous savez, des soldats sans officiers...

En tout cas, lesdits compères, dans ce verger, ont l'air de bien s'amuser ! À les entendre rire un peu stupidement, il est clair qu'ils ont visiblement trouvé force flacons à vider !

Mais que font-ils à ces deux vieilles, nues, qu'ils ont attachées les bras en croix entre des arbres ? On dirait qu'ils enfournent en gloussant des cornets de papier dans leurs parties honteuses. Mais... c'est de la poudre noire qu'ils y versent ! Ma parole, ils se tordent de rire. Voilà qu'ils allument des torches et mettent le feu aux cornets ! Ils s'écartent en se tapant sur les cuisses et...

Ouf, ce bruit !

Tiens, les soldats ne rient plus.

C'est peut-être que les vieilles ont explosé si bien qu'ils s'en trouvent tout couverts de sang...

Et là-bas, que se passe-t-il encore ? En voilà d'autres qui mènent encore une vieille ! À croire que ce ne sont que les jeunes qu'ils ont jetées du rocher ! À voir ses blessures toutes fraîches et les déchirures de sa chair, ils viennent assurément tout juste de la tourmenter. Ils l'ont tondue en croix et la conduisent par les rues, en chantant comme font les prêtres.

Les deux hommes qui sont là, en train de faire chauffer le four à pain, les regardent tout interloqués.

Un soldat pousse un cri. Désigne le four. Les autres poussent la vieille en hurlant.

« Entre là-dedans, vieille damnée, car il te faut brûler ! »

La femme ne tente même pas de résister. Toute geignante, elle lève même docilement la jambe pour entrer dans le four.

« Mais qu'est-ce que vous faites ! Vous êtes fous ! »

C'est un des deux hommes du four, revenu de sa surprise.

« Laisse faire, compère, c'est une hérétique !

— Mais on ne brûle pas les hérétiques comme ça !

— Tu ne serais pas un peu hérétique, toi aussi ? »

L'homme fourrage entre sa chemise et les poils de sa poitrine. Il en tire une médaille au bout d'une chaîne.

« Au nom de la Sainte Vierge Marie, je te demande, si tu es bon chrétien, de ne pas mettre cette vieille dans le four !

— Oui, surenchérit son compagnon. J'ai déjà vu brûler des hérétiques. Il y faut un bûcher, et des juges, et des prêtres !

— Si vous faites ça, je vous dénoncerai au seigneur. C'est le gendre de Monseigneur le baron d'Oppède ! »

Sans doute les soldats feraient-ils volontiers un sort à ces importuns. Mais il y a autour d'autres gens du village qui pourraient témoigner.

« Bon, ça va, ça va... On voulait simplement s'amuser un peu ! »

Les soldats s'éloignent, traînant la vieille avec eux.

Mais c'est pour l'emmener au rocher du château.

D'où ils la précipitent.

Ah, vous revoici, mes amis ! Diantre, vous tirez une drôle de mine ! Je gage que j'ai bien fait de ne pas vous accompagner...

Ah non, taisez-vous, ne me dites surtout pas ce que vous avez vu ! Mais venez avec moi. Je rentre me coucher. J'ai loué un galetas dans une maison. En se serrant un peu, il y aura assez de place pour vous loger aussi. Vous n'allez tout de même pas dormir à la belle étoile ? Et puis, j'ai une miche de pain et un pot de fromages de chèvre à l'huile. Ça vous fera du bien de souper.

Mais qu'est-ce que c'est encore que ces cris ?

Oh, mais c'est bien notre chance ! Voilà qu'ils ont emmené une des survivantes dans la maison d'en face ! Et ils ont l'air de s'en divertir à la manière que nous avons vue ! J'en ai assez ! Ils pourraient au moins fermer la fenêtre ! Bon, en tout cas, il fait assez frais pour qu'on ferme la nôtre. Comme ça, on aura la paix !

Ah, à propos de cette vilaine affaire, pendant que vous étiez partis, on m'a raconté une chose que je n'ose croire. Pourtant, mon informateur disait tenir la nouvelle de source sûre. Nos soudards auraient fait cadeau d'une belle jeune femme au protonotaire de Lauris, frère de Monsieur de Pérussis, le propre seigneur du lieu ! Il était en ville, et il s'est bien gardé de contrarier leurs amusements. Mon informateur m'a glissé que, tout borgne et prêtre comme il est, c'est une aubaine pour lui qu'un aussi frais cadeau. Il a ajouté qu'il aurait confié à nos hommes le soin de faire escorte vers Cavaillon, demain, à ces mêmes charrettes venues quérir les blés.

Incroyable, non ?

Bon, enfin, vous croirez ce que vous voudrez. Moi, cette journée m'a épuisé. Bonne nuit !

Dans la montagne

Près de deux cents maisons brûlent dans la nuit.

Hommes, femmes, enfants, troupeaux, tous ont grimpé là-haut, dans la montagne.

Tous ceux de Mérindol...

De la gorge où ils se sont terrés toute la journée, ils voient le ciel rougeoyer de l'incendie de leurs demeures.

Pas tous, toutefois, car bon nombre des hommes en âge de se battre sont partis depuis plusieurs heures vers la crête du Luberon.

En ce moment, ils poursuivent leur route dans la nuit, espérant rejoindre bientôt leur frères pour combattre avec eux, à Cabrières-du-Comtat.

Dimanche 19 avril 1545

Ah, Messeigneurs, je vois que vous vous intéressez à ce canon !

Une belle pièce, hein ? Il ne s'agit pas là d'un de ces canons de campagne que traînent avec eux les bandes d'Italie, mais bien d'une pièce de siège. Le Roi n'en a quasiment pas de plus grosses ! Pour sa taille, on l'appelle même double canon. Jusqu'à près de neuf cents pas, aucune muraille ne peut lui résister... Enfin, en tout cas pas les minables remparts de ce bourg hérétique !

Ce bourg ? Eh bien, c'est Cabrières-du-Comtat, qu'on nomme aussi Cabrières-d'Avignon et qu'il ne faut pas confondre avec Cabrières-d'Aigues, de l'autre côté des monts de Luberon. Il paraît que presque tous les hérétiques de la région s'y sont réfugiés.

Pour revenir à ces remparts, on voit qu'ils ont été réparés à la hâte. Mais je vous jure ma foi qu'avant demain soir, là-bas, droit devant, il n'y aura plus qu'un trou où nos bons soldats pourront passer comme par une porte.

Savez-vous qu'un canon comme ça, ça vaut deux mille cinq cents écus ? Oui, vous m'avez bien entendu ! Deux mille cinq cents écus ! Et il pèse huit mille cinq cents livres ! Il faut vingt-cinq chevaux pour le traîner !

Oh, mais, dites-moi... À vous voir, je sens que vous n'êtes point gens de guerre. Servir canons, bombardes, faucons ou courtauds... ce n'est point votre état, je le devine !

Ce n'est pas comme moi. Moi, je suis canonnier du Roi ! Enfin, aujourd'hui je suis au Pape ! Comme ces canons : ils sont au Roi, mais le seigneur Président les a prêtés au Saint-Père. Trois canons et cent cinquante boulets. Prêtés pour deux mois. Enfin, les canons sont prêtés, pas les boulets : ceux-là, que voulez-vous, on ne peut pas les récupérer quand on les a tirés. Il en coûtera donc une livre au Pape pour chaque boulet qu'on tirera pour lui. Plus le prix de la poudre.

Moi, je suis de Lyon. On a loué spécialement mes services pour cette campagne contre les méchants hérétiques. C'est que je connais mon métier ! J'avais encore du duvet sur les joues que mon père m'avait déjà enseigné tout ce qu'il faut savoir.

Eh oui, mon père était canonnier, lui aussi. Il a été à Marignan, et aussi à Pavie ! Dieu ait son âme ! Je n'ai pas pris part à d'aussi rudes assauts, mais je crois que, de là-haut, il doit tout de même être fier de son fils. En l'an trente-six, j'ai servi Monseigneur de Montmorency, et j'ai bien joué du canon contre les Impériaux ! Un jour, c'était plus au sud, vers Saint-Maximin, un parti de lansquenets s'était retranché dans un village dont j'ai oublié le nom, et... Ooooh, je sens que Vos Seigneuries sont plus intéressées par mes canons que par mon bavardage. Allons, vous m'avez l'air d'être de bien bonnes gens et de bons chrétiens, je vous parlerai de Saint-Maximin plus tard ! Approchez-vous, je vais vous expliquer comment ça marche. Mais hâtez-vous, car on ne va pas tarder à passer à l'action !

Ça, c'est le fût du canon. Tout en bronze. Là, c'est la culasse. Vous voyez cette ouverture, au-dessus, comme dans une espèce de coquille ? C'est par cette lumière qu'on porte la poudre au fond de l'âme. Oui, l'intérieur, ça s'appelle l'âme. Et au fond de l'âme, il y a la chambre. C'est là qu'on met la poudre. On la verse par la lumière au moyen d'une lanterne, comme celle-ci. Vous voyez, c'est comme une longue cuillère montée sur une tête emmanchée d'une hampe.

Ensuite vous refoulez huit à dix coups sur la poudre. Oui, avec ce bâton à grosse tête qu'on enfonce dans le fût. Après, vous mettez le boulet, et vous refoulez encore quatre fois. Avant, bien sûr, il a fallu nettoyer l'âme avec l'écouvillon que voilà.

C'est qu'il faut faire attention. Vous n'imaginez pas comme c'est fragile, ces bêtes-là ! Oui, fragile, ne me regardez pas comme ça ! Un canon qui a tiré cent coups, ça peut vous exploser à la figure sans crier gare s'il a été mal fabriqué ou mal mis en œuvre.

Bon, en tout cas, pour pointer, vous visez avec le cran de mire ici. On pousse un coin entre l'affût et le fût qui tourne sur ses tourillons, et on le bloque quand la cible est en vue.

Et quand la pièce est chargée et pointée, vous prenez le boutefeu, là. Cette hampe de bois avec un serpentin de fer dans lequel se passe la mèche. Il n'y a plus qu'à l'allumer... et le feu d'artifice commence !

Mais il ne suffit pas de tirer. À chaque coup le canon donne une ruade comme vous n'imaginez pas et bondit en arrière, et la trentaine d'hommes que vous voyez alentour ne sont pas de trop pour remettre les pièces en place. Il faudrait avoir le temps d'installer par-derrière des freins de terre meuble, mais on ne l'a pas ! On vient à peine de se mettre en batterie et, d'un moment à l'autre, je sens qu'on va commander le feu.

Savez-vous bien que l'artillerie a une importance considérable dans l'armée du Roi ?

Ainsi, à Marignan, il y a déjà trente ans de cela, les canons firent plier les Suisses à coup d'énormes boulets. Et à Pavie ! À Pavie, le Roi faisait si bien jouer son artillerie que de l'ennemi elle faisait carnage, mais elle n'avait pas joué à demi que le Roi, bouillant de courage et d'ardeur de combattre, alla se jeter au-devant d'elle pour charger ses ennemis de telle façon qu'elle ne put plus jouer. C'est ainsi qu'il fut capturé par les Impériaux, alors que ses canons allaient lui donner la victoire !

Et à chaque fois, c'était le Grand Maître Galiot de Genouillac, le sénéchal d'Armagnac, qui commandait l'artillerie. Ah, mon père n'en parlait jamais qu'avec des larmes dans les yeux ! Il est bien vieux à présent...

Ah, mais je vois qu'on s'agite ! Voici ces messieurs qui s'approchent. Le seigneur Président, tout empanaché, dans son sayon de velours noir, le seigneur vice-légat, le seigneur évêque de Cavaillon et le brave capitaine Paulin ! Il y a aussi, je crois, l'avocat général au Parlement d'Aix et le trésorier du Comtat. Le seigneur de Cabrières lui-même, Jean d'Ancézune. Et d'autres magistrats, seigneurs et capitaines que je ne connais pas. Si, là, c'est le capitaine Parpaille de Miolans, qui commande les troupes du Pape. C'est qu'ils se sont retrouvés tout à l'heure à Cavaillon. Le Roi a mis à la disposition du Saint-Père toutes les forces qu'il a rassemblées pour mettre à la raison les luthériens qui infectent la Provence. Elles ont rejoint là-bas l'armée rassemblée par Monseigneur Trivulce : quelque huit cents piétons – trois compagnies –, plus des cavaliers et une grosse troupe de pionniers. Plus ces trois canons, bien sûr, avec les artilleurs et les munitionnaires. D'autres renforts se sont aussi joints à eux. Sur ordre du Président, la ville d'Apt a par exemple dépêché deux ou trois cents hommes. Toute cette agitation qui vous entoure, c'est celle des troupes qui prennent position !

Je peux vous dire qu'elles ont couru pour arriver ici au plus vite. La plupart étaient encore hier à Mérindol.

Bon, cette fois, Messeigneurs, il me faut vous demander de vous écarter. La danse va commencer !

De toute façon, avec le foulard que je vais devoir me nouer autour de la tête pour amortir le bruit, je ne pourrai bientôt plus vous entendre ! Allez, Messeigneurs, reculez à bonne distance, et jouissez du spectacle !

« Rendez-vous ! » crie aux assiégés le baron de La Garde.

— Allez vous faire foutre, bande de cafards, idolâtres, adorateurs de pierres et de bois, pantoufles du Pape ! »

Négligeant les signes de moquerie et les gestes obscènes des défenseurs, le capitaine Paulin fait signe aux canonniers...

Holà, mes braves. Tenez-vous prêts à envoyer en enfer ces maudits luthériens ! Attention...

« Boutez feu ! »

Lundi 20 avril 1545

Presque chaque coup a fait mouche.

Bien retranchés derrière leurs remparts, prenant tout le temps d'ajuster leur tir, veillant à ne pas gaspiller leurs munitions, les arquebusiers ne tirent que lorsqu'ils sont quasi certains de toucher la cible.

Plusieurs dizaines de soldats sont tombés sans plus se relever. Une centaine peut-être.

Eustache Marron peut être fier de ses hommes. Si lui-même n'a pas tiré un seul coup qui ne touchât sa cible, ces gaillards-là valent bien eux aussi les meilleurs arquebusiers du Roi.

Et ces femmes, derrière eux, qui s'affairent auprès des blessés et ne cessent de recharger les armes en dépit du danger !

Oui, il y a là de braves gens ! Et d'abord ceux qu'on surnomme ses caporaux, Roland de Ménerbes et le barbe Jean, il y a Chausse-de-Cuir, le porteur de balles de livres, et Guillaume Serre, il y a maître Arnould et Collin Bouch, Collin Cuillier et Gambi de la Bouraque...

Mais combien sont-ils ?

Une soixantaine tout au plus ! Aidés d'une trentaine de femmes.

Et si les morts et les blessés sont nombreux chez les assiégeants, ils sont également nombreux dans la ville.

Et les autres ? Les habitants de Cabrières ? Tous ceux qui se sont réfugiés ici depuis une semaine ? Il y en a de Mérindol, de Lourmarin, de la vallée d'Aigues, de tout le Luberon. Tous sont venus chercher l'abri de la seule véritable place forte dont les Pauvres du Christ puissent disposer. Il y a des centaines d'hommes dans Cabrières. Peut-être cinq ou six cents seraient en âge et en état de porter les armes.

Oui, mais beaucoup tremblent de peur ! Et ceux qui sont prêts à se battre, si braves soient-ils, n'ont aucune expérience des combats ! Hors un ou deux anciens soldats, les seuls qui sachent vraiment se battre sont ses hommes à lui, Eustache Marron. Et s'il lui est arrivé de rassembler jusqu'à près de deux cents personnes dans ses équipées, la plupart n'étaient que des paysans armés de bâtons qui rentraient ensuite chez eux sans autrement s'entraîner à la guerre.

Oui, il a soixante hommes tout au plus !

Et en face, en face...

Entre les troupes du Pape et celles du Roi, combien peuvent-ils être ?

Quatre mille ? Cinq mille ? Ou plus encore ? Des milliers en tout cas. Pour prendre une cité qui, en temps normal, ne compte pas deux cent cinquante feux !

Le tonnerre ! Encore des pierres du rempart qui volent en éclats !

Du rempart ? De ce qu'il en reste, plutôt. Car c'est une brèche béante qui s'est ouverte sous le feu des canons du Pape. On la comble comme on peut, on a dressé une levée de pierres, on a mis des chariots pour boucher le passage, mais ils ont été volatilisés au coup de canon suivant.

À quoi ont servi tous les efforts que l'on a faits ces derniers jours pour relever les remparts ? À quoi bon les obstacles que l'on a dressés dans les rues pour freiner l'avance des troupes si elles venaient à entrer dans la ville ?

À quoi bon devant cinq mille hommes de guerre !

Les murs de Cabrières croulent...

Et, pour la première fois de sa vie, Eustache Marron doute !

Au terme d'une nuit sans beaucoup de sommeil, alors que reprend le bombardement, en regardant ici les petits groupes de combattants acharnés qui l'entourent près de la brèche, là les fumées qui s'élèvent de la ville, et là-bas l'immense force rassemblée devant les murs sous ses étendards de bataille, il doute...

Lorsque commencèrent les persécutions contre les Pauvres du Christ, il y a une douzaine d'années, il a poussé ses frères à se défendre.

Que voulaient-ils ? Qu'on les laisse révérer l'Évangile en paix ! Ils ne s'en prenaient à personne, ne nuisaient à personne ! Ils respectaient les lois. Payaient ce qu'ils devaient aux seigneurs ou au Roi. Et même à l'Église de Rome et au Pape ! Quand l'Empereur envahit la Provence, les gens de Cabrières envoyèrent même une contribution pour sa défense, alors qu'ils n'étaient même pas sujets du Roi ! Que pouvait-on leur reprocher ?

Alors fallait-il se laisser massacrer comme des agneaux qu'on emmène à l'abattoir ?

Certains disaient : si on te frappe sur la joue droite, tends la joue gauche. Mais pas lui, pas Eustache Marron !

Lui n'est pas un agneau ! Ce n'est pas pour rien que, s'il appartient à la famille Serre, on a pris l'habitude de le surnommer Marron, ce qui veut dire bélier !

Il décida de se révolter lorsque, peu de temps après les exactions de l'inquisiteur Jean da Roma, des soldats importunèrent des jeunes filles de Cabrières. Leurs pères avaient tenté de s'interposer et avaient pour cela été conduits en prison. Eustache réunit une petite troupe et s'en alla les délivrer. Il ne cessa plus, depuis, de lutter contre l'iniquité.

Quelque temps plus tard, il tua ainsi le sieur de Goult ainsi qu'un certain Nicolas Lautier qui s'en venaient au village de Roussillon pour y arrêter des Pauvres. Il vengea la mort de Colin Pellenc en incendiant son moulin que le juge d'Apt voulait s'approprier. Il empêcha le capitaine Marin de s'emparer de Mérindol après que le Parlement eut rendu son arrêt contre ce village. Plus tard, en l'assiégeant dans le château de Lourmarin, il a obligé le commissaire Johannis, envoyé par le comte de Grignan, à lui livrer Chausse-de-Cuir, qu'il avait capturé. Il a monté une expédition en représailles du coup de main tenté par l'évêque Ghinucci contre Cabrières.

L'an dernier, il a affronté et mis en déroute une bande de soldats à Murs. Il a été à Cavaillon délivrer Guillaume Gautier, emprisonné par l'évêque pour avoir tué un juif. Un juif ! Voilà bien l'Église de Rome qui protège les meurtriers du Christ et persécute les bons chrétiens !

Et ce ne sont là que les plus fameux de ses exploits !

Il est devenu dans la région comme une manière de légende. Ses ennemis l'appellent le capitaine des vaudois. Les Pauvres se racontent ses hauts faits à la veillée. Lorsque la persécution touche une nouvelle famille ou un nouveau village, combien en est-il qui disent : Eustache Marron viendra nous défendre !

Mais il n'a pas que des partisans, parmi les Pauvres. Loin de là. Les plus importants, les plus influents, en particulier, se méfient de lui. C'est même peu dire. Il a eu souvent de vertes discussions avec eux.

Que lui reprochaient-ils ? Tout simplement d'attirer plus encore, par ses actions, les foudres royale et pontificale que s'il s'était tenu tranquille.

Ils disaient que, en détruisant le moulin du Plan-d'Apt, c'était lui qui avait conduit le Parlement à rendre l'arrêt de Mérindol.

Ils prétendaient que, lorsqu'il sortait avec dix hommes, ceux-ci devenaient cent à Aix et mille à Paris ! Son nom faisait office d'épouvantail à Aix, à Avignon et – disait-on – jusqu'à la Cour du Roi !

Eh bien, tant mieux ! Lui, cela le faisait rire. Plus on nous croira redoutables, plus on nous laissera tranquilles, répliquait-il à ses détracteurs.

Mais aujourd'hui, pour la première fois, le bélier doute ! Les autres avaient-ils donc raison ?

Il faut en effet que le Roi et le Pape l'aient cru bien redoutable pour s'être donné la peine de rassembler une pareille armée !

Aurait-il, en prétendant l'écarter, attiré le malheur sur sa communauté ?

Le fracas du canon et une volée de terre qui retombe sur lui le tirent brusquement de sa rêverie malsaine.

Son œil exercé s'applique maintenant à juger froidement de la situation.

Plusieurs milliers de combattants d'un côté. Et, parmi eux, plusieurs compagnies des vieilles bandes d'Italie. Il a reconnu leurs étendards.

Quelques dizaines d'hommes de leur trempe, ici. Et peut-être quelques centaines de braves garçons qui ne savent guère se battre qu'autrement qu'au bâton.

Les soldats auraient déjà pu aisément enlever la ville d'assaut. Sans doute ont-ils préféré laisser jouer les canons pour ne pas prendre trop de risques. Mais il s'en faut au mieux de quelques heures pour les voir s'engouffrer par la brèche béante creusée par l'artillerie.

Ensuite... Ensuite...

Eustache préfère n'y pas penser.

Ou plutôt si, il ne pense qu'à ça !

Quelle que soit sa résistance, ce soir la ville sera prise.

Quel espoir alors pour ses habitants ?

Le seul espoir qui reste, c'est de faire appel à la clémence des vainqueurs. Après tout, ils se disent chrétiens. Peut-être le sont-ils au moins un peu...

Hier soir, le Président d'Oppède a envoyé un certain Guillot de Malaucène porter aux habitants une lettre qui fut lue devant eux et proclamait que, s'ils voulaient bien se rendre et laisser entrer le vice-légat, lui-même, le sieur de Cabrières et le capitaine Paulin, il ne leur serait fait aucun mal.

Eustache Marron ferme les yeux un moment. Pince les lèvres.

Sa décision est prise.

Il va proposer à ses compagnons de capituler.

Le bélier, cette fois, se fera mouton.

On voit justement caracoler là-bas le Président Maynier d'Oppède, fièrement monté sur son coursier gris, et le fameux capitaine Paulin. Et à leurs côtés les maîtres du Comtat, le vice-légat Trivulce, cet infâme trésorier Pero, qui a juré la perte des Pauvres, et l'évêque de Cavaillon, ce Pierre Ghinucci, qui l'a rejoint dans sa haine.

Bien, on va leur envoyer un émissaire...

En réponse au message des assiégés, les commandants de l'armée ont délégué Jean d'Ancézune, le seigneur du lieu, pour servir d'intermédiaire. Les vaudois se sont d'abord offerts à ouvrir les portes si on les laissait partir pour l'Allemagne. Mais de cela il ne saurait être question !

Rabattant leurs prétentions, ils se disent à présent prêts à rendre la ville si on leur promet un jugement régulier avec toutes les garanties pour leur défense. Soit ! On le leur accorde. L'évêque de Cavaillon en personne s'y engage, au nom du vice-légat : aucun mal ne sera fait aux défenseurs et habitants, leur cause sera examinée en justice selon toutes les procédures légales.

Cabrières ouvre ses portes.

Les défenseurs, hommes et femmes, sortent les premiers, derrière leur chef Eustache Marron. À peine ont-ils déposé les armes que, sur ordre d'Antoine Trivulce, Parpaille de Miolans les fait aussitôt saisir.

On met à part Marron et ses plus décidés compagnons... une douzaine au total. Ceux-là sont des vaudois non ordinaires, et c'est le vice-légat lui-même qui les prend en charge : ils seront menés à Avignon pour y être jugés. Ils ne se font sans doute guère d'illusion sur ce que sera la sentence finale. Puisse seulement leur sacrifice sauver leurs compagnons !

Mais les troupes de la région s'agitent. Ce sont elles qui, moins aguerries que les bandes du Piémont, se sont inutilement exposées et ont perdu l'essentiel des hommes arquebusés par les défenseurs.

Elles exigent d'avoir immédiatement leur part de butin, comme à Lourmarin et Mérindol.

Le Premier Président, le baron de La Garde et le capitaine Miolans décident qu'il serait imprudent de ne pas le leur accorder. D'autant que c'est après tout une exigence bien normale !

Mais il ne s'agit plus, cette fois, comme à Lourmarin ou à Mérindol, de piller une cité vide.

On ordonne donc aux vaudois de se regrouper, les femmes et enfants à l'abri de l'église, et les hommes dans les caves et les salles basses du château, où beaucoup de ceux qui n'étaient pas aptes au combat avaient du reste spontanément commencé à se réfugier.

Murmures...

Rumeurs...

Grondements...

Loin de s'apaiser, l'agitation des troupes augmente.

Une protestation est venue de celles du Piémont.

Quoi ! Ces bâtards provençaux vont pouvoir piller tout leur saoul alors que, sans la présence des vieilles bandes, ils auraient été bien trop couards pour se risquer à assiéger la ville !

Le capitaine Paulin a immédiatement répondu qu'il allait de soi que les vieilles bandes auraient aussi leur part. Mais il sent entre ses hommes et ceux de la région s'aggraver une tension qui s'était déjà manifestée dans les jours précédents.

La fièvre des soldats provençaux et comtadins continue à croître. Et ce n'est pas seulement l'excitation du pillage à venir.

« À mort ! À mort ! »
« Au bûcher les hérétiques ! »
« À mort les chiens ! »

Ils ne brûlent pas seulement de piller, mais de venger leurs morts ! Près de cent, sans parler des blessés !

Les soldats d'Italie qu'on a postés à la garde des prisonniers peinent à contenir ceux que l'on commence à hésiter à appeler leurs camarades.

« Dis donc, capitaine, pourquoi est-ce qu'il faut s'embêter à garder ces fichus hérétiques ? Est-ce qu'ils ne sont pas bons pour le bûcher ? »

Prudemment, les prélats comtadins – le vice-légat, l'évêque de Cavaillon –, peu familiers du maniement des troupes, se sont écartés, laissant les hommes du Roi contrôler la situation.

Contrôler ?

Le Président d'Oppède donne des signes de nervosité.

La baron de La Garde, lui, demeure parfaitement calme. Mais son air préoccupé montre que la tournure des événements lui rappelle de mauvais souvenirs.

S'entraînant les uns les autres, cris et clameurs gagnent en puissance.

Parpaille de Miolans, inquiet lui aussi, s'approche de Paulin.

« Monsieur le baron, on ne va pas les tenir. Il faut leur donner quelque chose !

— Je sais ! Je sais ! Puisqu'ils veulent venger leurs camarades arquebusés, donnons-leur donc les tireurs. »

Les tireurs, il n'est nul besoin de les faire se dénoncer. On les reconnaît à leurs visages noircis de poudre. Paulin fait ainsi emmener dix-huit hommes, des plus zélés défenseurs, les mains attachées derrière le dos, liés deux à deux, dans un pré.

Quelqu'un s'écrie : « Tue ! Tue ! »

Alors, Monsieur de Pourrières, gendre du Président, lui-même fort échauffé par le siège et qui est passé bien près d'une arquebusade, fend d'un coutelas la tête chauve de l'un des prisonniers.

Aussitôt, comme pris de rage, les soldats qui l'entourent se précipitent sur les hommes sans défense, les exécutant à coups d'épée et de hallebarde, à la grande joie de leurs compagnons.

Et maintenant, dans un hurlement de terrible jouissance, les troupes s'enfoncent dans la cité par la brèche et par les portes qu'on a ouvertes.

Un moment, elles sont tout à leur affaire, enfonçant les portes et les fenêtres, s'emparant de tout ce qui peut avoir quelque valeur.

Mais bientôt on entend des cris, des rixes, des armes qui se heurtent...

Des incidents éclatent entre troupes locales et troupes piémontaises.

On murmure dans les vieilles bandes que Provençaux et Comtadins vont les frustrer de leur butin. Et pas seulement les soldats, mais bien les corbeaux et vautours qui les suivent ! Car à la suite des gens de guerre se sont précipités dans la ville une nuée de pillards qui ont suivi l'armée, paysans des environs qui depuis hier attendaient, derrière les troupes, l'occasion de prendre leur part des richesses de Cabrières. Les voici qui emportent déjà des charretées d'objets volés !

Le baron de La Garde galope par la ville. Fait poster des cordons de troupes à certains endroits pour arrêter les pillards civils pendant que les militaires pillent proprement les meubles. Avec Miolans – tiens, à propos où sont passés Vaujouine et Redortier ? –, il réussit à séparer tant bien que mal les différents groupes qui en étaient venus aux mains. Ce pâté de maisons là aux Piémontais ! Celui-là aux Provençaux ! Celui-là aux Comtadins !

Bien que de plus en plus nerveux, le Président d'Oppède, resté à l'extérieur, s'efforce à discuter avec les hommes, les officiers, les apaisant plus ou moins par promesses et bonnes paroles.

Il a été rappeler à l'évêque Trivulce, qui se gardait bien de se mêler aux soldats, que lui-même n'était en Comtat que pour en assister les autorités, et que c'était lui, le vice-légat, qui était en ce pays l'autorité suprême. L'évêque de Toulon, chaudement approuvé par celui de Cavaillon, rappelant qu'il était homme d'Église et pas homme de guerre, lui rétorqua qu'il avait toute confiance dans le capitaine Parpaille de Miolans qu'il avait chargé de mener les troupes comtadines, ajoutant qu'il avait une confiance plus grande encore dans les commandants des armées du Roi.

Il fait chaud, aujourd'hui.

On a soif.

Il y a du vin, dans les fraîches caves de Cabrières !

C'est le début de l'après-midi.

Enfermés dans les parties basses du château, la foule des hommes prisonniers entend depuis des heures la clameur des pillards. Elle s'inquiète, elle s'affole.

Soudain, telle une traînée de poudre, la rumeur court parmi elle que le vice-légat exige l'exécution de tous les vaudois. De fait, la cour papale d'Avignon n'a-t-elle pas rendu une sentence vouant Cabrières à la défaite, ruine et destruction, et condamnant à mort tous ses habitants ?

C'est qu'un jeune homme a réussi à se glisser parmi les prisonniers, et leur a rapporté qu'on avait déjà exécuté dix-huit personnes.

Lamentations. Hurlements. Cris de rage. Les prisonniers se rebellent contre leurs gardes. Animés de l'énergie du désespoir, quelques-uns ayant conservé leur bâton, ils parviennent à en blesser plusieurs dans la lutte. Certains s'échappent.

Les gardes appellent à la rescousse.

Alors, sous la chaleur du soleil, dans l'enivrement du pillage et l'ivresse du vin, dans l'exaspération des partages difficiles, dans les rivalités entre troupes différentes, dans les échauffourées entre soldats et paysans, c'est comme un énorme rugissement qui emplit Cabrières.

Des coups d'arquebuse claquent.

Cris de rage. Cris de terreur. Des soldats pénètrent dans le château, tirent sur les vaudois qui s'y trouvent encore, passent les survivants au fil de l'épée. Ceux d'entre eux qui ont encore quelque esprit se contentent d'assommer les hommes les plus robustes, dans l'espoir de les vendre aux capitaines des galères.

Ailleurs, on court partout après ceux qui se sont échappés du château. On arquebuse par mégarde des paysans pillards qu'on ne sait pas distinguer des vaudois. Ou on les hallebarde carrément !

Des flammes commencent à s'élever de certaines des maisons pillées.

La troupe est comme folle.

Paulin crie, hurle, gueule !

Joue du plat de son épée, du poitrail de son cheval.

Les vaudois rattrapés, on les mutile, on les décapite, on les éventre par jeu pour dérouler leurs viscères.

Cabrières, disait-on, était depuis longtemps l'antre du démon.

C'est bien aujourd'hui devenu l'image terrestre du Pandémonium !

Une femme grosse proche de la délivrance vient de s'enfuir de sa maison en flammes, où elle était demeurée cachée. Un soldat pontifical la rattrape, la couche à terre, arrache ses jupes, dénude sa poitrine et, ahanant sur son énorme ventre, en prend son plaisir au milieu de la rue. Sitôt fait, prenant à peine le temps de renouer ses aiguillettes, il se relève, tire son épée et, avec un gros rire, lui fend le ventre dont il arrache l'enfant sanguinolent.

« Salaud ! »

Deux soldats d'Italie, un soldat provençal se précipitent sur lui. Le Provençal lui arrache des mains le petit être encore palpitant, tire de l'eau de sa gourde, en asperge la créature en balbutiant : « *In nomine Patris, et Filii, et Spiritus Sancti...*», et la dépose doucement à terre, sans vie à présent. Il se signe. Ce baptême improvisé est-il valable ? Du moins a-t-il fait ce qu'il aura pu pour que cette petite âme soit sauvée !

Les deux soldats piémontais ont tant bien que mal maîtrisé le Comtadin, et s'apprêtent à lui passer leur épée au travers du corps. Mais, se débattant comme un beau diable, le voici qui leur échappe. Course dans les rues. On aperçoit là-bas, au milieu d'une nuée de soldats surexcités, le sayon noir et le coursier gris du Président d'Oppède. L'homme le rejoint.

« Seigneur, seigneur ! Protégez-moi de ces deux furieux !

— Seigneur, il a éventré une femme grosse !

— Seigneur, c'est faux. Comtat, à la rescousse !

— Piémont ! Piémont ! France ! France !

— À moi, Provence ! »

Clameurs, piques brandies...

Le Président est pâle comme la mort. Ses mains tremblent. Il peine à conserver son assiette sur une monture de plus en plus nerveuse, pressée qu'elle est par des soldats qui s'invectivent.

Tiens donc ! Il ne fait plus du tout le même visage qu'à Lourmarin et à Mérindol ! La guerre serait-elle moins belle aujourd'hui ?

« Laissez-le ! Laissez-le ! » s'écrie-t-il.

Se sentant menacés, les deux Piémontais obtempèrent, rengainent leur épée avec rage et s'éloignent en hâte.

Autour du Président, la forêt de piques et de hallebardes s'anime de frénétiques convulsions.

« À mort les vaudois ! À mort les vaudois ! »

Le cheval se cabre. Le baron brandit son épée.

« Oui, oui ! Tuez-les tous, mes braves, tuez tout, jusqu'aux chats !

— C'est ça ! Tuons-les tous !

— Ouais ! Vive le Président !

— Oppède ! Oppède ! »

Profitant de ce regain de popularité inespéré, le lieutenant du Roi, aiguillonnant sa monture, parvient à s'échapper du cercle des furieux.

Soudain, partout, des trompes se mettent à sonner.

Lorsque le Président rejoint le capitaine Paulin, une grande agitation entoure celui-ci, mais, cette fois, c'est celle de trompettes qui s'époumonent sur leurs instruments, d'officiers qui rameutent leurs hommes, de soldats qui se regroupent sous leurs enseignes.

Le baron de La Garde fait sonner le rassemblement.

Se voyant définitivement débordé, n'obtenant aucune obéissance des troupes de la région, redoutant que les siennes propres, encore habitées par un semblant de discipline, ne prennent à leur tour trop goût au massacre, il a résolu de rassembler ses vieilles bandes, et de les mettre incontinent sur la route de Marseille. Il a bon espoir d'y parvenir. N'ont-elles pas déjà pillé plus qu'elle ne pourront en emporter ?

Ainsi évitera-t-on au moins de compromettre l'honneur des soldats d'Italie !

Auprès de cet homme qui sait ce qu'il veut et semble obtenir quelque résultat, le Président reprend, avec son souffle, quelques couleurs.

Il avise l'équipage d'Antoine de Trivulce et de Pierre Ghinucci, qui ont encore pris du champ, sur la route de Cavaillon.

Il s'écrie à qui veut l'entendre que sa mission est accomplie. Le Roi lui a donné mandat d'assister le vice-légat pour prendre Cabrières. Cabrières est pris ! Il se retire donc à Cavaillon et laisse aux représentants du Saint-Père le soin de mettre bon ordre à toute chose.

Mais quelque chose lui revient à l'esprit.

Il fait signe au capitaine Jean de Gaye, des troupes provinciales de Provence.

« Capitaine, vous allez vous rendre sans délai à l'église. Vous y retirerez d'entre les femmes et enfants qu'on y a enfermés tous ceux qui seront disposés à embrasser la vraie religion.

— Mais... Monseigneur, comment vais-je pouvoir savoir qui est catholique ou non ? Ne vaudrait-il pas mieux attendre pour séparer le bon grain de l'ivraie ?

— Capitaine, obéissez ! Ou je vous déclare rebelle au Roi ! »

Et le Premier Président d'Oppède, ostensiblement, prend le trot sur la route de Cavaillon, suivi d'un essaim de gentilshommes.

Du moins ce dernier ordre soulage-t-il quelque peu une conscience devenue en quelques heures curieusement pesante, alors qu'elle était si légère la semaine précédente...

Mais cet ordre, le capitaine de Gaye, qui se fraye un chemin au milieu des chariots, des meubles défoncés, des coffres ouverts, des cadavres, des literies éventrées, des bouteilles fracassées, des flaques d'huile d'olive, des vêtements épars, des livres déchirés, des tonneaux béants et surtout, bien sûr, des groupes de soldats avinés beuglant leurs chansons d'ivrognes, sait bien qu'il n'aura guère le loisir de l'exécuter... Ces coups sourds qu'on entendait là-bas, c'était justement le portail de l'église que l'on défonçait.

Au milieu des hurlements d'effroi, des soudards tirent à eux sept ou huit des plus vieilles femmes. Ils les entraînent hors des murs, les enferment dans un fenil au-dessus d'une étable, et y mettent aussitôt le feu.

« Hérétiques ! Sorcières ! »

Le fenil s'embrase.

« Hérétiques ! Sorcières ! Hérétiques ! Sorcières ! » scandent les soldats.

Là, là, voyez ! Des femmes se sont hissées jusqu'à la fenêtre du bâtiment. Elles sautent !

Immense éclat de rire des porteurs des pertuisanes que l'on a fichées en dessous...

Et ils retournent en ville, les têtes des femmes portées en triomphe au bout des piques, pour y rejoindre ceux de leurs camarades qui, friands d'autres divertissements, ont préféré demeurer dans l'église.

En arrivant, ils sont au premier abord un peu déçus. Leurs compagnons auraient pu les attendre ! Qu'ils se soient goinfrés de plaisir sur les femmes les plus jeunes, on ne leur en voudra pas. Elles peuvent aussitôt resservir !

Elles peuvent resservir, mais à condition qu'on ne patauge pas comme on le fait dans le sang et les tripes !

Heureusement, ils se rassérènent vite. Si l'on hurle si épouvantablement dans cette église, c'est qu'il y a encore du gibier de vivant ! D'ailleurs, on reconnaît un gros arquebusier en train de besogner une vaudoise sur l'autel. Allons, il y a encore du plaisir pour tout le monde ! On va donner tout à la fois du dard de chair et du dard d'acier !

Il y a même du spectacle pour ceux que la trop grande presse a empêchés de rentrer : voici qu'une des femmes est menée par ses violeurs tout en haut du clocher d'où ils la précipitent... et qu'on arquebuse et hache gentiment ceux qui réussissent à fuir par une petite poterne, espérant follement sauver ainsi leur vie.

Le Diable sera content, ce soir. Il pourra jeter dans ses chaudrons force âmes hérétiques ! Rien que dans cette église, on aura bien occis quelque quatre ou cinq cents femmes et enfants...

Tout au plus aura-t-on gardé quelques femmes pour le plaisir des soldats et quelques enfants pour vendre comme esclaves à l'Isle-sur-la-Sorgue.

Mardi 21 avril 1545

« Bienvenue, Messieurs, bienvenue aux soldats du Christ ! »

Le jeune François de Simiane, tout sourire, accueille, bras grands ouverts, les capitaines Labbé, de la bande du sieur de Loubières, et Baudoin, de la compagnie du capitaine Saint-Rémy.

Ils viennent d'arriver avec leurs hommes à Lacoste, bourg dépendant des seigneurs de Simiane, accroché à son promontoire que coiffe le château, et où quelques vaudois, leur a-t-on dit, se seraient réfugiés.

Le jeune gentilhomme en mène beaucoup moins large qu'on ne pourrait le croire. Les troupes arrivant de Cabrières semblent curieusement échauffées, et leurs chefs ont des mines des plus patibulaires. Mais, en l'absence de son père, Balthazar, c'est à lui qu'il revient d'exercer les devoirs du seigneur. Il a donc résolu d'aller au-devant d'elles et de les amadouer en leur offrant une collation à l'extérieur de la ville, ayant fait en hâte rassembler tonneaux de vin et grande quantité de viandes.

Mais voici que les habitants, voyant ainsi arriver une grosse troupe à enseignes déployées, suivie de tout le bétail qu'elle a pillé, ferment à grand fracas, effrayés, les portes de Lacoste !

Cela déplaît vivement aux soudards. Ils invectivent le seigneur. Labbé et Baudoin font aussitôt lier les deux serviteurs qui l'accompagnent. Puis, sans autre forme de procès, Baudoin donne de son épée dans le corps du premier, et coupe le col à l'autre.

Faute d'entrer dans le bourg, la troupe se répand dans le jardin seigneurial, au pied des remparts, y rompant les colonnes qui le décorent, arrachant les treilles, buvant tout le vin qu'elle trouve dans le pavillon, et faisant son plaisir des femmes qu'elle a raflées aux environs.

Cette fois, elle donne l'assaut à la ville.

Qui se défend.

Le jeune seigneur – à qui on a promis la liberté en échange de vingt écus – supplie que l'on épargne sa cité. Comme son père lui a fait savoir, de Cavaillon, que le baron d'Oppède l'y invitait instamment, il propose de faire désarmer lui-même les habitants, s'engage à faire conduire à Aix tous ceux que l'on présumerait vaudois, que l'on voudra bien lui désigner, et promet enfin qu'il fera démolir des remparts toute l'étendue que l'on pourra désirer.

Mais, sans plus attendre d'ordre, la troupe, qui a réussi à forcer les portes, se répand aussitôt par les rues.

Elle brûle toutes les maisons, après les avoir pillées.

Les hommes sont exterminés à l'arme blanche.

Les femmes sont rassemblées à l'écart, dans un verger proche du château. Les mères serrent leurs filles dans les bras et tentent de les disputer aux soldats. On en voit, lorsqu'elles doivent les abandonner, qui leur jettent un couteau en leur disant de se percer le sein plutôt que d'être déshonorées.

Deux femmes se pendent de désespoir, parce qu'on a fait violence à leurs filles sous leurs yeux. Deux autres sont brûlées dans une grange.

Des filles sont forcées qui n'ont pas neuf ans.

On voit plusieurs soldats assouvir leur brutalité sur des femmes expirantes qui palpitent encore.

« Mais qu'est-ce qu'elle a à gueuler comme ça, celle-là ? Elle devrait être bien contente d'être besognée par un grand gaillard comme celui-là !

— C'est qu'elle est toute brisée de s'être jetée tout à l'heure du haut du rempart.

— Ha ! ha ! Qu'importent les os, c'est le con qui compte ! »

Tiens donc, voici qu'arrivent au trot Messieurs de La Font et de Badet ! On n'a guère entendu parler d'eux à Cabrières...

Il est vrai qu'ils n'avaient aucun rôle à y jouer. En Comtat, ils ne sont rien.

Mais ici, à Lacoste, on est à nouveau en Provence et c'est à nouveau en tant que commissaires à l'exécution des arrêts de la cour d'Aix que, suivis d'une petite troupe, ils se hâtent vers le bourg, ayant été tout à l'heure avertis qu'il s'y commettait des excès.

Et nous retrouvons même Monsieur de Tributiis !

De fait, ce qu'ils trouvent confirme aux commissaires que les nouvelles reçues n'étaient pas exagérées.

Ils font aussitôt crier que le Premier Président et lieutenant du Roi fait défense aux soldats en garnison en Provence de courir sus aux sujets de Sa Majesté et de les détrousser, piller et molester, s'il n'est pas prouvé qu'ils sont luthériens.

Ils ordonnent aux soldats de mettre fin à l'assaut du château qu'ils ont entrepris avec ardeur, ayant déjà incendié la première porte et s'employant, à coups de pierres, à défoncer la seconde.

Ils libèrent le jeune seigneur, sa mère et sa femme, claquemurés dans le château, et font rassembler dans celui-ci, à l'abri des violences, les femmes qui étaient aux mains des soudards. Quant aux hommes de Lacoste prisonniers pour avoir résisté, ils devront être envoyés à Aix ou à Marseille dans l'attente d'être jugés, sans qu'il leur soit fait aucun mal.

Il peut vous sembler curieux que les soldats, échauffés comme ils sont, défèrent si docilement aux ordres des commissaires, dont l'escorte ne semble guère de taille à les impressionner. C'est que, voyez-vous, on peut être soudard et n'en pas moins avoir une once de sens commun.

À Cabrières, on était chez le Pape. Mais, ici, on est en France, les commissaires les ont menacés de la hart en cas de désobéissance ; or ils représentent à Lacoste le lieutenant du Roi, et les vieilles bandes d'Italie ne sont pas loin, qui obéiront à celui-ci et à qui il vaudrait mieux ne pas avoir affaire !

Enfin, ayant dûment constaté les débordements de la troupe, les commissaires décrètent d'arrestation les capitaines Baudoin et Labbé, censés la commander, mais se gardent d'exécuter sur-le-champ ce décret devant les hommes qui grondent. Ils se contentent d'envoyer d'urgence des émissaires mander aux capitaines de Gaye et Villeneuve, leurs chefs immédiats, de se rendre en hâte à Lacoste pour y assumer directement le commandement des troupes.

Que peuvent-ils faire de plus ? Les vaudois tiennent encore la montagne ; on a bien besoin des soldats !

Ah si ! Monsieur de La Font a, de la part de Monsieur d'Oppède, une dernière mission à accomplir. Il fait promettre aux officiers des troupes qui vont demeurer dans la ville de veiller – toujours sous peine de la hart – à ce que les terres, voisines, du sieur de Faucon soient strictement préservées de tout dommage, ses sujets étant notoirement bon catholiques, hors quelques-uns que ledit seigneur a promis de livrer.

Vous trouvez qu'il est bien heureux, ce sieur de Faucon, de voir ainsi s'étendre sur ses domaines la main protectrice du Premier Président, alors que celui-ci l'avait refusée à Madame de Cental, lorsqu'elle lui avait fait une requête analogue ?

C'est sans doute qu'en une semaine il s'est passé bien des choses qui ont fait réfléchir Monsieur le baron d'Oppède.

Mais peut-être faut-il vous dire aussi que le sieur de Faucon est son parent...

Mercredi 22 avril 1545

« C'est là ?

— C'est là ! chuchote celui qui a servi de guide.

— On ne voit rien !

— Si ! Suivez-moi... Là, regardez. Elle est dissimulée par cet arbuste, mais on voit une porte. Cette baume a servi pour mettre des bestiaux. »

À l'ombre des grands chênes, le capitaine Mormoyron sourit.

Ses hommes se rassemblent autour de lui, écartant feuillages et broussailles.

Étant soldats du Comtat, ils ne sont pas chez eux sur ce terroir de Murs, au flanc des monts de Vaucluse, qui sont en France. Mais ils savent que les autorités de Provence ne leur en voudront pas d'avoir été y poursuivre les vaudois.

Dès dimanche, on a vu arriver à Murs des fuyards du Luberon, surtout des gens de Mérindol. Quelques soldats provençaux les avaient suivis, lancés à leur poursuite. Une partie d'entre eux tombèrent entre leurs mains. Mais ils eurent de la chance : alors que les soldats étaient prêts à les massacrer, leurs officiers ordonnèrent qu'on les laissât aller après les avoir dépouillés de leurs effets et de leurs bestiaux.

Ils ont eu de la chance, vraiment. Un homme comme le capitaine Mormoyron n'aurait pas été de la même humeur que ces officiers-là !

Il est resté autour de Murs, assure-t-on, des groupes de vaudois, surtout des femmes et des enfants, qui se cachent dans les bois.

Or, justement, Mormoyron a rencontré un bien brave homme qui, contre quelque argent, a proposé de les mener jusqu'à une caverne où une vingtaine d'entre eux se seraient réfugiés, avec leurs bêtes domestiques.

C'est la grotte de la Bérigoule. Plusieurs dizaines de personnes peuvent s'y tenir à l'aise, mais elle n'ouvre que par un orifice très étroit qu'il était aisé de clore.

La porte jointe mal avec la roche. Sans bruit, un arquebusier s'approche, glisse le canon de son arme dans l'interstice et fait feu. Des hurlements de terreur se font entendre, suivis de bêlements et de pleurs.

Mormoyron cligne de l'œil vers son guide :

« Bravo ! Le gibier est bien dans le terrier ! »

« Sortez de votre trou, luthériens puants ! »

L'invite ne semble pas agréer aux occupants de la baume.

Autres arquebusades. Autres cris.
Mais personne ne sort...

À quoi bon gaspiller ses munitions en tirant au jugé dans l'obscurité ? Les vaudois peuvent se tenir à l'écart de la porte sans risquer d'être touchés.
Alors ? On défonce la porte ?
Oui mais... On ne sait jamais... Ils sont peut-être armés. Il n'y a peut-être pas que des femmes. Et puis, à Cabrières, on a même vu des femmes parmi les combattants !
Non, non... Il y a bien mieux !
Mormoyron fait rassembler devant la porte tout ce qu'on peut trouver de broussailles, ce qui ne manque pas.

On y met le feu.

Les soldats s'asseyent alentour, sortent qui un quignon de pain, qui une fiasque de vin, qui un morceau de viande, et entreprennent en riant de faire collation.
Une épaisse fumée monte. Glisse autour de la porte. S'insinue entre les planches.
Bientôt on entend tousser, et de plus en plus fort.

On ramène des branchages pour alimenter le bûcher.
Ceux qui ne sont pas de corvée se sont étendus au pied des arbres. Puisqu'on est là pour quelque temps, pourquoi ne pas faire un petit somme ?

Ça tousse, ça tousse.
Et ça pleure ! Et ça bêle !

Tiens ! Combien de temps ai-je dormi ? On dirait que ça tousse moins. Ça ne bêle plus guère. Et ça ne pleure presque plus.

Bah, on a encore le temps... Mmmm...

« Eh, oh, réveille-toi ! On y va !
— Où ça ? »

Tiens, cette fois, ça ne tousse plus.
Ni ne pleure ni ne bêle.
Les hommes défont le bûcher, écrasant les derniers tisons.
Ils s'emploient à faire sauter la porte.

Les vaudois doivent bien avoir sur eux quelques affaires à dépouiller...

Entre fin avril et fin mai 1545

Ah, bien le bonjour ! On m'a parlé de vous. Je ne m'attendais pas à vous trouver ici !

Je suis Pierre Baroncelli, viguier de Lambesc. J'ai reçu commission du Parlement pour faire une tournée dans les villages de Mallemort, Mérindol, La Roque-d'Anthéron, Saint-Estève-Genson, Alleins et quelques autres, afin de procéder à l'inventaire des biens meubles provenant des luthériens et des vaudois.

Pardonnez-moi si je n'ai pas de temps à vous consacrer, mais vous savez, il faut que je me hâte de faire cet inventaire ! Tout le monde confisque tout, en ce moment, et tout butin est bon à prendre.

Si on ne relève pas rapidement ce qui vient des vaudois, qu'est-ce qui pourra le distinguer une fois parvenu chez les chrétiens ?

On vient bien de confier au juge royal du comté de Martigues, à Valéry Passaire, de Simiane et au sieur de Saignon le soin de garder le butin, mais les troupes courent partout et se servent de tout ce qu'elles peuvent. Et puis, il y a les gens du pays. Ils ne sont pas les derniers à se servir, ceux-là !

Non, désolé, il faut que je vous quitte !

Ah non, pas vous aussi ! Je vous vois me regarder le sourcil froncé !

Vous n'allez pas me reprocher à moi, François de La Font, d'avoir hâté les enchères ? En tant que Second Président au Parlement, j'ai des responsabilités ! Si vous croyez que cela a été une partie de plaisir pour moi que cette exécution ! Quel souci, quel souci !

Tenez, vous m'avez perdu de vue quand je m'efforçais de rétablir l'ordre à Lacoste. Eh bien, il a fallu que je coure à Apt sans délai avec

Bernard de Badet et Guillaume Guérin ! C'est que, avant de descendre vers Marseille par la combe de Lourmarin, les vieilles bandes du Piémont devaient prendre quartier dans cette ville, le vice-légat ayant jugé plus sûr de leur faire éviter Cavaillon. Ce n'est pas sans mal que le baron de La Garde avait pu les faire s'éloigner de Cabrières, et on redoutait que, ayant pris goût au pillage, elles ne mettent Apt à sac. Dieu merci, nous avons pu l'éviter !

Bon ! Maintenant, il faut bien faire face aux frais de l'expédition, n'est-ce pas ? Il faut payer les troupes, le ravitaillement, et caetera, et caetera... Pour trouver des fonds, comme ça, à la hâte, que peut-on faire d'autre que de vendre le plus vite possible les biens saisis ? Et d'abord les récoltes, pour éviter qu'elles ne s'abîment.

Sans doute la loi veut-elle que les biens des hérétiques condamnés reviennent au souverain, après déduction des frais de justice. Mais, après tout, le Premier Président est aussi lieutenant du Roi. Il a donc bien le droit d'autoriser à vendre les biens meubles à l'encan sans plus de délai !

Il le faut bien pour trouver tout l'argent nécessaire ! Et pour le trouver vite !

Alors, je vous prie, mettez-vous un peu à ma place et ne me reprochez pas d'avoir vendu pour treize mille écus des récoltes qui en valaient cent mille. Personne ne les aurait achetées à ce prix-là, et il nous faut de l'argent ! Tant mieux pour l'acquéreur, que voulez-vous que je vous dise !

Tiens, c'est donc vous, mes bons sires, qui vous promenez dans la région depuis quelque temps ? On peut dire que vous êtes venus au bon moment !

Mais ma parole, je vous trouve une drôle de mine ! Eh, eh, c'est que vous n'êtes peut-être pas habitués aux choses de la guerre...

Que voulez-vous, c'est comme ça, il faut vous y faire !

Et puis, vous savez, une fois qu'elle est là, la guerre, le mieux est d'essayer d'en prendre son parti. Et, dans cette campagne-ci, le parti est plutôt bon, croyez-moi... Cessez donc de faire cette tête-là et profitez-en vous aussi, des occasions pareilles ne se présentent pas souvent !

Je me présente : Joseph d'Agoult, seigneur de Rognes.

Après son retour à Aix début mai, le Président d'Oppède m'a chargé, ainsi que les capitaines Redortier et Vaujouine, de verrouiller la Durance pour empêcher les vaudois de la passer, et de continuer à les poursuivre dans la montagne. Le viguier d'Apt se charge du flanc nord du Luberon.

Pour traquer les fugitifs, je me suis installé à La Tour-d'Aigues. Oui, à La Tour-d'Aigues, au château même du petit seigneur de Bouliers ! Ah, elle doit en faire une tête, sa bonne grand-mère et tutrice, cette chère Mérite de Trivulce ! Figurez-vous que j'ai le bonheur d'être apparenté à cette vieille truie et que j'ai quelques petits comptes à régler avec elle. Nous sommes en procès, en fait ! Je peux vous dire qu'elle s'y entend en querelles de bornage plus qu'une vieille paysanne, ma chère parente !

Eh bien, puisque me voici chez elle, croyez bien que je vais la lui assaisonner comme il convient, sa chère vallée d'Aigues !

Parce que, pour ce qui est de traquer les fugitifs, vous admettrez que courir les bois pour en débusquer les vaudois est d'une grande fatigue et d'un faible rapport. En plus, cela pourrait être dangereux s'ils venaient à se défendre, les bougres ! Le plus simple est de les laisser crever de faim dans leurs trous. Comme ça, on arrivera au résultat sans effort...

Bon, il faut faire un peu attention, je vous l'accorde. Avec tous ces cadavres d'affamés qui traînent aux portes du bourg, il s'est répandu dans l'air comme une sorte d'infection qui a tué plusieurs dizaines d'habitants. Il est vrai qu'ils n'avaient pas dû manger trop gras eux non plus, après mes réquisitions... eh ! eh ! Enfin, c'est pour vous dire, il faut faire un peu attention, mais on n'en a plus pour très longtemps avant d'en être entièrement débarrassés, de ces vaudois.

Oh, à propos, je vais vous en raconter une bien bonne. À une demi-lieue d'ici, on a trouvé un vieux bonhomme mort dans un pré. Tout autour de lui, l'herbe était toute coupée comme si quelque chèvre ou mouton l'avait broutée. Eh bien, ce n'était ni chèvre ni mouton. C'était le vieux lui-même ! Comme il ne pouvait plus se tenir debout il a mangé l'herbe à l'endroit même où il était tombé jusqu'à ce qu'il n'en ait même plus la force ! Vous voyez un peu le vieux à quatre pattes, comme une chèvre... Ha, ha, ha !

Oui, bon... Ça n'a pas l'air de... Je me demande d'où vous sortez, vous !

Enfin, en attendant que nos bons vaudois aient fini de rendre leur âme au Diable, depuis La Tour-d'Aigues, mes cavaliers peuvent aisément courir les villages voisins, y prendre ce qu'il y a à prendre... et y faire parler tous ceux qui n'ont pas eu le bon esprit de s'enfuir ou de se cacher. De bien se cacher, je veux dire ! Vous n'imaginez pas tout ce que ces paysans peuvent dissimuler chez eux. Mais, bon, on sait être convaincant...

Ah non, mais arrêtez de faire ces têtes de mijaurées découvrant que les enfants ne se font pas par l'opération du Saint-Esprit ! Enfin, sauf Notre-Seigneur, bien sûr, eh, eh, eh...

Bon, enfin, bref... Prenez donc un peu de cette eau-de-vie que j'ai confisquée à Peypin, ça vous requinquera !

Vous n'avez pas l'air de réaliser que les vaudois ne sont pas des hommes. Ce sont des hérétiques ! Des suppôts de Satan ! Ils ne méritent aucune pitié.

Le Président d'Oppède a d'ailleurs bien pris soin de faire crier par tout le pays que, par ordonnance du Parlement, il était interdit de les assister. Sous peine de confiscation de corps et de biens, nul ne peut bailler vivres, aide ni secours – pas un verre d'eau, pas une miette de pain ! – aux manants convaincus ou suspects du crime d'hérésie luthérienne et vaudoise, ni les recevoir, recueillir ou cacher en aucune sorte.

Alors je ne vais pas me priver de piller ce qu'ils ont laissé... D'autant que les autres ne se gênent pas ! Tenez, le sieur de Faucon, par exemple ! Et celui de Venelles ! Tous les deux de la maison de Monsieur d'Oppède, soit dit en passant.

Vous savez que les vaudois ont parfois même laissé leurs enfants ? Contre leur gré, bien sûr, mais enfin ils sont tombés entre nos mains. Eh bien, un enfant d'hérétique, ça se vend très bien. La Sainte Église interdit l'esclavage, bien sûr, mais seulement l'esclavage des chrétiens. Des vrais, j'entends. Vous n'imaginez pas le nombre de gens qui sont ravis de s'offrir un petit esclave !

Il paraît que certains parents sont partis jusqu'en Arles ou même à Marseille pour les retrouver et tenter de les racheter. Grand bien leur fasse ! Ça prouve qu'ils étaient bien riches puisqu'ils ont encore de quoi racheter leur graine de démon.

Oui, de l'argent, ils en ont. Il y en a plein qui sont venus me racheter le bétail qu'on leur avait pris ! Bonne affaire, d'ailleurs ; mes hommes le leur ont repris peu après !

Quoi ? Vous dites que les habitants de la vallée d'Aigues ne sont pas tous hérétiques ? Eh, vous n'êtes tout de même pas du côté de la Cental ? De toute façon, je vais vous dire : par ici, même ceux qui ne le sont pas sont avec les vaudois comme cul avec chemise. Je suis sûr qu'ils les aident, qu'ils leur font passer de la nourriture ou que sais-je... et en vertu des commandements de Monsieur le Premier Président, je suis donc bien venu de leur confisquer tout ce qu'ils ont. C'est quand même beau, la loi ! Ha, ha, ha, ha...

Mais par la mort-Dieu, vous n'êtes pas facile à dérider, vous !

Allez, tenez, vous me faites pitié. Je ne suis pas un mauvais bougre, moi ! Servez-vous ! Oui, servez-vous, là, dans ce coffre que je vous montre. C'est de la vaisselle trouvée dans des mas des environs. Il y a bien quelques pièces qui vous plaisent. De la vaisselle, j'en ai récupéré tant ! Allez, ne soyez pas bégueules, servez-vous !

Ah, mon Dieu ! Ah, mon Dieu ! C'est affreux ! C'est épouvantable ! Vous ne pouvez pas savoir dans quel état est la région !

Je suis le conseiller Rolland, du Parlement de Provence, seigneur de Reillanette. Mon collègue, que vous voyez écrire fiévreusement, est le conseiller de Genas, seigneur d'Éguilles. Le Parlement nous a envoyés dans le Luberon pour constater la bonne exécution de ses arrêts contre les luthériens et lui rendre compte de la situation du pays.

Figurez-vous que plusieurs seigneurs de la région ont vivement protesté. Nous avons reçu des plaintes de ceux de Lacoste, de Buoux, de Murs, du baron de Céreste et de bien d'autres. Ils prétendent qu'on tue leurs laboureurs et qu'on en force les femmes, alors même qu'ils sont bons chrétiens, qu'on brûle leurs fermes, leurs granges, les réserves de paille et de foin, sans parler des moulins et des fours.

Eh bien, vous ne me croirez peut-être pas, mais c'est vrai !

Figurez-vous qu'on a vu des bandes de voleurs enlever jusqu'aux tuiles des maisons ! Et ne croyez pas que ce soient seulement les hommes de guerre qui soient coupables. Ils ont pillé et violé jusqu'à plus soif, c'est sûr. Et ils continuent. Mais cela, hélas, c'est fréquent en temps de guerre.

Seulement il y a pis. C'est ainsi que, s'il y a des seigneurs qui se plaignent, il y en a d'autres qui se considèrent comme déliés de leurs obligations envers les habitants de terres devenues vacantes, et du coup participent eux-mêmes au pillage de leurs propres sujets. Je peux vous donner des noms : voyez ceux d'Ansouis ou de Cucuron ! Et je n'ose parler de Pierre de Sazo, sieur de Goult !

Quant au bas peuple, il s'est déchaîné. C'est toute une foule qui a suivi les troupes dans l'espoir de participer à la curée. Il en est venu d'Aix, d'Arles, de Tarascon, et même de Vaison ! Ils ont pillé tout ce qui pouvait encore l'être chez les vaudois. On a vu des scènes qui rappelaient les pillages de l'an quinze cent trente-six, lors de l'invasion impériale. Les maisons abandonnées ont été saccagées et détruites. Je vous assure, oui, je vous assure que même des paysans on ne peut plus catholiques ont été dénoncés par leurs voisins comme hérétiques et ont été exécutés séance tenante sans aucun jugement !

Partout, nous recevons des plaintes sans fin sur les excès commis par la soldatesque. Des bandes de soldats détroussent les voyageurs comme brigands de grands chemins. On incrimine aussi les capitaines, même le Parlement et même Monsieur d'Oppède ! Le capitaine Vaujouine, c'est avéré, a volé quantité de bœufs à l'évêque de Carpentras ! On prétend aussi que le sieur de Saignon et Valéry Passaire dissimulent pour leur compte une grande part des biens confisqués qu'ils doivent inventorier. Et nous l'avons hélas pu vérifier pour le second !

Nulle part dans la région on ne peut plus travailler. Les campagnes sont désolées. Quand les paysans se mettent aux labours, les soldats viennent s'emparer de leurs bœufs. Les femmes dans les champs sont détroussées et laissées en chemise !

Il n'y aura point de blé cette année !

Quant aux gens qui ont fui les villages incendiés, ils errent, seuls ou en bandes, affamés, ne sachant où trouver asile. On a ainsi vu par les chemins une grande troupe d'hommes, de femmes et d'enfants courant et vaguant par le terroir de Roussillon, que ce bourg ne veut recevoir et qu'il est urgent de mettre à couvert et de nourrir. Si encore on était sûr que ce soient des hérétiques, mais on ne sait même pas qui ils sont ni d'où ils viennent !

Le sieur de Saignon nous a dit avoir trouvé plus de deux cents personnes quasi à l'agonie par faute de pain. Vieillards, femmes et petits enfants meurent de faim par les champs et les chemins sans que personne n'ose leur donner l'aumône ni même les secourir d'un verre d'eau, de peur qu'on ne lui prenne ce qu'on ne lui a pas encore pillé. On ramasse dans les champs des cadavres de vagabonds morts de faim. On en trouve morts sur des tas de fumier où ils espéraient trouver quelque matière animale à manger. Certains ont dû brouter de l'herbe pour survivre. Cela nous a été attesté à Beaumettes. On a vu un bœuf mourir et être aussitôt dépecé quasi à mains nues et dévoré tout cru !

Bon, la plupart de ces gens sont sans doute des hérétiques ? me direz-vous. Ils n'ont que ce qu'ils méritent !

Eh bien, je ne suis pas d'accord avec vous. D'abord, honnêtement, je voudrais bien être sûr qu'ils sont tous vaudois et luthériens. Mais même s'ils le sont, ce n'est pas une raison ! Non, ce n'est pas une raison ! Et si cela vous choque, vous avez tort ! Non pas que j'aie la moindre mansuétude pour cette engeance maudite. Je suis un bon chrétien, comme vous, mais je suis aussi un homme de loi, et le droit veut que les gens soient entendus avant d'être condamnés, et il veut aussi que, lorsque quelqu'un est convaincu d'hérésie et refuse de se rétracter, on le condamne au bûcher, pas à mourir de faim !

C'est pour cela que mon collègue et moi nous sommes venus en aide à des femmes errantes. Et que nous nous sommes ensuite résolus à faire distribuer quelques vivres à Murs, à Roussillon, à Beaumettes et à Saignon.

Bah, pour tout vous avouer, nous avons même fermé les yeux sur quelques fuyards qui quittaient la région...

Bonsoir, mes chers amis, bonsoir...

Je vous vois étonnés de me trouver si grave alors que je devrais me réjouir d'avoir enfin purgé notre belle Provence de la peste hérétique.

C'est que c'est une bien lourde charge que d'être à la fois Premier Président au Parlement et lieutenant du Roi !

Sans doute suis-je heureux – heureux et fier de ce que j'ai fait pour le Roi et la Sainte Église – mais... Notre-Seigneur n'a pas voulu que les joies humaines soient sans mélange.

Une fois l'exécution terminée, nous avons eu le plus grand mal à contrôler les troupes qui devaient seulement s'occuper de traquer les hérétiques. Et leurs capitaines eux-mêmes sont délibérément sortis de leur devoir. On m'a rapporté que Vaujouine, Redortier et Rognes ne font que piller et ravager les bons et fidèles sujets du Roi, et forcer leurs femmes ! Il est vrai que Vaujouine se plaint de ce que la guerre ne lui a presque rien rapporté, ce qui est regrettable. Il faut bien que la guerre enrichisse les soldats, sinon pourquoi la feraient-ils ? Mais c'est sur les biens des vaudois qu'ils doivent se payer, pas sur ceux des bons chrétiens !

Je vais écrire personnellement aux trois capitaines pour leur dire leur fait ! Je vais ouvrir une information ! Si ce qu'on leur reproche est avéré, ils en rendront compte !

Quant aux habitants de la contrée, nombreux sont ceux qui se sont empressés de piller les biens des vaudois en dehors de toute décision de justice, comme s'ils étaient hommes de guerre ! Et, qui pis est, ils ont souvent pillé des voisins qui étaient bons catholiques.

Voyez, j'ai vécu, je ne sais que trop combien l'homme est pécheur, et pourtant même à mon âge je n'imaginais pas jusqu'où pouvait aller la malice humaine ! Les commissaires Rolland et de Genas ont fait sur l'état de la région un rapport à faire dresser les cheveux sur la tête !

Pareille anarchie ne peut plus durer. Il est plus que temps de rétablir l'ordre normal des choses. Je vais demander au Parlement de rendre un nouvel arrêt autorisant désormais les autorités et la population à secourir les errants. Et je vais commander aux seigneurs du pays et aux gens d'Église de pourvoir à leur nourriture.

Moi ?

Moi je ne suis rien.

Rien qu'une feuille de papier aux archives du Parlement de Provence.

Ce que j'y consigne ? Des chiffres, principalement... Une manière d'inventaire, en quelque sorte. Rien de bien intéressant, je crois. Ah si, vous trouvez ?

Ah bon ! Eh bien, lisez-moi donc si ça vous chante...

Du seize au vingt-deux avril mil cinq cent quarante-cinq, sur mandement de Sa Majesté et de Sa Sainteté, vingt-quatre villages ou bourgs infectés d'hérésie vaudoise et luthérienne ont été exécutés...

Dans les mois d'avril et de mai dudit an furent brûlés sept cent soixante-trois maisons, quatre-vingt-neuf étables, trente et une bergeries, et d'autres bâtiments au nombre de cinquante ou environ...

Dans le comté de Provence sont mortes durant ce temps, par fer, feu ou défaut de pain, mil huit cent quarante personnes...

Quelque neuf cents dans le Comtat Venaissin...

Et furent envoyés aux galères six cent soixante-dix hommes...

Fin mai 1545

La galère est bien belle, vue de loin, lorsque, sous le soleil, ses mâts dressés parés de flammes, elle file au ras des flots sous ses voiles latines, au rythme cadencé de sa nage.

Mais il vous faut savoir que c'est une embarcation des plus inconfortables, même pour ses officiers et sous-officiers. Pour ce qui est de la chiourme, c'est-à-dire des rameurs, qui sont la plus grande partie de l'équipage, ils sont contraints de vivre, à quelque deux cents par bâtiment, sur un coin de banc au mieux recouvert de vachette, auquel ils sont enchaînés jour et nuit, dans une crasse et une ordure que l'on n'imagine pas lorsqu'on admire, de loin, les galères en mer. Leur nourriture consiste essentiellement en biscuits, que l'on sert parfois dans du potage, ou encore trempés dans de l'huile d'olive, ou même seulement dans l'eau de mer lorsque l'on navigue depuis longtemps et que l'on n'a plus rien d'autre.

Peut-être ignorez-vous comment se ménagent les galères ? Eh bien, je m'en vais vous le dire. Il y en a certaines qui appartiennent en propre au Roi. D'autres sont prises à louage par lui, qui fait alors les frais de l'armement et de l'équipage, de compte à demi avec le capitaine propriétaire, quelque gentilhomme provençal, qui finance le reste de ses deniers. Il n'est malheureusement pas rare que les commandants se taillent dans l'affaire des profits illicites. Mais il faut bien admettre que, s'ils veulent s'en sortir, il doivent de toute façon compter au plus juste.

Tout cela étant dit, il vous faut aussi savoir que ce n'est nullement l'intérêt d'un capitaine que de voir ses galériens dépérir. Une chiourme, c'est un cheptel, que l'on traite exactement comme un paysan fait de son cheval : c'est un capital précieux, dont la nourriture et le rendement doivent s'équilibrer.

Sans doute faudrait-il au Roi bien plus de galères qu'il n'en a. Mais une galère sans rameurs, cela ne sert à rien. C'est plus inutile encore qu'une cavalerie sans chevaux ! Or on a le plus grand mal à trouver des rameurs pour équiper les bâtiments que l'on a déjà ! Il en coûte une fortune.

Jadis, quand les temps étaient plus durs et la vie plus rude qu'aujourd'hui, on trouvait beaucoup de gens prêts à se louer librement pour ramer. Au moins, là, ils ne mouraient pas de faim ! Mais aujourd'hui, avec la prospérité que nous avons dans ce royaume, il n'est presque plus personne pour vouloir faire ce métier. Le Roi Charles Huitième a dû commander qu'on envoie aux galères des condamnés qui eussent dû aller en prison, et le capitaine Paulin a obtenu du Roi que tous ceux qu'on détenait pour quelque crime dans la région soient envoyés sur ses navires. C'est pour qu'ils ne s'évadent pas que les rameurs ainsi condamnés sont enchaînés à leurs bancs.

L'Empereur a plus de ressources. Il emploie sur ses galères les nombreux prisonniers qu'il a faits aux Turcs, comme ceux-ci emploient sur les leurs moult prisonniers chrétiens. Mais, depuis qu'il s'est allié avec le Grand Seigneur, le Roi n'a officiellement plus de prisonniers turcs et ne saurait en faire, hormis les pirates barbaresques, que même le Grand Seigneur considère plus souvent comme pirates que comme Turcs !

Cela dit, ne croyez pas que l'Empereur soit à l'aise pour équiper ses galères ! En fait, le seul qui le soit, c'est le Grand Seigneur, justement. Ce n'est pas un problème pour lui que de trouver des esclaves de par tout son empire, et des prisonniers dans toutes les guerres qu'il fait. C'est pour cela qu'il peut équiper des galères par centaines !

En tout cas, l'exécution des vaudois, c'est une manne que la flotte du Levant ne pouvait pas laisser passer !

On a vu leurs arrivées s'échelonner depuis la mi-avril et sur tout le mois de mai. On les a souvent amenés par troupes à Marseille – trente, cinquante, jusqu'à deux cents en une fois ! –, sur commandement du Parlement ou sur ordre direct de Monsieur d'Oppède, en tant que gouverneur de Provence, pour les vendre aux capitaines des vaisseaux comme pièces de bétail. Quelques soldats sont venus directement faire commerce de leurs prises. Et certains capitaines ont été les prendre eux-mêmes.

Le Comtat, lui aussi, a vendu des captifs aux vaisseaux du capitaine Paulin. Mais celui-ci s'est bientôt trouvé avec tant de monde à leur bord qu'il ne savait plus comment on pourrait le nourrir, et qu'il a dû se résoudre à refuser les offres des autorités d'Avignon, lesquelles se sont finalement tournées vers les navires de Léon Strozzi, le prieur de Capoue.

En fait, si le Parlement et le gouverneur ont prescrit d'envoyer aux galères les habitants des villages suspects, ce n'est pas pour qu'ils y rament, même si les capitaines escomptent bien qu'ils le feront un jour. C'est par manière de prison, car il n'était pas d'autre lieu où on aurait pu loger en si peu de temps un si grand nombre de prisonniers. Mais le Parlement entend bien les juger avant de décider qui va aller ramer pour de bon !

Seulement, quand trouvera-t-il le temps d'instruire le cas de tant de gens ?

Le procureur des Pauvres de la ville de Marseille s'en est inquiété, voyant que le sort des captifs était des plus pitoyables. Il a requis le Parlement de dépêcher un commissaire afin de constater leur situation.

C'est le conseiller Gaspard d'Arcussis, sieur d'Esparron, qui a été commis pour ce faire par la cour d'Aix. C'est lui, accompagné du procureur des Pauvres, des juges ordinaires de Marseille et de quelques notables, que vous voyez à présent aller de navire en navire.

Dès l'abord, il a trouvé des plus alarmants l'état des prisonniers. Leur nourriture est notoirement insuffisante. Beaucoup d'entre eux sont malades. Les médecins du port s'affairent et s'inquiètent. On redoute une épidémie.

Sur la galère du sieur de La Marsay, couverte seulement de la moitié d'une vieille tente, au reste toute déchirée, dix hommes sont morts et deux mourants, qui ne passeront pas la nuit. Autour d'eux, quatorze malades, et le barbier confie que, à son jugement, tous mourront s'ils ne sont pas mieux traités.

Sur la galère *Saint-Augustin*, le commissaire trouve que les détenus n'ont que du pain fort noir, en quantité fort insuffisante, avec un peu de mauvais vin. Ils couchent à même le bois et vingt-neuf hommes sont déjà morts. Certains des notables qui accompagnent le commissaire le prient de laisser à leur garde les plus à plaindre des prisonniers afin qu'ils puissent se charger de les nourrir.

Sur la galère *Saint-André*, qui est au sieur de Carcès, le procureur demande de dresser acte qu'elle est toute découverte et la tente rompue. Or, sans tente, on dort à la lune, exposé au vent et à la pluie. Et on est sans protection lorsque le soleil darde durement ses rayons.

Comme la saison est plus fraîche qu'à l'accoutumée, le procureur des Pauvres requiert le capitaine qu'il baille couverture à ses prisonniers. Celui-ci répond qu'il fera ce qu'il pourra, mais qu'il en est déjà morts quinze, dont il donne les noms. De fait, sur ce vaisseau, les captifs sont si mal traités qu'ils n'ont que trois petits pains par jour, si petits que le moindre d'entre eux les eût bien mangés tous trois dès le matin, à son déjeuner.

Le commissaire a examiné les registres et rôles des capitaines des galères, que ceux-ci tiennent scrupuleusement, comme de bons comptables soucieux de la marchandise dont ils ont la garde.

Il s'est avisé qu'il y avait à bord des jeunes garçons jusqu'à treize, quatorze ou quinze ans, parmi lesquels quinze sont déjà morts. Quant au petit Isnard Perrotet, de Lacoste, il n'a que dix ans !

Il a trouvé aussi des hommes de quatre-vingts ans. Lorsque, dans sa visite, il leur demande s'ils voudraient être à terre et ont les moyens de s'y nourrir, ils répondent qu'ils n'ont rien et préfèrent à tout prendre dépérir là que mourir tout de bon à terre, pourvu qu'on leur donne des paillasses et un peu plus de pain qu'ils n'ont.

Et combien y a-t-il de prisonniers comme ce Guillaume Croyssonne, de Ménerbes, emporté comme vaudois par des soudards, et dont le fils a pu si aisément prouver l'orthodoxie que la cour d'Aix, dès le cinq mai, a ordonné son élargissement ?

Gaspard d'Arcussis va se hâter d'adresser son rapport au Parlement. Il demandera qu'on élargisse non seulement vieillards, enfants et malades, mais aussi tous ceux dont on a n'a pas déjà la preuve formelle de l'hérésie.

Nul doute que, appuyée par les gens de bien de la ville, cette requête émouvra la pitié de la cour, et qu'elle y fera droit.

Mais d'ici là, au train où vont les choses, il sera bien mort aux galères – sans aucune condamnation – quelque deux cents personnes.

Sans compter ceux qui auront été tant malades et maltraités qu'ils ne s'en retourneront chez eux que pour y mourir.

Fin novembre 1545

Moi, je suis la colonne !

Voyez comme je suis belle !
Haute sur ce champ de pierres...

Le seigneur vice-légat voulait d'abord faire raser Cabrières sitôt la ville prise. Mais il a trouvé plus sage de consacrer les forces disponibles à traquer les hérétiques avant que de s'attaquer aux pierres. Jean d'Ancézune, seigneur du lieu, s'est engagé à empêcher quiconque – et surtout des hérétiques – de s'installer à Cabrières pendant six mois. À l'échéance, les pionniers sont venus pour démolir la ville. Et ils ont fait du beau travail !

Le seigneur vice-légat a pu justement s'en prévaloir en écrivant à Monseigneur le cardinal Farnèse : la destruction de Cabrières a été ordonnée le trois novembre, elle a commencé le cinq, et le dix-neuf il n'y avait plus pierre sur pierre !

Sauf moi, qui suis la colonne !

C'est Monseigneur Trivulce lui-même qui a commandé que je fusse érigée.

Je suis la colonne.

Voyez comme je suis belle au milieu de ces ruines !

Je porte gravés sur mon fût le nom de Notre-Seigneur
et les armes de Sa Sainteté !

Et mon socle rappelle que le vingt avril mil cinq cent quarante-cinq,
ici furent déconfits, par Jean Maynier d'Oppède,
les méchants hérétiques.

Je suis la colonne.

Je suis la Paix !
Je suis la Justice !
Je suis la Religion !

Complainte

Voyez la grande offense
Faite par les méchants,
Au pays de Provence,
Contre les innocents,
Car ils ont mis à mort
Les chrétiens à grand tort.

Entrés dans Cabrières
Pour la prendre et piller,
Femme, fille et chambrière,
Et forcer et violer,
Et meurtrir les enfants,
Qui n'avaient pas trois ans,

Ces malheureux infâmes,
Plus que chiens enragés,
Les hommes et les femmes,
Tant les jeunes qu'âgés,
Ils les ont tous défaits,
Ces malheureux infaits.

Par bois, monts et vallées,
Plusieurs chrétiens ont pris,
Et menés aux galées,
Sans avoir rien mépris.
Aucuns sont morts de faim,
Las, par faute de pain.

Encore davantage,
Sans ouïr leurs raisons,
Les méchants pleins de rage
Les mènent en prison,
À Aix, à Cavaillon,
Aussi en Avignon.

Hélas, hélas, mes frères,
Ne soyez ébahis
En voyant les affaires
Qu'ainsi sommes trahis.
Ainsi ont fait à Christ,
Ainsi qu'il est écrit.

Troisième partie

LE PROCÈS DE PARIS

Fin avril 1545

« C'est une belle victoire ! »

Sur ce brillant satisfecit délivré par un monarque radieux, Antoine de Glandèves, comte de Pourrières, achève son discours par un profond salut.

Le Roi est resplendissant. Il semble rajeuni de plusieurs années.
Est-ce d'être à Romorantin, auquel le rattachent tant de souvenirs de jeunesse ?
Est-ce la douceur du printemps ?
Est-ce l'effet du soleil qui vient baigner la pièce ?
Ou bien est-ce plutôt la joie d'avoir maté comme elle le méritait l'unique rébellion survenue sous son règne ?

Il chatoie, il rayonne, plus magnifique encore en sa vêture qu'il n'est accoutumé.
Son bonnet de velours noir, orné de plumes rouges, étincelle d'une cour de pierreries dont le prince est un diamant.
Somptueux est le grand collier qui lui barre la poitrine, orné d'un médaillon antique, par-dessus son pourpoint de satin cramoisi rayé d'or.
Tailladé de minces crevés, celui-ci dévoile sa chemise en fine toile plissée de Hollande, bordée de soie rouge au collet et aux manches.

Sur sa casaque de drap d'or frisé qu'ornementent des joyaux, le rouge des rubis le dispute en beauté au vert des émeraudes.

En vérité, le Roi est enchanté !

Lui qui place si haut l'autorité royale et ne tolère pas qu'elle puisse être le moins du monde bafouée, il ne peut que se réjouir d'apprendre qu'on a enfin châtié une désobéissance persistante à ses édits, en dépit de la mansuétude dont il a tant de fois fait preuve !

Le cardinal de Tournon, lui aussi, respire la satisfaction.

C'est lui qui a introduit auprès de François le gendre du Président d'Oppède. Prenant les devants, car il se méfie des réactions des seigneurs lésés par l'exécution, ce dernier s'est en effet hâté de dépêcher à la Cour ce parent de confiance, afin qu'il soit le premier à informer le monarque.

Antoine de Glandèves a dit au Roi combien les hérétiques étaient foule. À l'approche des commissaires envoyés par le Parlement pour l'exécution des arrêts, c'est par milliers qu'ils prenaient les armes et quittaient tous leurs villages pour se retirer dans les bois et les lieux fortifiés de leur pays, ce qui prouve bien qu'ils n'avaient pas la conscience tranquille et refusaient de se présenter devant la justice.

Il lui a dit la fermeté avec laquelle, en peu de jours, le baron d'Oppède et le baron de La Garde ont réduit à néant leurs méchants desseins.

Il lui a dit combien les vaudois s'étaient entêtés dans leur rébellion, se retranchant sans vergogne dans la place forte de Cabrières-d'Avignon, qu'il fallut canonner avec de grosses pièces de siège pour obtenir raison de ces furieux.

Il lui a dit le zèle que met en ce moment même le Parlement à poursuivre les derniers rebelles encore cachés dans les forêts et les montagnes afin que la région retrouve la sûreté et la paix que leur malignité troublait depuis des années.

Mais on annonce Monseigneur Hieronimo Dandino, le nonce apostolique, qui a sollicité audience !

Le voici qui entre, le sourire séraphique, le regard baigné de béatitude, les bras ouverts comme pour mieux recevoir le rayonnement royal...

« Votre Majesté, au nom du Saint-Père, au nom de la Sainte Église dont il est la tête, au nom aussi de Sa Seigneurie le cardinal Farnèse, je tiens à vous présenter les plus profonds remerciements, et à vous témoigner la plus profonde reconnaissance, pour la promptitude d'âme que vous avez manifestée en donnant l'ordre que les luthériens de Provence soient punis en même temps que ceux du Comtat, et tout particulièrement ceux de Cabrières, et pour l'efficacité de l'exécution qui s'en est suivie. Je viens ce matin même de recevoir un courrier d'Avignon, qui me dit toute la joie du vice-légat Trivulce !

— Seigneur nonce, soyez assuré que je ne serai jamais las de soutenir le respect de la religion et faire le service du Pape et de son légat, en toute occasion qui se pourra offrir ! »

Début mai 1545

« À genoux, Monsieur, à genoux ! »

Le comte de Pourrières, blêmissant, se jette aux pieds de la reine de Navarre.

Depuis quelques jours, et en dépit du fort méchant logis qu'il s'est péniblement trouvé à prix d'or en ville, en dépit aussi de l'exiguïté du château de Romorantin où l'on se presse et se bouscule, il jouissait sans souci des plaisirs de la Cour.

Il s'y taillait du reste un joli succès, étant fréquemment prié de faire le récit de l'exécution des rebelles de Provence, qu'il ne résistait guère – surtout devant les dames – à enjoliver quelque peu, figurant lesdits rebelles plus terribles encore qu'il ne l'avait dit au Roi, et amplifiant la part que lui-même avait prise à la campagne.

Mais lorsqu'il fut hier requis de venir présenter son rapport à Marguerite de Navarre qui, partie de sa cour de Nérac, venait d'arriver pour passer quelque temps à celle du Roi, son frère, il résolut au contraire de faire à celle-ci un récit dépouillé. Sachant qu'elle faisait preuve d'une coupable indulgence pour ce qui sentait le luthérien, il a beaucoup plus insisté sur la rébellion des vaudois que sur leur hérésie, décrivant leur répression avec une sobriété de mots propre à ne la point heurter.

Aussi, malgré le visage fermé avec lequel elle a accueilli son discours, ne s'attendait-il point à l'injonction furieuse qui vient de lui être adressée.

Comme si elle s'était trop longuement contenue durant tout son récit, la reine de Navarre vient soudain d'exploser de colère.

Se levant d'un bond, elle pointe un doigt accusateur vers l'homme agenouillé.

« C'est votre beau-père qui a arrangé tout cela ! Eh bien, sachez que moi je m'efforcerai de faire en sorte que celui qui a fait le mal prenne la fuite plutôt que les autres !

— Madame, ce qui a été fait l'a été par ordre du Roi !

— Que dites-vous ? Qu'osez-vous dire ? Non ! Ce n'est pas possible ! Vous avez trahi ! Mon frère n'ordonne pas que l'on tue des enfants !

— Des enfants ? Mais Madame...

— Taisez-vous ! »

Antoine de Glandèves baisse la tête sous l'orage.

Manifestement, la reine de Navarre dispose d'informations qui ne viennent ni du Parlement d'Aix, ni du gouverneur de Provence, ni du vice-légat d'Avignon...

Elle va et vient par la pièce, visiblement pénétrée de douleur et de colère.

Elle parle de chrétiens massacrés ou spoliés. De femmes et d'enfants odieusement mis à mort...

Elle crie ses reproches et son indignation.

Dieu, que ce carrelage est froid ! Et surtout qu'il est dur !

Mais il ne saurait être question pour le comte de se relever tant que la reine ne l'y a pas invité...

Sous les accusations, il bredouille excuses et explications embarrassées... Tout ceci est très exagéré... N'oubliez pas que c'étaient des rebelles... Oui, c'est vrai, à Cabrières, les troupes ont échappé au contrôle... Mais c'était en Comtat, pas en France... Les serviteurs du Roi n'y sont donc pour rien...

« Monsieur de Pourrières, quel effet cela fait-il de plonger son coutelas dans le crâne d'un homme sans défense, aux mains liées dans le dos ? »

Antoine de Glandèves est pâle comme la mort.

« Madame, qu'allez-vous croire ?

— Je crois ce qui est avéré, comte ! »

Sur ces mots, la reine se tait. Un moment, elle continue à déambuler à travers la pièce. Puis elle s'assied à la fenêtre, tournant ostensiblement le dos à son visiteur, toujours agenouillé sur le carrelage glacé.

Mais elle a sorti un mouchoir et le comte devine qu'elle s'est mise à pleurer.

Lorsque, se levant brusquement, elle quitte la pièce sur un sec « Adieu, Monsieur ! », cela fait bien une heure que le comte de Pourrières est demeuré à genoux.

Août 1545

Claude d'Annebault rend à François de Tournon la lettre qu'il vient de parcourir.

« Madame de Cental possède de vastes domaines dans le marquisat de Saluces, qui est si utile au Roi quand il doit faire la guerre en Italie, et sa clientèle est des plus étendues. Elle lui a rendu de grands services en assurant le passage et l'approvisionnement de ses troupes par ses terres du Piémont...

— Je sais cela comme vous, Monsieur l'Amiral. Est-ce à dire que vous proposez de donner suite à sa requête ?

— Je n'ai pas dit cela, Monsieur le Cardinal ! Je sais combien le Roi s'est montré content de la célérité avec laquelle la rébellion de Provence a été réprimée. Incriminer ceux qui en ont eu la charge, fût-ce sur des accusations sans fondement, serait se déjuger et donner des armes à l'hérésie. »

Le Conseil privé de Sa Majesté examine ce jour une plainte adressée au Roi par la Dame de Cental au sujet des prétendus excès commis dans ses fiefs lors de l'exécution de Provence.

Elle affirme que ses terres ont été saccagées, ses villages incendiés, ses paysans massacrés ou envoyés aux galères alors qu'aucune charge ne pesait sur eux et qu'ils étaient pour la plupart de bons catholiques.

Elle demande les causes pour lesquelles ils ont été compris dans l'exécution, niant toute rébellion de leur part et mettant de surcroît en avant des irrégularités juridiques qui auraient entaché la procédure d'exécution du Parlement.

Elle a perdu cinquante mille florins de biens meubles et immeubles et douze mille florins de rente, et se plaint au surplus de ne plus pouvoir ni vendre ni louer des terres qui lui appartiennent et lui ont été confisquées, tandis que les récoltes menacent d'être maigres faute de bras disponibles.

Non contente de cela, elle accuse nommément le Premier Président du Parlement de Provence de n'avoir agi à son égard que par ambition, cupidité et rancune personnelle.

Mérite de Trivulce a adressé dès le mois de mai une première lettre au Roi où elle protestait déjà des exactions qu'elle prétendait avoir été commises sur ses terres.

Elle n'était pas seule, d'ailleurs. D'autres seigneurs ont aussi fait entendre leurs récriminations.

On leur a répondu que l'instance suprême de la justice au comté de Provence était le Parlement d'Aix et qu'ils devaient s'adresser à lui. François de Tournon, qui suit de près les affaires de la province, sait que la cour aixoise n'aura pas à chômer au retour des vacances judiciaires. Elle va crouler sous les demandes de restitution de biens confisqués et de réparation des torts subis, émanant tant de seigneurs que de communautés villageoises !

Par égard pour la Dame de Cental et Demont, toutefois, on ne se contenta pas de lui faire la même simple réponse. Le Roi lui a fait savoir qu'il demandait très officiellement au Parlement de Provence de lui adresser le procès-verbal de l'exécution, comme sa sœur Marguerite le lui avait d'ailleurs suggéré.

C'est le Second Président de La Font en personne, l'un des trois commissaires à l'exécution cosignataires du texte, qui est venu porter celui-ci à la Cour.

Sobre et clair, le procès-verbal s'en tient aux faits avérés.

Il rappelle l'arrêt de Mérindol et ses motivations, ainsi que l'ordre donné par le Roi de procéder à son exécution.

Il rend longuement compte des dispositions prises par le Parlement et le lieutenant général pour obéir à cet ordre, et surtout des nombreuses informations reçues par les commissaires dans les jours précédant immédiatement l'exécution, attestant que les habitants de tous les villages vaudois – et notamment ceux de la juridiction de la Dame de Cental – s'armaient et se fortifiaient dans les bois pour s'opposer aux décisions de justice.

Les opérations elles-mêmes sont décrites en termes concis. Les commissaires ne cachent toutefois pas que certaines troupes se sont malencontreusement livrées à quelques débordements, principalement au bourg de Lacoste, lieu auquel ils ont personnellement dû se rendre pour y rétablir l'ordre.

Quant à Cabrières-d'Avignon, s'ils mentionnent que, suite à leur furieuse résistance, il y fut fait grande tuerie d'hérétiques, ils n'entrent point dans les détails. La prise de la ville s'étant faite sous l'autorité du Pape, elle ne concerne en effet pas directement le Roi.

Ce dernier s'est montré pleinement satisfait par ce document, félicitant notamment Monsieur de La Font pour le zèle mis à remettre les gens de guerre dans le droit chemin.

Au moins, cette fois, le Roi ne varie pas ! Sans doute a-t-il eu vent, par sa sœur comme par ce qu'on a pu lui rapporter des lettres reçues des seigneurs de la région, d'abus et de violences commis dans le comté de Provence à l'occasion de l'exécution, mais il sait qu'il s'en produit hélas inévitablement en toute guerre.

Il a d'ailleurs pris la peine de faire savoir à la reine de Navarre qu'aucune information sérieuse et attestée ne venait confirmer de fort effrayants récits dont elle s'était faite l'écho, assurément de grossières exagérations, fruits de la malignité de quelque ami des rebelles.

La reine Marguerite, au reste, est demeurée peu de temps à la Cour. Le cardinal peut se réjouir de ce que son influence sur le Roi ne soit visiblement plus ce qu'elle était jadis.

Le Roi, donc, ne varie pas !

Au contraire, il se félicite des instructions données au mois de mai par le Premier Président d'Oppède pour veiller au bon rétablissement de la paix et de l'ordre dans toute la région.

Loin de le faire revenir sur les louanges qu'il a prodiguées aux exécuteurs des rebelles, certaines des protestations reçues ont même eu le don de l'irriter au plus haut point.

Qu'importe que l'Empereur ait critiqué les excès prétendument commis, n'hésitant pas à parler d'horribles persécutions et de meurtres ! Il est mal placé pour cela et, malgré la paix et les embrassades, il ne saurait se priver d'une occasion de calomnier le Roi de France !

Qu'importe aussi que la mission du comte de Grignan auprès des princes protestants allemands soit contrariée par l'écho des événements de Provence. Leur alliance a moins d'importance à présent que, précisément, on a fait la paix avec l'Empereur.

Mais les villes luthériennes de Strasbourg et de Bâle, traditionnelles alliées de la France, comme celles de Zurich, de Berne, Schaffhouse et Saint-Gall se sont permis d'adresser directement au Roi des lettres le priant de faire cesser les atroces persécutions et tyrannies dont souffraient les vaudois qui avaient échappé à l'exécution. Or vous savez combien Sa Majesté est sensible à tout ce qui pourrait venir s'immiscer dans l'exercice de son autorité souveraine. Elle a répondu avec hauteur, s'étonnant de cette intervention, attendu que ces villes n'avaient pas plus à se mêler de la manière dont elle gouvernait son royaume qu'elle-même n'intervenait dans la façon dont elles régentaient leurs sujets. Bien qu'elle n'eût point à justifier ses actes, elle daigna toutefois leur expliquer que les vaudois, s'étant révoltés, n'avaient reçu que le juste châtiment de leur conduite.

Non, le Roi ne varie pas !

S'il a édicté de nouvelles lettres de grâce offrant une fois de plus aux survivants de l'exécution le pardon contre l'abjuration, il n'en confirme pas moins que le Parlement doit procéder avec sévérité contre ceux qui s'obstineraient, et il a sans hésiter, il y a peu de jours, à l'instigation du cardinal, cosigné avec lui des lettres pour le baron d'Oppède – qu'il a nommé son aimé et fidèle conseiller – ainsi que pour le baron de La Garde, leur exprimant solennellement son contentement pour l'efficacité qu'ils ont mise à appliquer la loi.

Mais Madame de Cental, décidément, est opiniâtre.

Ce n'est cette fois plus seulement une lettre de protestation qu'elle adresse au Roi, mais, au nom de son petit-fils Jean-Louis-Nicolas de Bouliers, seigneur de la vallée d'Aigues, dont elle est la tutrice et l'administratrice des biens, une plainte en bonne et due forme, conjointe avec celle des syndics de Cabrières-d'Aigues, Saint-Martin-de-la-Brasque et Peypin, et requérant de celui qui est en ce royaume la source suprême de la justice et du droit qu'il lui soit rendu raison.

Il faut certes ménager Mérite de Trivulce. Mais donner suite à sa plainte, fût-ce symboliquement, revient à mettre en cause les autorités de Provence – voire les ordres donnés par le Roi lui-même. Comment instruire un tel procès, quelle qu'en soit d'ailleurs l'issue, sans paraître ainsi céder aux amis des hérétiques et déjà excuser ces derniers ?

« Monsieur le Chancelier, vous ferez préparer une lettre à Madame de Cental. Sans hâte, surtout, sans hâte... Vous lui représenterez que le Parlement de Provence est cour de justice souveraine, que l'on ne peut revenir sur ses arrêts et que le Roi se doit de respecter les libertés et privilèges qu'il a consentis à ses provinces. Vous ajouterez que, si des torts lui ont été causés, Sa Majesté veillera à ce qu'il lui soit rendu bonne justice par ledit Parlement... Surtout, montrez-vous des plus aimables. Dites l'affection que le Roi a toujours éprouvée pour la maison de Cental et Demont. Assurez la Dame de ce que son lieutenant général en Piémont aura plus que jamais souci de la sûreté et de la prospérité de ses terres... Et caetera, et caetera... »

François Olivier esquisse un sourire.

« Je n'y manquerai pas, Monsieur le Cardinal. Hélas, vous savez combien la chancellerie croule sous la tâche, par les temps qui courent. Il me faudra du temps...

— Procédez sans hâte, mon cher ami, sans hâte... »

9 septembre 1545

« Le Roi ? Où est le Roi ?

— Je suis là ! Que signifie cette irruption ? Mais... qu'avez-vous ? Je vous vois décomposé.

— Sire... Le duc...

— Le duc ?

— Monseigneur Charles...

— Quoi, Charles, parlez, ne me dites pas que... ?

— Sire. Tout à l'heure. Vers trois heures de l'après-midi.

— Non ! NON ! Charles ! Ah, cette fois on ne m'interdira plus de te voir... Laissez-moi passer. Écartez-vous ! Écartez-vous ! »

Charles, duc d'Orléans, par sa fougue et sa grâce, ressemblait au Roi lorsque celui-ci était jeune. Avec ses cheveux roux toujours coiffés en diable, il était un vivant contraste avec son aîné, le Dauphin, renfermé et taciturne. Il débordait d'ardeur, de courage et d'ambition. Charmeur, joyeux, magnifique, inépuisable en mots d'esprit et gentillesses, téméraire jusqu'à la folie, aventureux jusqu'à l'extravagance, il était aussi devenu le garant de la paix de l'Europe et du repos de la Chrétienté, depuis qu'il devait épouser la fille de l'Empereur, aux termes du traité conclu voici un an à Crépy-en-Laonnois.

Le malheur est arrivé en quelques jours. Une sorte de peste ayant éclaté au pays de Somme où il réside ces temps-ci, le Roi envoya ses deux fils visiter les villages infectés pour réconforter les habitants. Tous deux pénétrèrent dans une maison pestiférée dont tous les occupants venaient de succomber. Prétendant défier la peste, le duc joua avec son épée sur la couette d'un lit, en en faisant voler les plumes par la pièce.

À peine rentré en son appartement, en sueur et altéré, il but deux longs traits d'eau froide. La fièvre le saisit. Des vomissements lui vinrent. Et de vives douleurs sous les aisselles. Ses jambes lui tremblaient. Une invincible envie de dormir le gagnait. On le saignait. On le saignait. On le saignait encore.

Dès le second jour, craignant la contagion, les médecins interdirent au Roi et au Dauphin de le venir visiter. Ce dernier, par huit fois, se vit refuser l'entrée.

Puis on crut qu'il allait mieux.

« Laissez-moi passer ! Laissez-moi passer, vous dis-je ! »

Le Roi est comme fou.

Il court dans l'abbaye où il a son logis.

Le jeune défunt est là, livide, gisant sur son lit de douleur. Son corps longiligne paraît encore plus maigre qu'à l'accoutumée, comme déjà réduit à l'état de squelette.

Les yeux exorbités, balbutiant le nom de son fils, le Roi ouvre les bras, esquissant le geste de l'étreindre. Prêtres et médecins s'interposent.

Juste à temps pour voir se révulser les yeux de leur maître et s'effondrer dans leurs bras, inanimée, sa gigantesque et lourde carcasse.

Le Roi reprend ses sens. On l'a déposé sur son lit.

Seigneur, que T'ai-je fait ?

Qu'ai-je donc fait pour Te déplaire ?

Début mars 1546

La vallée est noyée dans la brume.

Des hauteurs de Saint-Germain, c'est à peine si l'on devine la Seine en contrebas.

Dans la fraîcheur hivernale, le Roi et le cardinal se promènent lentement dans les jardins dépouillés.

« Tournon, j'ai beaucoup réfléchi. Il me faut comprendre pourquoi Dieu a résolu de me frapper en la personne du fils que je chérissais. J'ai beaucoup péché dans ma vie, certes, et depuis trente et un ans que je règne sur ce royaume, j'ai commis maintes erreurs dans mon gouvernement. Mais si loin que je remontasse, je ne voyais rien qui justifiât un tel châtiment du Ciel. »

Le ciel... Le cardinal y lève justement les yeux.

Voilà que cela reprend le Roi !

Il s'est mis en tête que la mort du duc d'Orléans était un châtiment divin. On crut d'abord aisément le détromper. Tournon lui-même lui remontra combien de gens perdaient des êtres chers sans pour autant avoir particulièrement encouru le courroux du Seigneur. Ses voies sont impénétrables, et il nous faut simplement nous incliner devant Ses volontés qui nous dépassent. Neuf ans plus tôt, le Roi n'avait-il pas déjà perdu son aîné, le Dauphin François ? D'ailleurs, le duc d'Orléans, précisément pour toutes ses bonnes qualités et parce qu'il était jeune et n'avait encore guère péché, était peut-être déjà au paradis sans avoir dû passer par l'amertume du purgatoire.

Le Roi parut se ranger à ces avis.

Mais depuis, de loin en loin, le voilà – comme aujourd'hui – qui y revient !

S'il a toujours été bon chrétien, respectueux des enseignements de l'Église et régulièrement assidu à ses offices et célébrations, il ne s'était jusqu'ici jamais préoccupé outre mesure de ce que le Seigneur pouvait penser de lui. Que lui arrive-t-il donc ?

Il est vrai qu'il a connu en janvier des accès de fièvre, que sa fistule au ventre s'est rouverte et mise à suppurer.

Il est vrai que, il y a deux semaines, il a été durement affecté par la mort du comte d'Enghien, le jeune vainqueur de Cérisoles, survenue à la Cour en un accident si étrange que l'on soupçonne un meurtre.

Il est vrai que ce temps est propice à la mélancolie.

« Non, jusqu'à l'an dernier je ne vois rien qui puisse justifier pareil châtiment du Ciel. Mais il m'est revenu aux oreilles de bien vilaines choses concernant l'exécution de Provence... Or n'êtes-vous pas frappé de la coïncidence ? Je l'ordonne en janvier, elle a lieu en avril. Le dix-huit août, je félicite solennellement par lettres ses auteurs, et, le neuf septembre, Dieu m'enlève mon fils !

— Mais, Sire, de grâce, ôtez-vous de l'esprit cette idée de châtiment divin ! La mort du duc d'Orléans n'implique aucune punition de Dieu à votre égard !

— Je sais, Tournon, que vous n'y croyez pas. Vous me l'avez assez dit. Vos arguments sont raisonnables et je ne saurais les discuter. Seulement, voyez-vous, moi, *je sais* que Dieu a voulu me frapper. Je le sens, comprenez-vous ? »

Le Roi chemine un moment sans mot dire, puis reprend :

« Je n'ai pas voulu croire Marguerite quand elle m'a affirmé que de grands crimes et injustices avaient été commis en Provence. J'ai fermé l'oreille aux récriminations venues des seigneurs et des bourgs de l'endroit. J'ai cru, comme vous me le disiez, que c'était là mensonges de complices des rebelles ou exagérations de sujets désireux de tirer un grand profit d'un petit préjudice.

— Sire, vous connaissez infiniment mieux que moi les choses de la guerre. Les excès et débordements des soldats sont hélas un des maux qui l'accompagnent. Vous savez bien que les autorités de Provence ont eu tôt fait de prendre des mesures pour les endiguer et arrêter. Qu'y a-t-il là qui puisse attirer sur Votre Majesté le courroux divin ? Tout au contraire, c'est en ne réprimant pas l'hérésie que vous eussiez mécontenté Notre-Seigneur.

— Les choses de la guerre, dites-vous... Vous savez bien, Monsieur le Cardinal, que ce n'est pas seulement pour leurs erreurs et faussetés que j'ordonne à mes Parlements de poursuivre les luthériens. C'est aussi pour que leurs prêches ne viennent pas semer parmi mes peuples la division et la discorde ! Parce qu'ils sont un ferment de guerre civile ! Or s'il y a eu guerre civile en Provence, ce ne sont pas les vaudois qui l'ont commencée. C'est moi !

— Sire ! Sire ! Que dites-vous là ? Les vaudois l'ont commencée du seul fait qu'ils étaient des rebelles ! Ne prétendaient-ils pas vivre dans la même liberté que ceux de Genève ? N'entendaient-ils pas même menacer Marseille ?

— Le baron de La Garde s'est étonné du peu de gens qu'il a trouvés pour lui résister, alors qu'il s'attendait à rencontrer une véritable armée. Il me l'a lui-même écrit. À ce qu'il me semble à présent, les vaudois n'étaient nullement en état de menacer Marseille.

— Ils ne l'étaient pas encore, Sire. Mais faut-il pour autant se lamenter d'avoir su étouffer cette rébellion dans l'œuf, alors que, en la laissant mûrir, elle eût pu provoquer des maux bien plus grands ? En ordonnant sa répression, vous avez fait votre devoir de Roi et de chrétien. »

Le Roi s'arrête, se tourne vers le cardinal.

« Monsieur le Cardinal, que s'est-il passé exactement à Cabrières-du-Comtat ? »

François de Tournon soupire. Il y a longtemps qu'il n'a vu le souverain ratiociner ainsi. Ce n'est guère dans ses habitudes.

« Vous le savez comme moi, Sire. Il s'est passé à Cabrières-d'Avignon des événements bien regrettables, bon nombre d'hérétiques y ayant été exécutés sans avoir été jugés.

— Tout le village, y compris femmes et enfants, et jusque dans l'église !

— Les autorités du Comtat ne s'en sont point cachées. Je tiens du trésorier Pero que, peu de jours après l'exécution, en décrivant celle-ci dans une lettre au cardinal Farnèse, il lui a clairement avoué que des soudards avaient malencontreusement échappé au contrôle de leurs chefs. Mais vous savez aussi, Sire, que ces soudards étaient des recrues de la région. Vos vieilles troupes, elles, n'y ont eu aucune part. Elles se sont retirées aussitôt accomplie la mission que vous leur aviez confiée, à savoir assister les troupes pontificales dans la prise de Cabrières. De même le baron d'Oppède, une fois la ville prise, s'est retiré à Cavaillon, laissant comme il se doit le soin au vice-légat et au gouvernement d'Avignon d'assurer l'ordre en leurs domaines. Si les troupes du Comtat ont échappé au contrôle des autorités de ce même Comtat, en quoi est-ce votre faute ou celle de vos lieutenants ? De plus, même si cela n'excuse rien, n'oublions pas que la ville de Cabrières tout entière avait été condamnée par la cour d'Avignon. »

Le Roi pose sur le cardinal un regard dubitatif.

« Tout de même, Tournon, si je n'avais pas donné l'ordre à mes vieilles troupes de seconder le vice-légat, ce siège n'eût point eu lieu, non plus que les débordements dont vous parlez.

— Et alors, Sire, appuyés sur cette forteresse du Comtat, les luthériens de toute la Provence auraient continué à narguer votre pouvoir et votre autorité ! Et ils auraient ainsi en toute sûreté pu mener à bien tous leurs méchants projets !

— Oui... bien sûr... Vous avez raison... Je ne sais pas pourquoi j'ai dit cela... »

Le Roi semble toujours peu convaincu.

Le cardinal, haussant la voix, s'écrie alors : « Sire, souvenez-vous du sac de Rome ! »

Le sac de Rome !

Le six mai de l'an mil cinq cent vingt-sept, l'armée de Charles Quint, en lutte avec le Pape, s'est emparée de Rome. Elle comptait dans ses rangs dix-huit mille lansquenets allemands, pour la plupart luthériens, que l'on n'avait de surcroît pas payés depuis des mois.

Le sac de la ville dura plus de huit jours. Et il fut effrayant.

Dès la première journée, on tua six mille personnes.

Églises, palais, maisons pillés et brûlés, hommes suppliciés, femmes violées, éventrées, enfant égorgés... La basilique Saint-Pierre servit d'écurie aux chevaux des mercenaires. On mena partout par la ville des mascarades sacrilèges, des cortèges burlesques. On s'y livra aux plus effarantes orgies... On mit le feu au grand palais pontifical, à nombre d'églises et de monastères, et pour finir à une bonne partie de la ville. Les reliques furent profanées. On vit des lansquenets jouer à la balle avec les crânes de saint Jean, saint Pierre, et saint Paul.

Ils violaient les religieuses avec un plaisir particulier, humiliaient tant qu'ils pouvaient les princes de l'Église. Le Pape et nombre de prélats et de dignitaires ne trouvèrent leur salut qu'en s'enfermant au château Saint-Ange avec le peu de troupes qui leur restaient.

Au sac lui-même succédèrent des mois d'occupation. La ville exsangue mourait de faim. Les habitants, dûment rançonnés, durent se faire les domestiques de soldats qui exigeaient des hommes comme des femmes tout ce que pouvait leur inspirer leur perverse fantaisie. Les occupants détruisaient les œuvres d'art dont ils ne pensaient pas pouvoir aisément tirer profit, et ils rivalisaient de tortures des plus atroces et des plus ingénieuses pour extorquer de l'argent aux notables et faire sortir l'or de ses caches.

Et la peste jaillit du charnier qu'était devenue la cité de saint Pierre.

Jamais depuis les temps barbares Rome n'avait subi un tel outrage. Près de vingt ans plus tard, c'est tout juste si elle s'en est enfin relevée.

Auprès du sac de Rome, celui de Cabrières, assurément, n'était qu'un amusement pour les petits enfants...

« Dieu, pour cela, a-t-Il frappé l'Empereur, Sire ? Tout au contraire la chancellerie impériale prétendit que le sac était une punition divine contre le Pape parce qu'il se conduisait en chef de guerre et non en pasteur et que sa ville était devenue un lieu de perdition !

— L'Empereur a perdu l'Impératrice qu'il aimait tendrement.

— Douze ans plus tard, Sire, douze ans plus tard... Et lorsque vous-même avez perdu la Reine Claude, y avez-vous vu un châtiment divin ?

— Non, bien sûr. Vous avez raison, Tournon, vous avez raison, comme toujours... Comme toujours...

— Sire, pensez plutôt à la joyeuse entrée que vous allez faire ces jours-ci dans Paris pour fêter votre santé retrouvée ! Songez à l'enfant que porte Madame la Dauphine, qui n'est pas loin de la délivrance ! Songez au printemps qui approche !

— Oui, oui, sans doute... Mais ne serait-il pas juste, au moins, que je fasse droit à la plainte de Madame de Cental ? »

Le cardinal jette sur le Roi un regard en coin. Il est atterré. Combien de temps cette discussion stérile va-t-elle encore durer ?

« Là non plus, Sire, je n'ai rien à vous dire que je ne vous aie déjà dit. Faire le procès à un zèle coupable, ce serait donner à l'hérésie une nouvelle audace. Et cela alors qu'il ne se passe guère de mois que vos Parlements ne doivent envoyer au bûcher un de ces prédicateurs qui travaillent à troubler l'esprit de vos sujets. Et en Guyenne, les luthériens ne sont-ils pas déjà si nombreux qu'ils commencent à molester les bons catholiques ?

« Or le zèle du Parlement et de vos officiers n'était pas coupable ! Au contraire, c'est la maison de Cental qui a fait son propre malheur en faisant venir jadis par avarice des vaudois en Luberon, parce qu'ils prenaient les terres à plus haut prix que les bons chrétiens du pays. La Dame de Cental n'a de plus jamais tenu compte des commandements des autorités, tant religieuses que civiles, faites aux seigneurs de la région pour désarmer, chasser ou présenter à la justice les dévoyés de la foi. Monsieur de Piolenc, votre procureur général dans le pays de Provence, ne vous a-t-il pas adressé une requête demandant qu'il vous plaise débouter la Dame de Cental, attendu notamment qu'elle aurait sauvé plusieurs des principaux hérétiques et caché une grande partie de leurs biens, qui eussent dû être confisqués au profit de la Couronne ? En cela, elle risque de vous faire perdre l'obéissance du pays, qui dépend de l'entière extirpation de la secte ! La Dame de Cental s'est elle-même mise dans un mauvais pas, et c'est justice qu'elle en ait payé le prix ! »

Une sorte de grognement vaguement approbateur répond au cardinal.

Puis, enfin, le silence.

Sur l'allée, dans la brume, mains croisées dans le dos, épaules voûtées, regard absent, chemine d'un pas lourd le Roi François de France.

Février-mars 1547

« Monsieur, on me dit que vous accourez de Calais et avez une grave nouvelle à m'annoncer ?

— Votre Majesté, le Roi Henry mon Maître a rendu son âme à Dieu dans la nuit du vingt-sept au vingt-huit janvier. »

Henry. Henry d'Angleterre. Point vraiment un ami. La dernière guerre que le Roi a menée fut contre lui. Et si les combats ont cessé, on négocie encore.

Point vraiment un ami, peut-être. Mais un contemporain... Henry n'avait que quatre ans de plus que François.

Il était devenu si obèse et, sur la fin, si impotent qu'il ne pouvait quasiment plus marcher.

Le Roi le revoit, jeune et splendide, en ce camp si somptueux qu'on l'appela du Drap d'or. Pas tout à fait si grand que lui, sans doute, mais mince et musculeux, et comme lui lutteur redoutable. François croit à nouveau sentir l'haleine du Roi d'Angleterre lorsqu'il l'affrontait à la lutte.

C'était il y a près de vingt-sept ans. Lui aussi, François, alors, était jeune et splendide...

« Sire, avant que de mourir, le Roi mon maître m'a enjoint de vous délivrer un message.

— Dites.

— Le Roi a dit ceci : *Dites à François de France qu'il lui faut bien penser qu'il est mortel comme moi.* »

Quelques jours passent au château de Saint-Germain. En dépit des frimas qui viennent de l'enrhumer, le Roi fait bonne figure et affiche la gaieté. Mais depuis qu'est venu l'envoyé d'Angleterre, on le voit chaque jour devenir plus pensif.

Soudain – nous sommes au soir du onze février –, voici que le saisissent trois accès de fièvre tierce !

Le Roi ordonne brusquement de quitter Saint-Germain pour La Muette. Et au lieu que de garder la chambre comme le recommandent les médecins, il semble soudain frappé de frénésie. De La Muette, il commande de se rendre à Villepreux, puis à Limours, puis à Rochefort-en-Yvelines, puis à Meudon, entraînant précipitamment sa Cour dans l'inconfort des routes de l'hiver.

Où va le Roi François ?

Où va donc notre Roi ?

Sitôt arrivé en un lieu, il se précipite à la chasse. N'ayant bientôt plus la force de se tenir à cheval, c'est en litière à présent qu'il se fait porter au-devant du gibier.

L'excitation de la chasse, pourtant, semble lui redonner vie.

Mais tous les soirs, à son retour, il a, toujours plus fort, quelque nouvel accès d'une fièvre tenace.

Et voici à présent qu'elle devient continue.

Et que sa plaie au ventre suppure de nouveau.

Le Roi semble se forcer à vivre comme il l'a toujours fait, malgré sa maladie.

Mais de château en château, tous, autour de lui, voyant de jour en jour s'altérer son visage, comprennent que le Roi fuit.

Oui, pour la première fois de sa vie, François Premier de France fuit.

Comme si chaque soir, à l'étape, visible de lui seul, il retrouvait sur sa route un ennemi invincible.

Un ennemi qu'il ne sert à rien d'affronter en face comme il l'a fait de l'Empereur, ou de feu le Roi d'Angleterre.

Un ennemi qu'il croit avoir laissé au château précédent, trompant sa vigilance.

Et qu'il retrouve chaque soir, à l'étape, qui l'attend.

Il commande à présent de se mettre en route vers son cher Fontainebleau.

Au douzième jour de mars, parvenu à Rambouillet, il paraît pourtant s'apaiser. Prenant plaisir en chasses et voleries dans la vaste forêt, il décide de rester là cinq ou six jours avant de reprendre la route.

Mais... mais que dit-on ?

Est-ce vrai ? En est-on sûr ?

Oui ! Oui ! Hélas ! Hélas ! Voici que l'apostume, la terrible apostume, lui est revenue...

Les médecins décident de forcer le destin et de crever l'abcès sans attendre qu'il mûrisse plus.

Mais ils y trouvent telle pourriture qu'ils désespèrent de la curation...

Allons ! Qu'on les écarte ! Le Roi a déjà connu semblable crise ! Prévenir la Reine ? Vous n'y songez pas ! Qu'on la laisse jouir en paix de son séjour de Poissy !

Je vais mieux ! Je vais mieux, vous dis-je ! C'est le printemps, tout revit ! Ha ! ha ! ha ! Hier soir, n'ai-je donc pas sacrifié à Vénus en accorte compagnie ?

Je vais mieux !

Je vais mieux...

Je... Ô Dieu...

Mon fils, appelez mon fils !

Oh, appelez mon fils...

Le Dauphin, ces derniers jours, n'a pas quitté Rambouillet.
Le Roi, livide, l'attend sur son lit.
« Approchez, Henri. J'ai à vous parler... »

Des trois fils de François, l'unique survivant est celui qu'il a le moins aimé.
Qu'il n'aime plus du tout, en fait, et qui le lui rend bien.
La Cour a même fini par se scinder en deux coteries, celle du père, celle du fils. Lorsque, l'an dernier, on a proposé à ce dernier, comme c'est l'usage, de présider le Conseil privé lorsqu'il s'y trouvait en l'absence du Roi, il a refusé, arguant que les choses allaient si mal qu'on lui ferait alors porter la responsabilité d'un mauvais gouvernement qui n'était pas le sien, ce qu'il ne voulait point.
On a cessé dès lors de l'inviter au Conseil.

Mais, devant le spectre de la mort, il semble que le Roi et le Dauphin se souviennent de ce qu'ils sont père et fils.
Ils se sont longuement parlé en dehors de tout témoin. Que se sont-ils dit ? Henri semble plus triste encore qu'à l'accoutumée. François, tout au contraire, semble supporter sa souffrance avec plus de sérénité.

À présent, le Roi fait fréquemment appeler le Dauphin. Pour l'instruire des affaires. Pour lui donner ses ultimes avis et recommandations.

Que veut-il, cette fois, lui confier à cette heure ?

« Mon fils, je suis pressé de remords et regrets de n'avoir pu, avant que de mourir, faire une punition exemplaire de ceux qui sous mon nom et autorité ont fait en Provence un grand esclandre, et épandu le sang des habitants de Cabrières et de Mérindol. Dans quelques jours – avant peut-être – vous serez Roi de France. Je vous prie de ne plus différer comme je l'ai fait ladite punition. Autrement, Dieu, qui ne laisse tels saccagements impunis, en ferait la vengeance. »

Dans les salles du château, on ne parle qu'à mi-voix, comme dans une église.

Avant-hier, le Roi a demandé à la duchesse d'Étampes de quitter Rambouillet pour sa sûreté. C'est un signe qui ne trompe pas. Le Roi vivant, rien ne peut arriver à sa chère favorite, mais, une fois qu'il sera mort, elle sera livrée à la coterie du Dauphin et de sa maîtresse, Diane de Poitiers, qu'on nomme la Grande Sénéchale pour ce qu'elle est veuve du Grand Sénéchal de Brézé, et qui la hait.

La duchesse l'a bien compris, qui s'est aussitôt écriée : « Terre, engloutis-moi ! »

Sous les mines attristées qu'il convient d'afficher, les amis de Madame de Brézé cachent de plus en plus mal leur impatience. Et, après que des nouvelles alarmantes sont venues de la chambre du Roi, chacun sursaute lorsque, d'une voix enjouée qui brise l'atmosphère feutrée où baigne le château, on entend la Grande Sénéchale elle-même s'écrier : « Voilà qu'il passe, le galant ! »

Le Roi respire de plus en plus difficilement. On l'entend murmurer :

« Ô Dieu ! Qu'elle était lourde cette couronne, que j'avais cru jadis que Tu m'avais donnée comme un présent de Toi ! »

En ce jeudi, dernier jour du mois de mars, dans la deuxième heure de l'après-midi, après avoir, par deux fois, prononcé le nom de Jésus, le Roi François de France rejoint son Créateur.

Priez, amis, priez

Pour l'âme de notre Roi !

24 mai 1547

Le cercueil, lentement, descend dans le caveau.
Auprès du Roi défunt on pose ses deux fils morts.
Là ils retrouvent Louise, la mère de François,
et Charlotte sa sœur, et Claude son épouse.

Sous les antiques voûtes de l'abbatiale Saint-Denis,
s'élève la voix de basse du héraut Normandie :
« Monseigneur d'Annebault, apportez la bannière de France ! »

L'amiral d'Annebault, se soutenant à peine, dépose symboliquement, aux marches du caveau, l'oriflamme du Roi.
Alors le héraut crie, par trois fois :

« Le Roi est mort ! »

Le silence est de plomb.

« Le Roi est mort ! »

Le silence est d'airain.

« Le Roi est mort ! »

Plus un son. Plus un bruit.

Du monarque défunt on a ôté l'effigie faite en cire, l'image si vivante qui, jusqu'à cet instant, maintenait l'illusion que régnait sur la France le noble Roi François.

Alors ducs, maréchaux, évêques et cardinaux, échevins et bourgeois, vieillards et jouvenceaux, ressentent en leurs entrailles l'angoisse d'être orphelins.

Le héraut Normandie se tourne vers l'amiral.

« Monseigneur d'Annebault, relevez la bannière de France et criez : Vive le Roi ! »

L'amiral, tremblant, saisit la bannière. Ouvre une bouche muette. Et puis s'effondre en larmes.

Alors Normandie, faisant face à la foule, s'écrie d'une voix tonnante :

« Vive le Roi Henri, second de ce nom, par la grâce de Dieu Roi de France, à qui Dieu donne bonne vie et longue ! »

26 juillet 1547

La journée fut grandiose.

Mais si la fraîcheur de la cathédrale préserva quelque peu de la chaleur de juillet, elle fut aussi éprouvante. Il était temps que s'achevât le grand banquet tenu au palais épiscopal.

Surcot, chemise et vertugadin, cotte, basquine et bonnet, avec tout leur poids de pierreries, ont enfin été ôtés, révélant le trésor que cachait leur luxueuse élégance... Un corps de belle stature, aux formes tout à la fois généreuses et robustes, gorge opulente et taille fine sous de larges épaules, peau de lait, chair ferme et tendre en même temps, pareille au plus exquis des mets...

Une force tranquille et rassurante émane de cette beauté où se mêlent suave féminité et puissante vigueur.

Tu me plais, mon miroir, à me faire si belle...

Chevelure ondulée d'un blond léger, front élégamment bombé, nez un peu grand, mais fin et esquissant fièrement une bien gracieuse courbe, arc délicat des sourcils, joues subtilement colorées, petit menton pointu, volontaire mais charmant...

Et de si jolies fossettes !

Le regard limpide sait merveilleusement se montrer enjôleur. Mais il sait aussi, à son gré, fasciner ou glacer. Aujourd'hui, il brille de triomphe.

Les minces lèvres entrouvrent la petite bouche en un sourire jubilatoire.

Dis-moi, ô mon miroir, qui est Reine de France ?

Voici plus de seize ans déjà que le feu Roi m'a chargée, jeune veuve que j'étais, de tirer son second fils de la mélancolie héritée des prisons d'Espagne où il avait dû le laisser, tout enfant, en otage à l'Empereur.

J'ai vite compris que ce jouvenceau de dix-neuf ans mon cadet, orphelin de mère, cachait derrière son corps d'athlète un être faible, fragile et incertain, qui désirait sans savoir le dire tendresse et protection.

J'ai vite compris que mes bras, en se refermant sur lui avec une ferme douceur, lui offriraient un havre et un refuge dont il ne se pourrait plus jamais passer.

Bientôt, la mort de son frère aîné l'a fait Dauphin de France.

Et la mort de son père, désormais, l'a fait Roi.

Mon Henri ! Mon Hercule !

Que tu étais beau tout à l'heure, quand tu reçus le saint chrême qui fait de toi l'oint du Seigneur, l'homme élu par Dieu pour régner sur la France !

Mais si toi tu es Roi,
dis-moi, ô mon miroir, qui est Reine de France ?

C'est bien le tiers de ses journées qu'Henri passe auprès de moi !

Tout Roi qu'il soit devenu, hors le jeu de paume et la chasse, il semble n'avoir rien d'autre en tête que de me courtiser.

Il a juré de ne se jamais vêtir qu'aux couleurs de sa Dame – à *mes* couleurs –, le noir et le blanc, et il tient scrupuleusement parole. Et ces couleurs figurent le symbole héraldique sous lesquelles il combat et il joute.

Ô mon corps, puisses-tu longtemps encore susciter les appétits d'Henri !

Tenez ferme, mes seins, et tends-toi bien, ma peau !

Ridules qui s'esquissez au coin des yeux, restez ce que vous êtes !

Quarante-sept ans ? Est-ce possible ? Même moi, mon miroir, quand je suis avec toi je ne le puis pas croire.

On croit que j'utilise des onguents miraculeux pour maintenir ma jeunesse.

C'est faux. Je n'utilise pas même les fards et les pommades dont abusent les belles de la Cour. Mon onguent est l'eau froide dont je me lave chaque jour !

Et chaque jour également, au lieu que de laisser mon corps s'amollir au lit ou à la table, je chevauche, je galope et je chasse !

Mon Henri ! Mon Roi !
Tu règnes sur la France.

Et moi, je règne sur toi.

Adieu, messieurs les amis de Madame d'Étampes ! Adieu, messieurs les conseillers trop proches du feu Roi ! Il ne s'est pas fallu deux jours, après qu'il mourut – tout juste s'il était froid ! –, pour que nous fussions délivrés de votre importune présence.

L'amiral d'Annebault a tout loisir désormais d'apprécier le repos de ses terres. Et François de Tournon doit se considérer bien heureux d'être devenu ambassadeur à Rome !

Dis-moi, ô mon miroir, qui est Reine de France ?

Ah, mon bon Connétable, mon vieil ami, mon vieux complice ! Mon cher Montmorency ! Lorsque Henri t'a envoyé quérir, au grand galop, en ton château de Chantilly où t'avaient relégué la disgrâce du feu Roi et l'inimitié du cardinal de Tournon, je me réjouissais de te revoir à la Cour. Je n'avais simplement pas réalisé que si, moi, j'ai su être pour le Roi et la mère et l'amante, tu avais su, toi, en devenir comme le père.

J'étais prête à partager le pouvoir avec toi, pourvu que tu n'aies que le second rang. Mais il m'a déplu de voir Henri, dès ton retour, t'accorder le premier.

Mais qu'à cela ne tienne, mon cher Connétable. Henri a peu d'affections, lent qu'il est à se lier, avec l'irrépressible méfiance qu'il a ramenée d'Espagne, mais celles qu'il s'est forgées sont indestructibles. Or il aime le comte d'Aumale, et je suis au mieux avec la famille de Guise dont celui-ci est l'héritier. Il fallait donc que le comte entre aussi au Conseil. Il y est. Avec son frère et son oncle. C'est parfait. Vous avez tort, mon cher ami, du haut de votre âge et de votre expérience, de mépriser les Guises tant que vous le faites.

François d'Aumale et l'archevêque son frère sont d'une ambition dont vous ne sauriez apercevoir les bornes et aussi, ce me semble, d'une intelligence qui surpasse la vôtre.

Il vous faudra donc rivaliser avec eux dans la confiance du Roi. Tout comme eux, au rebours, devront rivaliser avec vous.

Et vous comme eux aurez alors besoin d'appuis et d'alliés. Et quel meilleur alliée que celle qui, jusqu'au cœur de la nuit, aux heures les plus intimes, a l'oreille du Roi ?

Mon cher Connétable, dans la balance du pouvoir, vous et vos neveux ne sont désormais qu'une des deux charges. Les Guise constituent l'autre.

Et moi, je tiens le fléau !

Dis-moi, miroir, dis-moi... Qui est Reine de France ?

Catherine, chère Catherine, petite Médicis, reste comme tu es, ne change surtout pas ! Reste douce et effacée, ma chère petite reine. Continue à fréquenter belles-lettres et beaux-arts. Et nous resterons amies.

Car je ne te veux que du bien. Nous avons des intérêts communs, cousines que nous sommes par nos parents de La Tour d'Auvergne. Mais de ces intérêts, le plus grand est notre Henri. Il faut, pour assurer son règne, qu'il ait des fils de France, et c'est toi, petite reine, qui seule peux les lui donner. Combien de fois l'ai-je poussé vers ta couche alors qu'il aspirait à la mienne !

Je suis ton alliée, petite Catherine, pour peu que tu te montres assez sage pour savoir rester comme tu es...

La Reine de France, c'est nous deux, Catherine.

Toi, tu en as le titre. Et moi, j'ai tout le reste...

Par force nous sommes unies, comme nous unit l'emblème de notre Henri.

Dans le H de son nom viennent s'entrecroiser les C du tien, petite cousine. Mais chacun voit bien que, accolés aux barres du H, les C de Catherine deviennent les D de Diane...

Août 1547

Silencieux, énigmatique, les paupières légèrement baissées sur un regard morne et un peu voilé, visage agréable quoique un peu long, barbe peu fournie mais impeccablement taillée, élégant dans son vêtement noir et blanc brodé d'or...

voici le Roi.

À sa droite, le Camus. À sa gauche, le Balafré.

Le Camus, c'est ainsi que l'on surnomme, pour son nez court et plat, Anne de Montmorency, Connétable de France, massif et puissant guerrier mûrissant à la forte encolure, rompu à tant de guerres, au visage sombre et rude.

Le Balafré, c'est le jeune comte François d'Aumale, fils aîné du duc Claude de Guise. Sa balafre – c'est miracle ! – rajoute presque à sa beauté. On ne saurait imaginer de quelle terrible blessure elle est le souvenir. Pendant la dernière guerre d'Angleterre, une lance le frappa vers le nez au-dessus de l'œil droit, son fer s'enfonça entre la nuque et l'oreille et l'arme se brisa, restant fichée en tête. Seul Ambroise Paré crut pouvoir le sauver. Saisissant des tenailles, il posa le pied sur le visage du blessé et, fracturant os, déchirant nerfs, il ôta le fer au comte, qui, sans perdre sa conscience, n'eut pas d'autre plainte que de dire : « Ah ! Mon Dieu ! »

« Monsieur le Connétable, qu'opinez-vous ?

— Madame de Cental est d'une nature persévérante qu'il serait malencontreux de s'aliéner, Sire. La nouvelle plainte qu'elle adresse à Votre Majesté le prouve assez. Qui sait combien de temps durera la paix avec l'Empereur ? Son amitié en Piémont nous est bien utile.

« Il convient de faire droit à sa requête. Monsieur de Tournon a mal fait d'en détourner le Roi votre père, qui l'a bien compris en vous priant de faire bonne justice.

« Et puis il ne serait pas mauvais de rabattre un peu l'orgueil de ces messieurs du Parlement de Provence qui, tant favorisés qu'ils étaient par le cardinal, ont pris l'habitude de lever un peu haut la crête.

— Aumale, votre avis ?

— Cela ne peut que flatter votre bon renom, Sire, que de faire éclater l'équité de votre justice en ce début de votre règne. Le feu Roi n'a que trop tardivement résolu d'infliger à l'infamie et à l'insolence des vaudois leur juste châtiment, mais si ceux qui ont prétendu faire sa volonté s'en sont aussi, comme on l'assure, pris sans vergogne aux bons chrétiens, il serait fait tort à sa mémoire, et donc à la Couronne tout entière, si n'était réparée la plaie que l'on a ainsi faite à sa clémence.

« Votre Majesté a grand intérêt à ce que tout le monde dedans et dehors le royaume sache la vérité sur ce qui s'est passé ! Il convient qu'il sache que vous frappez également tous les fauteurs de troubles en ce pays, au nombre desquels sont d'abord les hérétiques, mais aussi les mauvais serviteurs.

— Et dehors le royaume, Sire, les princes protestants, que vient si durement d'étriller l'Empereur, n'en verraient que mieux en vous les bouclier et protection auxquels ils aspirent... »

Octobre 1547

Qui donc heurte si fort la porte de l'hôtel d'Oppède ?

Le majordome, surpris, déverrouille l'huis.

Il reconnaît un capitaine du comte de Tende, lequel, beau-frère du Connétable de Montmorency, a retrouvé sa charge de gouverneur de Provence après que Monsieur de Grignan fut tombé en disgrâce, pour ce qu'il était le neveu du cardinal de Tournon.

Six hommes d'armes l'escortent, pique à la main.

« Veuillez me conduire auprès de Monsieur le baron d'Oppède, d'ordre du Roi ! »

Jean Maynier d'Oppède referme calmement la bible qu'il lisait.

Un capitaine et six gens d'armes, à cette heure, on n'a pas fait carrière dans la magistrature sans savoir ce que cela signifie...

« Capitaine, que me vaut le plaisir de cette soudaine visite ?

— Il n'y a hélas point de plaisir, Monsieur le baron – pardon ! –, Monsieur le comte. J'ai ordre du Roi de vous prendre de corps et vous prier me suivre incontinent en la conciergerie du palais.

— Bien, capitaine, bien. Je vous suis. Me laisserez-vous toutefois emporter quelque linge ?

— Cela va de soi, Monsieur le comte !

— Et puis-je savoir sur quel chef d'accusation le Roi me fait ainsi arrêter ?

— À ce que je sache, Monsieur, c'est pour avoir outrepassé les ordres du feu Roi dans l'exécution par vous faite de ses commandements. »

Le Président d'Oppède n'est pas autrement surpris. Dès cet été, de bien méchantes rumeurs montaient de la Cour.

Les anciens Romains avaient grandement raison de rappeler combien la roche Tarpéienne des condamnés à mort était proche du Capitole des généraux vainqueurs ! Il y a deux ans, je recevais une lettre du feu Roi me marquant sans réserve sa satisfaction pour l'exécution des arrêts contre les vaudois. L'an dernier, le Pape, en mémoire des services rendus à Cabrières, m'a fait comte palatin – je sais d'ailleurs gré à ce capitaine de s'en être souvenu ! Et voici que le Roi de présent, pour les mêmes motifs, me fait jeter au cachot !

« Suis-je seul à être ainsi arrêté, capitaine ?

— Non, Monsieur, vous n'êtes que le premier. »

Henri, par la grâce de Dieu Roi de France,

À Claude, comte de Tende, notre lieutenant général au comté de Provence.

Vous mandons prendre de corps les sieurs :

Jean Maynier, baron d'Oppède, Premier Président en le Parlement de Provence,

François de La Font, Second Président en ledit Parlement,

Bernard de Badet et Honoré de Tributiis, conseillers en ladite cour,

Guillaume Guérin, avocat général en ladite cour,

Antoine Escalin des Aymars, baron de La Garde, capitaine général en l'armée de mer du Levant,

et les faire mener en sûreté en notre donjon de Vincennes.

20 mai 1550

Brouhaha...

Tumulte de la foule qui prend place...

Robes rouges des conseillers, robes noires des avocats, chaperons fourrés d'hermine...

Cohue du public où se pressent tant nobles que bourgeois, clercs chenus comme jeunes étudiants...

Morions en tête, hallebardes dressées, les gens d'armes ceinturent la salle comble d'une haie de fer.

La pièce est si belle qu'on la dit Chambre Dorée, pour son plafond de chêne revêtu d'or, entrelacé d'ogives qu'achèvent des culs-de-lampes, et rempli d'ornements au travail délicat. Ses arcatures abritent tout un monde d'enfants, de centaures, de dauphins et de sirènes alternant avec des écussons fleurdelisés et les porcs-épics couronnés du Roi Louis Douzième, qui fit faire ce décor.

Au-dessus de la porte, un lion de pierre doré, accroupi, tête baissée et queue entre les jambes, entend marquer que les plus grands et les plus puissants sont eux aussi soumis à la justice.

Dans une profusion de velours bleus semés de fleurs de lys d'or, ce grand fauteuil vide que l'on voit là-bas, trônant sous un dais, dans l'angle de la salle, en haut de sept degrés, c'est le siège du Roi, qu'on nomme aussi son lit, raison pourquoi lorsque – fait rare et solennel – il lui arrive, selon son bon plaisir, de venir siéger ici, on dit qu'il tient lit de justice.

Autour, c'est le parquet, que sépare une clôture du reste de la salle. De part et d'autre du trône s'alignent des bancs, recouverts eux aussi de tapisseries fleurdelisées. Au fond, ce sont les hauts bancs, où chatoient les robes rouges des présidents et des conseillers. L'homme coiffé d'un mortier de velours cramoisi orné d'un galon d'or, c'est Monsieur Jean Coctel, maître des requêtes au Conseil du Roi, qui va présider la séance.

Au-dessous, toujours fleurdelisés, les bas bancs, où siègent les juges, les gens du Roi et aussi quelques-uns des plus anciens avocats.
Des deux côtés du passage donnant accès au parquet, vous devinez aux robes noires que c'est le barreau des avocats. Les avocats plaidants devant, les jeunes avocats écoutants derrière.

Non, non, n'avancez pas ! Je sais, il y a presse dans la partie du public, mais vous ne sauriez vous asseoir à un banc d'avocats !

Ah, mes amis, vous à qui la fort provinciale pompe des séances solennelles du Parlement de Provence a fait en son temps, je crois, grande impression, que ne devez-vous éprouver à présent !

C'est que c'est un procès fort extraordinaire qui s'ouvre ce jour d'hui en la Grand-Chambre du Parlement de Paris.

Les parties plaignantes y sont le Roi, et la Dame de Cental et Demont, pour le seigneur de La Tour-d'Aigues.
Les parties défendantes sont le baron Jean Maynier d'Oppède, les sieurs de La Font, de Badet, de Tributiis et Guérin, ainsi que le baron de La Garde.
Ont aussi député des avocats le Parlement et les États de Provence, et même le cardinal Farnèse, légat du Saint-Père pour le Comtat.
Pour voir pareil procès, il n'est point étonnant qu'on se bouscule au Palais de la Cité !

Attention, tout s'apaise.

Cela va commencer...

Été 1550

Bien le bonjour, lecteurs ! Je me présente.
Je suis Jacques Aubéry, sieur de Moncreau en Anjou.
Et c'est à vous personnellement que j'entends m'adresser.
Car il s'agit désormais de rendre la justice. Et vous, qui fûtes

témoins de tant d'événements, êtes mieux placés que quiconque pour savoir qui a fait bien, et qui a fait mal. Nous démêlerons donc ensemble, si vous le voulez bien, le complexe écheveau de cette pénible affaire.

Vous m'avez aperçu à l'audience d'ouverture du procès de l'exécution de Provence. C'est moi qui ai l'honneur de représenter le Roi en cette cause.

Honneur redoutable, croyez-le bien, et dont je me fusse bien passé !

Cette tâche eût dû incomber au Premier Avocat Général Séguier, mais il a été récusé pour avoir été conseil des parties présentes à ce procès. Quant au Second Avocat Général, Monsieur de Marillac, il se trouve loin de Paris, étant aux Grands Jours de justice de Moulins.

C'est ainsi que le procureur général a proposé au Roi de me désigner pour plaider en son nom les appels afférents aux exécutions faites contre les habitants de Mérindol et autres bourgs et villages de Provence.

Honneur redoutable, dis-je, car cette affaire est des plus complexes et des plus délicates !

Mais il me semble d'abord que je vous dois quelque explication. Vous vous étonnez sans doute, en effet, de ce que le procès ne se soit ouvert que ce printemps, alors que les accusés ont été écroués voici plus de deux ans et demi ? Eh bien, cela tient justement à l'une des premières complexités de l'affaire...

Ce qui est mis en cause dans celle-ci, c'est l'exécution commandée par le Parlement de Provence de ses propres arrêts. Et, à travers elle, il est inévitable que l'on s'interroge sur ces arrêts eux-mêmes ! Or le Parlement de Provence est une cour souveraine. Autrement dit, ses arrêts sont sans appel. En dehors de ce Parlement lui-même, qui peut donc, en droit, mettre en question ces derniers, ou même simplement juger de leur exécution ?

Qui ? Le Roi, me direz-vous !

Certes, étant investi, de par Dieu, du suprême pouvoir de justice, il le peut, et c'est pourquoi il a évoqué à lui cette cause.

Mais, cela étant dit, il ne suffit point d'un seul homme pour traiter d'une affaire si complexe, fût-il oint du Seigneur. Il faut auprès de lui des magistrats pour l'instruire, des avocats pour défendre les accusés... Bref, il doit s'appuyer sur une cour de justice ! Laquelle ? C'est toute la question.

Très logiquement, le Roi a d'abord ordonné au Grand Conseil d'instruire l'affaire. Comme vous le savez, le Grand Conseil n'était jamais autrefois qu'une section judiciaire du Conseil royal, qui n'a justement été créée que par désir d'alléger la besogne de celui-ci en le libérant du jugement des causes à lui évoquées.

Mais c'est là que les choses se compliquèrent. Il apparut vite que les conseillers, sans beaucoup approfondir l'affaire, se montraient fort enclins à l'indulgence pour les parlementaires inculpés.

Cela mécontenta le Roi, qui dessaisit le Grand Conseil et créa pour examiner les plaintes une juridiction spéciale, que l'on dénomma Chambre de la Reine et qui réunit, à Melun, vingt-quatre conseillers venus de divers Parlements.

Or l'affaire traîna en longueur, retardée par des incidents de procédure provoqués par l'une ou l'autre partie. Et, bien qu'elle n'ait pas véritablement été traitée au fond, il n'en fut bientôt pas moins clair que les juges délégués auprès de la Chambre, comme avant eux les conseillers du Grand Conseil, et sans doute par solidarité naturelle avec d'autres magistrats, s'apprêtaient eux aussi à rendre un jugement favorable aux accusés. Cela ne pouvait satisfaire le Roi, qui entendait que toute la lumière fût faite.

Pour obtenir que la cause soit vraiment examinée au fond, il a donc décidé d'évoquer à nouveau le procès à lui-même, au motif que la Chambre de la Reine n'avait pas une autorité suffisante pour juger et au besoin réviser un arrêt rendu par un Parlement, et il n'a plus vu d'autre recours que d'attribuer, par lettres patentes du dix-sept mars dernier, à la Grand-Chambre du Parlement de Paris, en tant que première cour de justice du royaume, la connaissance de la cause.

Or c'est justement ce qu'il avait cherché à éviter. Car les Parlements sont fort jaloux les uns des autres et ceux de province sont attentifs à ce que celui de Paris ne prenne point trop de prééminence, se considérant égaux avec lui en autorité. Et c'est une chose totalement inédite que de voir les membres d'un Parlement cités à comparaître devant un autre !

Lorsque le Roi avait évoqué l'affaire devant la Chambre de la Reine, le Parlement de Provence, déjà, s'était mis à murmurer. Mais c'est à présent un véritable tumulte qui s'élève de par tout le royaume dans le monde des gens de robe ! Le Roi a eu beau prendre la précaution d'affirmer que cette saisine du Parlement de Paris était exceptionnelle et ne saurait constituer un précédent, il n'en reste pas moins que l'on nie purement et simplement que ledit Parlement puisse en quelque circonstance que ce soit avoir compétence sur une pareille affaire.

Voilà pour les difficultés juridiques auxquelles il faudra répondre... et pour les passions qu'elles soulèvent.

Reste l'affaire elle-même.

Elle m'oblige à naviguer entre bien des écueils.

Le premier d'entre eux – le pire – serait, en défendant les victimes de l'exécution de Provence, de paraître défendre l'hérésie. Non seulement cela ruinerait la cause que je dois servir, mais cela pourrait bien me ruiner moi-même. Ce qui serait un comble car j'abhorre, croyez-le bien, les erreurs luthériennes !

Le second écueil serait de mécontenter le Roi. Qu'attend-il avant tout ? Qu'on lave l'honneur de la Couronne en l'exonérant des excès qui ont été commis en son nom. Or les inculpés ne cessent d'assurer qu'ils ont scrupuleusement respecté les ordres reçus du feu Roi.

Par ailleurs, je vais devoir parler contre des présidents et conseillers du Parlement d'Aix, qui sont parfois alliés aux plus grandes familles, par lesquelles ils me pourraient nuire fort.

Il faut aussi savoir que le Pape n'a cessé d'intervenir en faveur du baron d'Oppède. Pour le coup, cela ne fait peser sur moi aucune menace, mais quand on est, comme moi, bon catholique, cela ne peut laisser indifférent.

Je ne vois en fait qu'un moyen d'échapper à tous ces pièges.

C'est de faire ce que n'ont fait ni le Grand Conseil, ni la Chambre de la Reine, c'est-à-dire une enquête minutieuse. Si je démontre la vérité, quelle qu'elle soit, sans conteste possible, nul ne pourra m'en tenir rigueur !

Comme la Provence est la province du royaume la plus éloignée de Paris, il n'est pas facile de savoir ce qui s'y passe. Il faudra donc envoyer sur place des commissaires, bien que ce ne soit pas l'usage. Et ils auront bien du monde à interroger, bien des dossiers à compulser, vu l'ampleur de l'affaire.

J'ai donc demandé à la cour au moins un an pour mener cette enquête, et elle me l'a accordé.

Mi-septembre 1551, au Châtelet

Eh oui, lecteurs, un an déjà !

Si je vous reçois au Châtelet, c'est que j'y fais désormais office de lieutenant civil à la prévôté de Paris. Néanmoins le Roi a commandé que, malgré ces nouvelles fonctions, je demeure son représentant en l'affaire de Mérindol.

Je peux vous confirmer qu'un an n'a pas été de trop pour instruire pareille cause !

Vous ne sauriez imaginer le nombre de personnes qui ont été interrogées ! Ni la masse de papiers que j'ai dû compulser !

En tout cas, je sais désormais tout ce que je voulais savoir. Il est temps. Car le procès reprend jeudi dix-huit septembre prochain.

Mais à présent ma plaidoirie est prête.

Et puisque vous avez suivi de bout en bout toute cette affaire, il me plairait, si vous en avez convenance, de vous en résumer les principaux arguments.

En préalable, avant même de plaider, je vous rappelle que je dois affirmer la compétence du Parlement de Paris. Le moins que l'on puisse dire est qu'elle est niée avec vigueur par bien des magistrats ! Je peux vous assurer à ce sujet que le tumulte soulevé par cette affaire est devenu tempête. Les accusés et leurs amis n'ont eu aucun mal à trouver assistance dans tous les Parlements de France ! Que ce soit de Toulouse, de Grenoble, de Bordeaux, de Dijon ou de Rouen, les protestations fusent.

« C'est votre propre cause qui est en jeu », nous a-t-on dit, à moi et à mes collègues.

« À travers les magistrats d'Aix, c'est votre propre honneur qu'on ruine. »

« C'est un brûlot qu'on lance contre tous ceux qui rendent la justice au plus haut niveau. »

Et caetera, et caetera.

Seuls les parlementaires parisiens demeurent sereins – et encore, pas unanimement ! – justement parce qu'il ne leur déplaît pas de voir leur cour ainsi élevée de facto au-dessus des autres.

En fait, pour justifier ce recours au Parlement de Paris, il suffirait tout simplement de dire que ce procès a lieu parce que le Roi l'a voulu et commandé, puisque sa volonté nous est loi.

Mais j'ajouterai néanmoins que cette affaire porte sur deux points si essentiels à la conduite d'un État qu'elle ne saurait être plaidée que devant la seule cour où le Roi vient tenir ses lits de justice. Ces deux points sont la décision d'entreprendre la guerre, et tout particulièrement une guerre civile, et le second est le salut de la religion. Et tous les précédents depuis l'Antiquité montrent que des causes si importantes, de surcroît, doivent être plaidées en public – ce qui ne pouvait être le cas devant la Chambre de la Reine – afin que chacun puisse s'informer de la vérité. Ce que nous devons d'ailleurs à la mémoire et réputation du feu Roi.

Enfin, je soulignerai que, en l'occurrence, et contrairement à ce que les accusés affirment, il ne s'agit nullement de s'en prendre aux arrêts d'une cour souveraine et de déroger à son autorité. Ce sont des individus qui sont jugés, pour des actes commis par eux, et pas le Parlement d'Aix pour les arrêts qu'il a pris ! Celui-ci n'a été appelé qu'afin que l'on puisse s'enquérir auprès de lui de la raison et des motifs de ses arrêts et de leur exécution.

Je conviens avec vous que, hors celui touchant à la volonté royale, ces arguments sont loin d'être imparables ! Mais ils n'en viendront pas moins utilement étayer mon propos.

La question de l'hérésie, ensuite.

On ne s'est naturellement pas privé de semer le bruit que l'appel de l'affaire au Parlement est le fruit des manœuvres de ceux de Genève.

« Jusqu'où va se glisser la ruse des apostats, si nous les fortifions dans quelque espérance d'impunité, comme nous semblons le faire en prenant quelque tristesse de leur supplice ? » Voici par exemple ce qu'on entend !

Or, assurément, nous devons poursuivre l'hérésie comme la vérité poursuit le mensonge. Saint Augustin l'a dit justement : « Nous souhaitons des croix, des glaives, des flammes pour les hérétiques. »

Mais je prétends que, en la matière, le mal vient des meneurs, c'est-à-dire des prédicateurs, des faux prêcheurs, des barbes, comme disent les vaudois. Ce sont eux qui sèment des idées perverses dans les esprits et sont ainsi à la racine de tous les troubles. Ce sont eux, les loups qui viennent troubler la tranquillité des brebis – anciens loups que sont les vaudois, nouveaux loups que sont les luthériens –, ce sont eux qu'il faut frapper, et non ceux qui, par ignorance, se sont passivement laissé abuser ! Or, justement, aucun barbe vaudois n'a été compris dans l'exécution de Provence ! On n'a frappé qu'un pauvre peuple dont les autorités ecclésiastiques avaient gravement négligé l'éducation.

Et, ce qui est plus grave que tout, c'est que la plus grande partie de ce peuple n'avait été ni jugée ni reconnue comme hérétique. L'arrêt de Mérindol ne condamne comme tels que dix-neuf personnes en tout et pour tout, au demeurant sur simple dénonciation, comme je le rappellerai... et, sous le prétexte de cet arrêt, on en a tué près de trois mille, sans distinction d'âge ni de sexe !

On a préféré sacrifier les brebis, et égorger les agneaux, plutôt que d'affronter les loups !

Venons-en aux événements, à présent. Je les raconterai par le menu, dans l'ordre même où ils se sont déroulés, en en rappelant la genèse. Cela prendra du temps, beaucoup de temps, mais c'est essentiel. Car il faut que chacun sache exactement – parmi les magistrats comme parmi le public – ce qui s'est passé en Provence et en Comtat !

Et je puis vous dire – mais à vous je n'apprends rien, qui avez été sur place ! – que cela est terrible ! J'ai moi-même été singulièrement ému d'apprendre toutes les inhumanités qu'on a commises là-bas. Qu'elles aient pu être perpétrées dans un royaume pacifié, policé et réglé par des lois vénérables, sous le règne d'un Roi connu pour sa magnanimité, est une chose inouïe !

Cela étant dit, il ne suffit pas qu'il se soit déroulé des événements effroyables pour condamner les accusés. Il convient de prouver que leur responsabilité est engagée, qu'ils ont effectivement commis des fautes sans lesquelles ces horreurs n'auraient pas été possibles.

Eh bien, j'établirai que toute cette exécution a été entreprise illégalement, en dehors de tout mandat judiciaire valide.

La première question qui se pose est celle-ci : les accusés n'ont-ils rien fait d'autre qu'obéir à l'ordre du Roi d'exécuter l'arrêt de Mérindol, comme eux-mêmes le prétendent ?

Il y a eu ordre du Roi, cela est indiscutable.

Mais je démontrerai tout d'abord que le Roi a été mal informé. On l'a sciemment prévenu contre les vaudois, qui avaient fait appel à lui quelques mois plus tôt en le priant de bien vouloir diligenter une enquête et en protestant de leur bonne foi. Plutôt que d'attendre qu'au terme de cette enquête ils viennent à compromission, comme on pouvait l'espérer, le baron d'Oppède s'est tout particulièrement employé à déformer la vérité, précisément pour obtenir l'ordre d'exécution auquel il aspirait.

Le baron d'Oppède, pour tout vous dire, m'apparaît comme le pivot de toute cette affaire. Quelle que soit la responsabilité – au demeurant réelle – des autres accusés, c'est lui qui a été l'âme de l'exécution de Provence. Qui a voulu qu'elle se fasse, et qui l'a faite telle qu'elle a été !

Mais revenons aux ordres du Roi. Il convient en la matière de se demander si les ordres reçus en Provence avaient bien été transmis dans les règles. Pour être exécutoire par une cour de justice, un ordre royal doit en effet revêtir des formes particulières. Une simple instruction verbale ne suffit pas. Et des formes s'imposent aux écrits pour pouvoir s'assurer de leur parfaite authenticité. Or, j'ai relevé une surprenante série d'irrégularités que le Parlement d'Aix aurait dû constater lui aussi et faire corriger avant que d'exécuter les ordres correspondants.

Ainsi, dans les lettres patentes de janvier mil cinq cent quarante-cinq ordonnant l'exécution des arrêts pris contre les vaudois, il manque la signature de maître Jean Le Clerc, procureur au Conseil privé de Sa Majesté, lequel était pourtant censé se charger de leur expédition et n'en a gardé aucun souvenir.

De même, j'ai constaté que, dans la lettre où le Roi enjoint au baron de La Garde d'employer les vieilles bandes à la répression des vaudois, le paragraphe correspondant a été rajouté, d'une autre écriture, dans le vide laissé entre la signature apposée par le Roi au bas des paragraphes précédents, qui parlent d'autre chose, et la signature d'un sieur Bayard intervenant comme secrétaire. Quelqu'un a donc délibérément effectué a posteriori ce remplissage.

Sur toute cette affaire de lettres, je vais vous confier mon sentiment, même si je ne le puis prouver et ne le pourrai donc dire nettement à l'audience. Pour moi, c'est le cardinal de Tournon qui a manipulé les lettres du Roi ! Le cardinal de Tournon, dont il est bien connu qu'il entrait dans toutes les vues du baron d'Oppède...

C'est donc sur la base d'instructions irrégulières, obtenues par fraude, que ce dernier a résolu d'entreprendre l'exécution de Provence, et requis l'aide des vieilles bandes du Piémont.

Je proteste également de ce que le baron n'a fait officiellement publier les lettres royales de janvier, et obtenu du Parlement l'ordre d'exécution, que le douze avril, alors que toutes les dispositions étaient déjà prises pour procéder à cette exécution. Les choses eussent évidemment dû se produire dans l'ordre inverse.

Ensuite, je soulignerai que le Parlement lui-même a multiplié les erreurs dans les décisions qu'il a rendues. Je ne vous en donnerai que quelques exemples.

Dès l'origine, l'arrêt de Mérindol lui-même porte d'impardonnables irrégularités. Il condamne des particuliers sur simple dénonciation, sans même qu'ils aient été entendus. Il condamne collectivement, au seul motif qu'ils leur sont proches, leurs femmes, enfants et serviteurs, et pour finir tout le village lui-même, ce qui est une bien inique nouveauté, qu'aucune loi n'autorise !

Un tel défaut de droit fait que cet arrêt ne saurait justement être nommé *arrêt*, c'est-à-dire acte de justice réputé digne d'exécution comme jugement d'une cour souveraine, et qu'il est de ce fait juste qu'il soit mis en question. Et, si on juge néanmoins qu'on ne peut l'attaquer, qu'à tout le moins il ne serve pas à justifier les crimes qui ont été commis !

De son côté, l'arrêt du dimanche de Quasimodo par lequel le Parlement de Provence ordonne l'exécution de l'arrêt de Mérindol est pris en dehors de tous les usages, car une cour ne siège jamais un jour saint sans nécessité absolue, et encore moins l'après-midi car il est de coutume en France qu'on ne juge point les crimes capitaux après dîner. Mais, surtout, le baron d'Oppède, tout en présidant la cour, se trouvait en même temps requis par elle d'exécuter ses arrêts en tant que gouverneur de Provence. Il remplissait de ce fait en cette séance deux fonctions incompatibles.

Mais parlons plutôt de l'exécution elle-même, qui fait l'objet véritable de ce procès. Elle se déroule dans la plus parfaite illégalité ! Le conseil des commissaires et capitaines tenu à Cadenet – en présence de Monsieur d'Oppède – condamne ainsi, sans aucune forme juridique, plus de vingt villages au seul motif que l'on prétend avoir vu leurs habitants s'enfuir et que l'on en déduit donc qu'ils sont des rebelles, complices des condamnés de Mérindol, seul bourg visé par un arrêt de justice. On les traite comme des hérétiques insoumis sans la moindre preuve qu'ils le sont en effet. Si cela n'est pas un déni de justice, alors il n'y a plus de justice en ce pays !

Et, contrairement à ce qu'assurent les accusés, il n'y avait là que de simples paysans effrayés, bien incapables de prendre les armes.

Même si l'on admettait que les ordres prétendument reçus du Roi étaient valides, les opérations de guerre menées contre les villages autres que Mérindol ne sauraient en aucune façon se réclamer d'eux. Voici des gens réputés faire régner l'ordre et qui ont résolu de façon délibérée d'entreprendre une guerre, car c'en fut bien une, contre de paisibles sujets du Roi ! Alors que, étant le comble de tous les maux, la guerre ne saurait être décidée que par celui-ci même !

Il y a hélas bien d'autres errements auxquels il est incroyable qu'aient pu se prêter d'éminents magistrats d'une cour souveraine. Tenez, l'exécution de Maurice Blanc, à Mérindol. Sur quelle base juridique Monsieur d'Oppède se fonde-t-il pour ordonner sa mise à mort ? On n'a jamais condamné ainsi un homme reconnu comme à moitié idiot sous prétexte qu'il sait mal le *Pater* et l'*Ave* !

De plus, une exécution capitale doit se faire selon des procédés reconnus par la loi. Or où a-t-on jamais vu qu'il fût permis d'arquebuser les condamnés ? Voilà encore une bien étrange nouveauté !

Du reste, Monsieur d'Oppède, étant à Mérindol non comme magistrat, mais comme lieutenant du Roi, n'avait de ce fait aucune compétence pour décider d'une condamnation à mort.

De plus, une fois l'exécution accomplie, en interdisant qu'on leur porte secours, il a ensuite délibérément condamné les errants du Luberon à mourir de faim, alors que, encore une fois, ceux-ci ne faisaient l'objet d'aucune condamnation individuelle !

J'aurai aussi à dire contre d'autres arrêts alors indûment signés par le baron d'Oppède, notamment celui qui envoie aux galères, par manière de prison, des gens qui ne sont sous le coup d'aucune inculpation.

Et je dirai enfin ce qu'il faut penser du zèle chrétien des exécuteurs !

Je montrerai toutes les amitiés comme les inimitiés qui ont guidé sa conduite à Monsieur d'Oppède. Pourquoi, par exemple, il refuse sa protection à la Dame de Cental alors qu'il l'accorde à son parent le sieur de Faucon.

Je montrerai aussi l'étendue de son désintéressement... Comment se fait-il par exemple que, sitôt qu'il eut été arrêté, le capitaine de son château d'Oppède se soit soudain empressé de restituer du bétail provenant indûment des confiscations ?

Je produirai aussi quelques lettres intéressantes du baron à ses proches et amis...

Au total, je fonderai mon appel successivement sur neuf arguments de droit, dont je vous fais grâce du détail, mais vous ai dit l'essentiel de ce qui les motive.

Voilà, lecteurs ! Vous qui avez sur cette affaire des lumières dont il ne m'est pas hélas possible de profiter, j'espère que ce résumé vous aura persuadé de mon souci de vérité, et que mes arguments vous auront semblé suffisamment convaincants pour des juges qui n'auront pas, comme vous, assisté à l'événement de leurs yeux et oreilles.

Mi-septembre 1551, au Palais de la Cité

Permettez-moi de me présenter : Maître Pierre Robert, avocat du Président Maynier d'Oppède.

Je suis content de vous rencontrer, lecteurs ! J'ai peu de temps, en vérité, mais j'en prendrai volontiers un peu pour vous. Mon client a été tellement calomnié que j'ai à cœur de vous présenter brièvement ce que je vais plaider pour sa défense. D'autant plus que vous venez, je crois, de rencontrer l'avocat général, qui n'a eu d'oreilles et d'yeux que pour les témoignages et pièces à charge contre lui.

Cela me fera au demeurant un bon exercice avant le procès. Et j'aimerais sincèrement vous convaincre !

Sachez tout d'abord que je n'ai pas la partie facile ! Je n'ai en effet été chargé de ce dossier qu'il y a seulement quinze jours, en remplacement de Maître Clément du Puy, tombé brusquement malade. Alors que nous sommes à la veille de la reprise du procès et que mon adversaire a eu plus d'un an pour se préparer !

Sans doute ai-je repris les dossiers de Maître du Puy, qui avait grandement travaillé, néanmoins j'aime autant vous dire que je n'ai pas beaucoup dormi, ces dernières semaines...

Outre que l'affaire est singulièrement complexe, j'y ai à soutenir le poids d'une accusation d'autant plus grave qu'elle atteint dans un homme tout le Parlement de Provence. C'est peu de dire que ce n'est pas une cause banale !

Elle n'est dès l'abord pas banale car il est évident que le Parlement de Paris n'a pas compétence pour connaître d'une pareille affaire, celui de Provence étant, comme lui, cour souveraine. Les magistrats de ces cours sont comme les nerfs qui unissent à ses sujets le Roi, tête du royaume. Chaque nerf n'a pas à juger de ce que fait tel autre nerf. Il n'y a que la tête qui puisse les juger. Pour que cette cause soit valablement plaidée dans l'enceinte du Parlement de Paris, il faudrait donc que le Roi lui-même vienne y siéger en personne !

Mais bien sûr, puisque le Roi a voulu ce procès, il aura lieu, même si la cour est notoirement incompétente. Je vais donc bien entendu devoir plaider le fond de l'affaire. Et je vais m'employer à démonter les arguments de l'avocat général, que je crois assez bien connaître.

Avant toute chose, il vous faut savoir que Monsieur d'Oppède est l'objet d'une machination. D'une machination délibérée pour lui faire porter la responsabilité de tout ce que l'accusation met en cause dans cette affaire.

Plus précisément, le Parlement de Provence s'est divisé en deux camps. L'un comprend les amis de mon client, mais aussi des parlementaires justement indignés que l'on puisse porter cette cause devant le Parlement de Paris, l'autre comprend les ennemis personnels du Président. Et savez-vous qui est à leur tête ? Guillaume Guérin ! Oui, celui-là même qui, en tant qu'avocat général, a pris toutes les réquisitions nécessaires pour faire exécuter l'arrêt de Mérindol. Monsieur d'Oppède a été amené à déposer contre lui dans une affaire de concussion et de fausses écritures, et Guérin le poursuit depuis lors de sa haine. Il a tout fait pour fournir à l'avocat général Aubéry des témoignages en défaveur de mon client, jusqu'à en susciter de faux contre récompenses ou menaces.

Je vais donc m'employer à démontrer que c'est indûment que l'on fait supporter à mon client tout le poids de cette affaire. On veut en faire un bouc émissaire. Cela arrangerait tant de monde ! Mais si ses ennemis parvenaient à leurs fins, on pourrait qualifier pareille iniquité d'assassinat fait sous le manteau de la justice !

Commençons par le commencement.

Les populations comprises dans l'exécution étaient-elles hérétiques ou non ?

Le Roi a-t-il expressément ordonné d'extirper l'hérésie vaudoise ?

Répondre oui à ces deux questions allégerait grandement les charges que l'on veut faire porter au Président d'Oppède.

Or, sans réserve, je réponds oui !

Quoi qu'en dise l'avocat général, les victimes étaient bien vaudoises.

Je rappellerai que toutes les enquêtes menées tant en Provence qu'en Comtat depuis plus de dix ans, par les autorités civiles comme par les autorités ecclésiastiques, montraient combien le pays de Provence était déjà gâté par la superstition vaudoise. Et que, tout au long de ce temps, les manifestations armées des hérétiques ont été nombreuses. Le tout avec l'aide de puissances étrangères amies de l'hérésie !

La vaudoisie de la vallée d'Aigues, en particulier, était de notoriété publique, et Madame de Cental se moque du monde en affirmant que la plupart de ses sujets étaient catholiques. S'il y avait des catholiques à Cabrières-d'Aigues ou à Peypin, le moins que l'on puisse dire est qu'ils étaient au mieux avec les hérétiques et qu'ils ne faisaient rien pour les ramener dans le droit chemin. Il est vrai que l'exemple venait de leur Dame elle-même !

En tout cas, le fait que la population des villages exécutés ait fui prouve qu'elle était bien de farine vaudoise ! Prenez l'exemple de Lourmarin. Plutôt que d'y préparer l'étape des soldats comme on le leur avait ordonné, ses habitants s'enfuirent dans la forêt. Que craignaient-t-ils ? Les troupes ont bien fait étape aussi à Pertuis et à Cadenet. Quel mal y ont-elles fait, autre que de dépenser leurs écus pour le plus grand contentement des habitants ? Si les gens de Lourmarin se sont enfuis, c'est bien qu'ils avaient quelque chose à se reprocher !

Donc, les habitants des villages exécutés, en dépit de ce que prétend l'accusation, étaient notoirement hérétiques. Et hérétiques rebelles aux commandements du Roi et décisions de justice !

Cela étant affirmé, il importe à présent de voir si le Roi a bien ordonné que l'on procède par voie de force contre ces hérétiques.

Maître Aubéry prétend qu'il a été trompé par de faux rapports. Je dirai, moi, que le Roi François a toujours fait preuve de constance dans son intention de réprimer l'hérésie sans faiblesse. Année après année, combien de lettres n'a-t-il pas envoyées à ses Parlements – et singulièrement à celui de Provence –, à ses gouverneurs, ainsi qu'à tous les prélats du royaume pour recommander que l'on procède sans faiblesse contre les luthériens et autres vaudois ?

Et comme il est patent que les vaudois n'ont pour ainsi dire jamais tenu compte de ses grâces qui ne suspendaient les sanctions qu'au prix d'une abjuration de leurs erreurs, il est clair que l'exécution des arrêts rendus contre eux correspondait pleinement à sa volonté.

Quant aux arguties sur l'absence d'une signature ou la présence de deux écritures différentes dans une même lettre, elles sont si mesquines qu'elles démontrent que l'accusation a été bien en peine de trouver un argument sérieux pour mettre en doute l'expression de la volonté du Roi !

De leur point de vue, les autorités de Provence – à commencer par mon client – ont reçu les ordres du Roi dans la forme accoutumée. Peu leur chalait qu'il pût manquer la signature d'un procureur ou qu'une même lettre ait été écrite de deux mains différentes ! Chacun savait bien que ces lettres reflétaient exactement ce que le Roi avait dit et répété de sa propre bouche. N'avait-il pas ordonné personnellement au baron de La Garde d'employer à l'exécution des arrêts les vieilles bandes du Piémont ?

C'est s'ils n'avaient pas obtempéré à la volonté royale que les accusés se seraient mis dans un mauvais cas, et pas le contraire ! Et le baron d'Oppède plus que les autres, puisque c'est justement en tant que lieutenant du Roi pour le comté de Provence qu'il a pris part à l'exécution. Il pouvait moins que tout autre désobéir.

Les vaudois étaient d'entêtés hérétiques. Le Roi a prescrit de procéder contre eux. Monsieur d'Oppède n'a fait que son devoir !

Moïse lui-même ne fit-il pas tuer en un seul jour trente-quatre mille Israélites ayant prévariqué de la loi de Dieu ?

De toute manière, les débordements auxquels se sont livrées certaines troupes ne sauraient être imputés à mon client. Il m'est aisé de prouver que, en Provence, chaque fois qu'il l'a pu, il a pris des mesures visant à les limiter et à rétablir l'ordre.

Je rappellerai par contre que, à Cabrières, terre étrangère, il ne disposait d'aucune autorité pour agir, n'ayant pour mission que de répondre aux réquisitions des autorités locales.

Ayant dit cela, j'ai tout dit ! Il en ressort évidemment que la base de l'accusation est inique et arbitraire, et que c'est follement que l'on a inculpé mon client !

Si c'est mal faire pour un magistrat ou un gouverneur que de contenir le peuple en paix, et de réfréner les audacieuses entreprises que font des foules séditieuses contre l'autorité de Dieu et du Roi, alors oui, alors seulement, le Président Maynier d'Oppède a failli !

Mais puisque l'accusation s'acharne, faute de mieux, à soulever toute une série de prétendus points de droit, j'y répondrai également. Et en détail !

L'avocat général apporte du reste au droit de bien étranges innovations.

Il assure qu'il respecte les arrêts d'une cour souveraine... et tout de suite après il ose s'en prendre à l'arrêt de Mérindol au motif qu'il s'accompagne de trop d'irrégularités pour être digne de porter le nom d'*arrêt* !

Mais bon... la cour appréciera ces subtilités sémantiques !

On voit là aussi combien l'accusation se trouve bien gênée de trouver des arguments pour soutenir sa cause.

En tout cas, je rappellerai en exorde que mon client était absent de Provence lorsque fut rendu l'arrêt de Mérindol. S'il y avait quoi que ce soit à reprocher à celui-ci, il ne saurait donc en rien en être tenu pour responsable. C'est à feu le Président Chassanée qu'il faudrait plutôt s'adresser !

Mais, en l'occurrence, l'arrêt de Mérindol était de toute façon pleinement fondé en droit. Mérindol était connu de tous comme la Rome des vaudois. C'était un fait attesté. Mérindol devait être châtié, et, dans un cas de lèse-majesté divine et humaine comme celui-ci, il pouvait parfaitement être condamné collectivement, comme Dieu le fit de Sodome et Gomorrhe.

Maître Aubéry prétend ensuite que Monsieur d'Oppède a voulu tenir secrètes les lettres du Roi ordonnant l'exécution afin de prendre les vaudois par surprise, alors qu'il aurait dû les publier pour qu'elles aient force exécutoire. Mais n'est-ce pas plutôt qu'il espérait encore que les bruits de guerre les feraient se rendre par la douceur, plutôt que de déclencher l'irréparable en publiant tout de suite des ordres royaux qu'il n'aurait pu ensuite éviter d'exécuter ? N'oubliez pas que, en son temps, il avait insisté auprès de l'évêque de Cavaillon pour que celui-ci tentât de persuader les vaudois par le prêche. Il n'a jamais été l'ennemi des vaudois. Il ne l'a été que de leurs erreurs !

L'accusation reproche à mon client d'avoir tenu un conseil de guerre à Marseille. J'affirme, moi, qu'il ne s'y est rendu qu'à la demande du baron de La Garde, à qui le Roi avait expressément ordonné de prendre la tête des troupes qui procéderaient à l'exécution, lorsqu'il l'avait reçu à Chambord.

L'avocat général accuse ensuite Monsieur d'Oppède d'avoir réuni à la hâte, le dimanche de Quasimodo, la cour d'Aix pour couvrir d'un manteau de légalité l'exécution brutale qu'il méditait. Je passerai sur ses critiques formelles, par lesquelles il confond allègrement les coutumes de France et celles de Provence, et je dirai, moi, au contraire, qu'ayant vu à Marseille les mesures prises par les gens de guerre, mon client ne voulait point donner suite à l'exécution sans avoir obtenu l'avis de la cour !

Et, au passage, qui, ce jour-là, a pris les réquisitions tendant à l'exécution immédiate de l'arrêt de Mérindol ? Maître Guillaume Guérin !

C'est lui qui a pressé Monsieur d'Oppède d'exécuter les ordres du Roi et d'assembler la cour dès le dimanche de Quasimodo.

Au demeurant, je démontrerai que l'arrêt d'exécution rendu ce jour-là, comme l'arrêt de Mérindol, est parfaitement valable. Les gens du Roi, même s'il était fondé d'en juger, ce qui n'est pas le cas, ne sauraient rien trouver à dire contre lui.

L'avocat général assure que le conseil de guerre tenu à Cadenet a pris des décisions non fondées en droit. Quand ce serait le cas – et je montrerai une fois de plus que ce ne l'est pas –, je dirais que mon client n'en était nullement l'instigateur, puisque l'exécution était confiée par le Parlement à des commissaires, et que lui-même intervenait alors non pas en tant que Président à la cour, mais en tant que lieutenant du Roi, qui avait le devoir d'obéir à leur réquisition et à celle de l'avocat général.

De l'avocat général, autrement dit de Guillaume Guérin ! N'oubliez pas que c'est lui qui a demandé, au nom du Parlement, que les villages de la vallée d'Aigues soient inclus dans l'exécution, comme venant de se rebeller !

Voyez la fausseté de ce Guérin ! Lorsqu'il a été interrogé, il n'a pas hésité à désavouer ses propres réquisitoires, alors même que nous en avons conservé la trace écrite, dûment signée par lui !

Et, à Mérindol, l'exécution de ce Maurice Blanc que Maître Aubéry impute au baron d'Oppède, qui donc l'a en fait provoquée par ses propos intempestifs ? Guillaume Guérin, toujours Guillaume Guérin ! Monsieur d'Oppède, lui, se proposait simplement de faire conduire le prisonnier à Aix !

On comprend donc clairement pourquoi ce Guérin cherche à détourner l'attention de ses propres actes !

Au passage, vous devez savoir que les commissaires à l'exécution se sont eux aussi couverts en rejetant la responsabilité de tout ce qui s'est passé sur mon client. Monsieur de La Font a ainsi fait preuve à son égard d'une attitude bien fluctuante. Et Messieurs de Badet et de Tributiis ne se sont pas fait faute de le charger !

Il me faut maintenant dire que les récits des cruautés survenues pendant l'exécution dont je sais que l'avocat général s'apprête à les rapporter sont exagérés et largement mensongers. Pour influencer la cour, Maître Aubéry n'hésitera pas à se faire l'écho de simples rumeurs, et il va citer à plaisir de prétendus témoignages contre mon client, et uniquement ceux-ci !

Quant aux excès véritables, ils ne sauraient être imputés au Président d'Oppède. C'est la conséquence de l'obligation dans laquelle les hérétiques mettent le Roi d'employer contre eux des gens de guerre. Ainsi a-t-on vu le Roi Saint Louis faire passer au fil de l'épée les habitants d'Avignon pour fait de prévarication de la Loi chrétienne. Et, lorsque Simon de Montfort s'empara de Béziers, n'y fit-on pas périr tous les hérétiques albigeois qui s'y étaient retranchés, sans distinction d'âge ni de sexe ?

En ce qui concerne les gens qui erraient dans les campagnes après l'exécution, Monsieur d'Oppède, en interdisant qu'on leur porte secours, les aurait indûment condamnés à mort ? Mais il leur suffisait pour se sauver de se rendre aux autorités ! Ces gens, je le répète, étaient hérétiques et rebelles, et les mesures prises à leur encontre ne visaient tout simplement qu'à obtenir leur reddition !

On prétend enfin que l'envoi des prisonniers aux galères était une cruauté injustifiée. Eh bien, moi, je soutiens que, en saison de printemps ou d'été, il est bien moins cruel d'être détenu à l'air libre en galères dans le port de Marseille que dans cachots humides et sans lumière !

Autre mensonge ! Il est faux que mon client ait été mené par un quelconque ressentiment contre la maison de Cental. Au contraire, c'est la Dame de Cental, pour les paroles calomnieuses qu'elle fait plaider contre lui, qui doit être condamnée à faire amende honorable.

Au demeurant, elle est comme le comte de Toulouse au temps des albigeois : elle n'a eu que ce qu'elle méritait en négligeant de corriger l'hérésie de ses sujets !

Je dirai aussi ce qu'il faut penser des accusations injurieuses lancées contre l'intégrité du Président d'Oppède ! Toute sa vie passée plaide pour lui !

Et quel besoin lui et les siens auraient-ils d'ajouter à leur bonnes terres celles grevées de charges de Mérindol ou de la vallée d'Aigues ?

Voilà, lecteurs, voilà ce qu'il faut penser des savants arguments développés par l'accusation !

Comment ? Vous dites que j'arrange un peu les événements... Que je fais la part belle à mon client... Que tout ne s'est pas passé comme je le dis...

C'est possible, je l'admets ! D'abord gardez à l'esprit que je n'ai eu que quinze jours pour me préparer. Et puis, que voulez-vous, je suis avocat ! Je dois trouver tous les arguments possibles pour la défense de mon client ! Certains sont bons, j'en suis sûr, d'autres le sont moins, j'en conviens. Mais qu'importe ! C'est le résultat qui compte.

Croyez-vous que l'argumentation de mon adversaire ne soit pas biaisée, sous ses faux airs d'impartialité ?

Mais tout cela ne change rien à l'essentiel. Et l'essentiel, c'est que la justice triomphe. Qu'importe alors un argument spécieux s'il a contribué à ce résultat !

Or j'ai la conviction – m'entendez-vous ? –, j'ai la ferme conviction, en mon âme et conscience, que mon client est innocent des charges et des mauvaises intentions qu'on lui impute !

Il n'a fait que son devoir !

Mais rendez-lui donc visite ! Il n'est pas loin d'ici.
Si mes arguments n'ont pas suffi à vous convaincre, la sincérité des siens ne pourra vous laisser indifférents...

Mi-septembre 1551, à la Conciergerie

Judica me Deus et discerne causam de gente non sancta.
Ah, vous êtes là, lecteurs ?
Je n'avais pas entendu la porte s'ouvrir.

Vous avez reconnu le psaume quarante-deux : *Rends-moi justice, ô Dieu ! Défends ma cause contre une nation impie.*
J'allais répéter ma défense. Et c'est sur ce psaume que je me propose de l'ouvrir.
Bien qu'il ait été commis in extremis, Maître Pierre Robert connaît son métier. Si j'étais un simple particulier, sa plaidoirie me suffirait. Mais de par mon office j'ai moi-même tant plaidé en ma vie que je me dois de la compléter de ma propre défense, puisque c'est avant tout à moi que l'on en veut !

Mais prenez donc un siège. Je puis au moins vous offrir cela.
Mmmh ! J'ai bien changé, n'est-ce pas, depuis la dernière fois que nous nous sommes entretenus ? C'était il a bientôt huit ans, je crois. Par un après-midi d'hiver. Vous en souvenez-vous ?
Moi, oui, très bien. Vous n'aviez pas pu rester souper, mais je vous avais offert un vin chaud qui vous avait bien réchauffés. Je venais juste de recevoir du Roi la confirmation de ma nomination comme Premier Président au Parlement de Provence.

Et voyez où je suis à présent !
En fait d'honneurs, j'ai été suspendu de mes charges au Parlement. Le Pape m'a conservé celle de viguier de Cavaillon, car il me veut du bien. Mais il est bien le seul !

Depuis quatre ans – oui, quatre ans ! –, je vais de prison en prison. Ce fut d'abord le donjon de Vincennes. Puis le château de Melun parce que c'était là-bas que siégeait la Chambre de la Reine. Et me voici aujourd'hui à la Conciergerie du Palais de la Cité, où siège le Parlement de Paris !

Oh, bien sûr, ma détention peut ne pas vous sembler si dure... Je ne dors pas sur la paille ! Je ne porte pas de chaînes ! Comme vous voyez, j'ai un bon lit. Un vaste coffre pour mes habits. Une table pour travailler. De bonnes chandelles pour m'éclairer. Des sièges pour recevoir mes visiteurs. Et un autre coffre où je peux ranger livres et même flacons.

Tenez, il me reste d'ailleurs un peu de vin d'Auxerre que je me suis fait apporter. Vous en prendrez bien un gobelet avec moi ? En souvenir d'autrefois !

Bien sûr, j'ai les moyens de me payer des repas fort honnêtes. J'ai même bien grossi, n'est-ce pas ? Que voulez-vous, avec la lecture, le manger est devenu mon principal divertissement !

Mais même si j'ai beaucoup lu – beaucoup écrit aussi –, je ne suis pas comme le capitaine Paulin ! Il est étonnant, cet homme-là ! Savez-vous qu'il a prétendu mettre à profit son séjour en prison – depuis longtemps terminé sur ordre du Roi, d'ailleurs – pour apprendre la philosophie en vue de devenir maître ès arts ?

Je lis... J'écris...

Mais je m'ennuie !

Certes, parfois on me permet de recevoir une dame... Mais hors ces visites, qui sont bien rares, je ne me donne plus d'exercice. Je ne peux faire que de brèves promenades, entouré d'archers en armes. Et je puis vous dire que, depuis que je suis à la Conciergerie, les fossés de Vincennes semblent en mon souvenir comme une riante campagne !

Je reçois des amis, sans doute. Des gens qui soutiennent ma cause.

Cela, assurément, me met du baume au cœur.

Mais je ne m'en étiole pas moins.

Ma santé n'est plus ce qu'elle était. Voyez quelle misérable lumière rentre dans ce cachot, alors que c'est l'été ! Et, quelque argent qu'on ait pour se vêtir chaudement, cela n'empêche pas les vieux murs de suinter d'humidité.

Je ne faisais pas mes quarante-huit ans, à votre dernière visite, n'est-ce pas ? Et vous trouvez sans peine, huit ans après, que j'en fait plus de soixante ! Non, ne protestez pas, c'est inutile. Il me suffit bien de me voir en un miroir pour n'avoir point d'illusions.

Mais bah ! Laissons cela et venons-en à mon affaire.

Ce procès, vous l'avez vu, est d'abord dirigé contre moi.

Tout le monde s'est ligué pour me proclamer coupable par avance.

Monsieur de Montmorency a dû oublier depuis longtemps que je lui avais jadis dédié ma traduction des *Triomphes* de Pétrarque. Il n'est que trop heureux de censurer par ce procès la politique du cardinal de Tournon, même si celui-ci conserve encore assez de puissance pour n'être pas directement inquiété.

Surtout, savez-vous bien – oui, vous le savez ! – que je suis poursuivi de la haine de Guillaume Guérin ?

Mais savez-vous exactement pourquoi ?

Parce que, après l'exécution, il se trouva inculpé par le Président de La Font pour concussion et faux en écriture – oui, vous voyez ce qui se cachait derrière l'apparence d'un homme qui avait l'honneur d'être avocat général en une cour souveraine ! Monsieur de La Font m'a cité comme témoin.

Et mon témoignage contre Guérin fut décisif !

Le Parlement a ensuite décrété prise de corps contre lui et c'est seulement parce qu'il a interjeté appel qu'il est resté libre jusqu'à ce procès-ci !

Qu'y puis-je ? J'ai témoigné parce que j'avais en main des preuves qu'il était effectivement coupable !

Voyez-vous, j'aime et je respecte la justice. On peut sans doute me faire quelques reproches, mais ils n'iront jamais loin. Ainsi, à l'occasion de l'exécution de Provence, j'ai soutenu les intérêts de mes parents, comme c'était bien normal. Mais je vous atteste que je n'en ai pas fait plus que n'aurait fait n'importe quel autre magistrat de ce royaume !

Par contre, lorsqu'un magistrat trahit sa fonction, comme Guérin l'a fait, je ne le puis supporter.

Le problème, c'est que Guérin, au lieu de ne s'en prendre qu'à lui-même de s'être mis en pareille situation, a juré de se venger de moi. Et ce procès inique lui en donne l'occasion !

Et il s'est trouvé des alliés. Honoré de Tributiis, pour commencer. J'avais fait arrêté François d'Albenas, oncle de ce dernier, que je soupçonnais fortement de mal sentir de la foi. Il en est résulté qu'il s'est ligué avec Guérin pour conspirer ma perte. Et avec la mienne celle de La Font, qui ferait bien de ne pas jouer au plus fin et de comprendre qu'il est embarqué dans le même bateau que moi !

Parce que La Font et Badet, croyez-le bien, ne font guère preuve à mon égard de fraternité chrétienne...

D'ailleurs, je suis sûr que ce sont Guérin et Tributiis qui ont poussé la Cental à revenir sans cesse auprès du Roi pour obtenir l'ouverture de ce procès.

Je suis sûr aussi que Guérin s'est employé à persuader le Connétable qu'il tenait là le moyen d'avoir sa revanche contre le cardinal de Tournon, et au comte de Tende de jouer un mauvais tour à Monsieur de Grignan que le feu Roi avait préféré à lui comme gouverneur de Provence !

À propos, savez-vous comment Louis-Adhémar de Grignan a de justesse évité d'être inquiété ? En vendant au rabais sa terre de Grignan au Balafré, désormais duc de Guise !

Mais revenons-en à Guérin ! Je sais de bonne source qu'il a purement et simplement, par promesses ou menaces, suborné des témoins contre moi.

Mais on m'a refusé communication des pièces que je demandais pour le démontrer.

J'ai tout de même pu récuser le témoignage de plusieurs conseillers et officiers du Parlement comme étant mes ennemis déclarés.

Bien. Voyons ma défense à présent. Je tiens à vous la présenter, lecteurs. Nous nous connaissons. Mal, peut-être, mais je vous ai tout de même reçus chez moi, et vous m'avez toujours paru fort honnêtes. Vous n'appartenez, que je sache, à aucun parti, et pour cette raison votre avis m'importe. Je veux faire justice auprès de vous de tout ce que l'on dit de moi.

En mon plaidoyer, puisqu'il s'agit de religion, je citerai avant toute chose l'Écriture dont nous devons tous inspirer nos actes !

Or, qu'y trouvons-nous ?

Le Deutéronome ne dit-il pas, à propos de toute ville retombée dans l'idôlatrie : *Tu frapperas ses habitants par le glaive, tu détruiras tout jusqu'aux animaux... Tu livreras cette ville aux flammes en l'honneur du Seigneur, ton Dieu* ?

Le livre de Josué ne rapporte-t-il pas que, lorsque les Israélites s'emparèrent de Jéricho : *Ils passèrent au fil de l'épée tout ce qui s'y trouvait, hommes, femmes, enfants, vieillards, jusqu'aux bœufs, aux brebis et aux ânes* ?

Et dans le premier livre de Samuel, le Seigneur ne commande-t-il pas à Saül de le venger des Amalécites en lui disant : *Tu massacreras hommes et femmes, enfants et nourrissons, bœufs et brebis, chameaux et ânes*?

Tels sont les ordres donnés par Dieu Lui-même pour combattre Ses ennemis !

On veut – et l'avocat général comme les autres – me faire porter toute la responsabilité de cette affaire. Or je n'ai rien fait d'autre que servir l'ordre du Roi contre une nation qu'il m'a été commandé d'exterminer. Je n'ai fait que me conformer aux désirs exprimés, maintes fois, par les arrêts royaux. Je ne pouvais me hasarder à désobéir. Ne me serais-je justement pas trouvé alors dans la situation de Saül qui, alors que Dieu lui avait ordonné d'exterminer les Amalécites, épargna leur roi et leur bétail, et encourut de ce fait la colère du Seigneur ?

L'arrêt de Mérindol n'a pas été pris par moi, mais j'avais le devoir d'appliquer l'ordre donné par le Roi d'exécuter cet arrêt. Oser dire que ses lettres d'exécution sont des faux est une infamie !

Je n'ai de plus agi qu'en prenant conseil du Parlement, et je n'ai retenu les vieilles bandes du Piémont qu'après en avoir référé au Roi.

Je ne peux de plus être tenu pour responsable des massacres commis dans le Comtat, et singulièrement à Cabrières, car il s'agit là des États du Pape, qui échappent à ma juridiction. L'autorité supérieure y était représentée par le vice-légat Trivulce, qu'il m'était seulement demandé d'assister.

Je sais qu'on me reproche aussi les événements de Lacoste, mais je n'y étais pas présent ! Et, d'ailleurs, les commissaires à l'exécution y ont fait leur devoir.

Quant à la Dame de Cental, je l'accuse d'avoir mené ses vassaux au désastre en s'obstinant à désobéir aux décrets du Parlement.

L'hérésie est un crime pour lequel il n'existe point de loi, hors celle du Seigneur, dont j'ai rappelé les mots mêmes ! En vérité, je suis heureux d'avoir contribué à l'extirper de ce beau royaume.

Je n'ai agi que par zèle pour la foi chrétienne, et, pour ce motif, le Saint-Père m'a fait comte palatin !

Quant au Roi, il m'a lui-même personnellement témoigné par écrit son contentement.

En me condamnant, les juges condamneraient ainsi à la fois le Seigneur, Son Église, et le Roi !

Voilà ce que je dirai au procès !

Et je pense sincèrement ce que je dirai !

Mais à vous, lecteurs, je veux en dire plus. Je sais que, à vous, on ne peut rien faire accroire. Vous étiez sur les lieux pendant l'exécution. Vous en savez plus que n'en sauront jamais les juges. Et je veux vous parler en toute franchise.

J'entends dès l'abord votre objection. Vous dites que même si l'ordre du Roi était valide dans sa forme, le Roi avait été abusé. Et abusé par moi et mes collègues, à travers l'huissier Courtin que nous lui avions député.

Vous dites, en fait, que j'ai sciemment trompé le Roi !

Eh bien, non, lecteurs ! Je l'ai *influencé*, oui, mais je ne l'ai pas *trompé* !

Et je ne suis que l'un de ceux qui l'ont influencé, et pas le plus puissant : le comte de Grignan, les États de Provence, le vice-légat, le nonce, le cardinal de Tournon, tous ont poussé dans le même sens !

Nous n'avons pas falsifié auprès du Roi la réalité de Provence. Nous n'avons fait que la grossir. Vous me reprochez de lui avoir fait croire que les vaudois pouvaient bien avoir rassemblé dix mille hommes en armes ? N'oubliez pas que je croyais moi-même qu'ils étaient au moins trois mille à être sur le pied de guerre !

En amplifiant la réalité, loin de tromper le Roi, nous l'avons servi.

Oui, servi !

Vous savez comme moi que le Roi François entendait poursuivre avec la dernière rigueur l'hérésie luthérienne, dont il reconnaissait non seulement la fausseté, mais aussi le danger pour la paix du royaume. Mais vous savez également que sa mansuétude naturelle – et, disons-le, certaine légèreté de sa nature – l'amenait à compromettre la continuité de cette politique par des grâces mal à propos, dont luthériens et vaudois se riaient.

Pour qu'il trouve la volonté d'appliquer sa propre politique, il nous fallait donc grossir le trait !

C'était dans son intérêt. Et dans celui du royaume !

Mmm ! Mmm !

Je vois l'ironie dans vos regards.

Et, par-derrière, une nuance de mépris.

Non, non, pas de dénégation ! Il y a au moins un avantage à la situation dans laquelle je suis depuis quatre ans, c'est que j'ai appris à ne plus me leurrer sur ce que les gens pensent de moi. Je lis en vous comme en un livre ouvert ! Eh ! eh ! Oui, moi aussi, voyez-vous, je suis votre lecteur...

Je vous mens, pensez-vous ! Comment pourrais-je croire un instant que provoquer en Luberon tous ces saccagements était dans l'intérêt du royaume ?

J'ai dit qu'à vous je ne voulais rien celer. Que je serais sincère !

Je suis, comme tout homme, affligé des faiblesses de ma nature. Mes actes, aussi bien que les vôtres ou ceux du Roi lui-même, ne sauraient être qu'imparfaits.

Je regrette, oui, je regrette les excès qui ont été commis pendant l'exécution de Provence

Me croyez-vous vraiment si méchant homme que je puisse demeurer insensible au meurtre de petits enfants ?

Eh bien, je vais vous dire ce que je n'avouerai à personne. Parfois, à Vincennes, à Melun, ici même, dans mes nuits sans sommeil, l'image de ces enfants meurtris est venue me visiter, bien que je ne l'aie pourtant pas vue de mes yeux...

Oui, je regrette, en vérité, que les soudards se soient livrés à de pareils excès !

Mais vous savez ce qui s'est passé à Cabrières. Vous y étiez ! Vous avez bien vu que je ne pouvais rien faire. Le baron de La

Garde lui-même a eu le plus grand mal à se faire obéir de ses propres troupes. Et que dire du vice-légat et de l'évêque de Cavaillon, qui détenaient l'autorité légitime en Comtat !

Pourtant, si fort que je déplore ce qui s'est passé là-bas, ce que j'ai fait, je le referais encore s'il le fallait !

Je le referais encore, même en sachant qu'il y aura des débordements, même en sachant que l'on m'enverra croupir dans un cachot !

Je le referais. Car il fallait châtier les vaudois !

Voyez-vous, j'ai eu tout le temps de réfléchir, depuis quatre ans. Mon emprisonnement n'a pas été mon seul sujet de chagrin. Mon fils – oui, vous ne le saviez pas, mais j'ai un fils –, mon fils, donc, a quitté le château familial après l'exécution, en compagnie de mon régisseur. Imaginez-vous bien qu'un luthérien, un certain Jean de Lédébur, l'avait converti à ses fausses doctrines ! Il s'est réfugié en Allemagne, escorté du frère de ce maudit prédicant !

Pareille honte m'a beaucoup donné à penser.

Et si, après tout, les luthériens avaient raison ? Ou les huguenots, puisqu'on leur donne de plus en plus ce nom, qui vient des Allemands.

Oui, lecteurs, moi, Jean Maynier d'Oppède, je me suis posé cette question !

Ne voit-on pas tant de gens qu'on croyait estimables céder aux chants des sirènes de l'hérésie ?

Eh bien, je vais vous dire. Au fond, je ne sais pas ! Je ne suis pas théologien.

Voyez si à vous, par de pareils propos, je ne livre pas les secrets de mon âme !

Tout ce que je puis affirmer, c'est que je ne comprends pas comment il se pourrait faire que, après tant et tant de siècles, l'Église romaine ait erré au point que l'on ne puisse plus la réformer de l'intérieur, comme il fut fait tant de fois par le passé.

Et c'est ainsi que je conclus qu'il est nécessaire, qu'il est indispensable, de lutter contre les luthériens, quel qu'en soit le prix !

Car même si leur théologie était la bonne, même s'ils n'étaient donc pas hérétiques, c'est *dans* l'Église qu'ils devraient chercher à faire triompher leur cause, et pas *contre* l'Église !

Après tout, je ne connais pas vos idées... Vous semblez bons chrétiens, mais qui sait si vous n'avez pas quelque indulgence pour la doctrine luthérienne et partant pour les luthériens ?

Et quand bien même ce ne serait pas le cas, dans le confort de votre logis, vous vous laissez peut-être bien émouvoir par vos souvenirs de Provence. Vous compatissez sans doute au malheur des vaudois du Luberon.

Vous vous dites : ils ne faisaient de mal à personne ; il suffisait de les laisser prier en paix à leur guise, comme ils l'avaient fait pendant plus de cinquante ans.

Eh bien, vous avez tort, lecteurs !

Ils n'avaient peut-être pas encore levé d'armée, comme nous l'avions dit au Roi et comme je le croyais moi-même. Mais ils l'auraient inévitablement fait !

Souvenez-vous de la conversation que nous avons eue ensemble, il y a huit ans. Je vous expliquai alors que le Luberon était comme un énorme château fort planté entre Provence et Comtat, et que celui qui le tiendrait pourrait aisément, de là, contrôler les deux provinces.

Eh bien, si nous avions laissé faire les vaudois, ce sont les luthériens de Genève qui se seraient installés là. Ils ne cessaient déjà d'y aller et venir. Et, de ce château fort, ils auraient menacé tout un quart du royaume !

Or les luthériens de Genève ne méritent, croyez-moi, nullement votre indulgence. Car, outre les erreurs qu'ils propagent, ils poursuivent avec la dernière cruauté ceux qui combattent ces dernières, aussi bien d'ailleurs que ceux qui propagent d'autres erreurs que les leurs !

Je devrais en fait bien plutôt les appeler calvinistes, car leur chef, Jean Calvin, est une manière de tyran qui régente les Genevois jusque dans leurs alcôves et poursuit avec férocité quiconque le contredit.

Oui, lui aussi, il a ses hérétiques, et ne croyez pas qu'il soit plus clément avec eux que ne l'est la Sainte Église envers les siens !

Et, de son réduit de Suisse, il ne cesse de répandre partout ses écrits comme autant de brûlots, et de dépêcher ses faux prédicants de par toute la France, qu'il entend convertir à sa doctrine.

La prétendue Église des huguenots, rappelez-vous-le bien, ne demande pas simplement à siéger à côté de l'Église romaine. Elle veut prendre sa place. Et elle ne saurait arriver à ses fins – ce qu'à

Dieu ne plaise ! – sans qu'il se fasse grande lutte et grand bouleversement.

Le Roi François le savait bien. Et le Roi Henri le sait aussi, qui multiplie les édits de répression, malgré le mauvais procès que ses conseillers l'ont poussé à me faire.

Vous êtes fort bourgeoisement vêtus, lecteurs, et paraissez prospères. Votre vie s'écoule, j'imagine, dans l'aise et la tranquillité.

Ce royaume, aujourd'hui, est paisible et florissant. Vos mines en sont le meilleur témoignage.

Mais dites-vous bien que cette paix et cette prospérité doivent être défendues. C'est l'intérêt du royaume. *Et c'est le vôtre !*

Or dites-vous bien aussi qu'il faut parfois pour cela entreprendre des actions qui ne sont pas toujours belles, qu'on l'ait voulu ou non.

Et vous êtes bien heureux, croyez-le bien, de trouver çà et là des Présidents d'Oppède qui ne rechignent pas devant le devoir d'accomplir ces méchants travaux, dont dépend la quiétude dans laquelle vous vivez.

Car s'il ne se trouvait plus assez de loyaux officiers pour exécuter les volontés du Roi contre les huguenots, ceux-ci provoqueraient la guerre civile !

Mais j'ai assez parlé, lecteurs.

Regardez-moi !

Regardez-moi dans les yeux !

Et, avant que de me juger, dites-vous bien qu'un jour, si – Dieu nous en garde ! – le bras du Roi contre l'hérésie venait à faiblir, vous pourriez bien, au lieu que de plaindre les vaudois comme vous le faites aujourd'hui, amèrement regretter la bonne paix du temps des Rois François Premier et Henri Second !

Novembre 1551

On m'a parlé de vous, lecteurs !

Quel dommage qu'il n'ait pas été loisible à la cour de vous interroger !

Vous avez été témoins des événements qui ont causé ce procès. De tous peut-être pas, mais de beaucoup. Quel avantage cela vous donne sur nous, juges, qui devons croire ou décroire ce que les avocats nous disent, ou les pièces qu'ils nous produisent !

De plus, n'ayant aucune responsabilité dans ces événements, ni intérêts à protéger, ni amis à défendre, ni ennemis à perdre, vous seriez l'impartialité même !

Ah, lecteurs, vous êtes bien mieux que nous en mesure de juger cette délicate affaire !

Mais, à présent que sont achevées les dernières plaidoiries, il nous faut pourtant bien décider... sans votre aide !

Je dois dire que, dans ma longue vie de magistrat, jamais je n'ai vu procès si extraordinaire.

Oui, pardonnez-moi, je vous parle comme si nous nous connaissions ! Je suis Maître Jacques Hereux, le plus ancien des conseillers au Parlement. Pour cette raison, j'étais assis le premier d'entre eux, après les Présidents Coctel et de Passy.

Procès extraordinaire, en effet.

Par les événements qui l'ont causé d'abord.

Parce qu'il a conduit un Parlement à se justifier de ses actes devant un autre.

Par le nombre et la qualité des parties en présence.

Par les intérêts qui s'y affrontent.

Parce que, enfin, ce que l'on nous demande finalement de juger, c'est la politique du Roi, et la défense de la religion !

Extraordinaire, ce procès le fut aussi par sa durée – jusqu'à cinquante audiences ! –, par le concours de peuple qui afflua pour y assister, et par les passions qu'il a soulevées de par tout le royaume.

Vous-mêmes n'avez pas pu y assister, je crois ? Mais vous en avez nécessairement eu quelques échos !

Vous savez donc qu'il débuta par la plaidoirie de Maître Jacques Aubéry, qui parla durant sept jours entiers – plaidoirie de l'avis de tous fort bien faite et fortement construite. L'avocat général fit des événements de l'an quarante-cinq un récit si terrible qu'il arracha des larmes aux plus endurcis des spectateurs et aux plus aguerris des magistrats, dont votre serviteur !

Il conclut que les accusés avaient mal et outrageusement agi au pays de Provence et devaient en subir le blâme. Il demanda aussi que fût procédé selon la loi contre les barbes et ceux qui les aidaient, et que fût enjoint à tous les prélats de ce pays d'envoyer partout de bons prédicateurs pour purger définitivement les âmes des erreurs hérétiques.

Après lui, deux journées durant, Maître Jacquelot parla pour la Dame de Cental, prenant, comme il était logique, les mêmes conclusions que l'avocat du Roi. L'arrêt de Mérindol ayant été, à ses dires, mal et iniquement exécuté, il demanda que soient versés à sa cliente dommages et intérêts pour les saccagements survenus en ses terres.

Maître La Porte, ensuite, après quelque incident de préséance, remontra au nom du Parlement de Provence que c'était chose inouïe qu'il fût fait appel contre des arrêts d'une cour souveraine, et qu'un Parlement fût cité à comparaître contre un autre. Pareil appel, assura-t-il, était irrecevable.

Sans avoir le talent de Maître Aubéry, Maître Robert, neuf matinées durant, parla fort éloquemment, au nom de Jean Maynier d'Oppède. On se demandait ce qu'il pourrait répondre à l'accusation. Et pourtant ses raisons, je vous l'assure, ébranlèrent maints conseillers, comme elles m'ébranlèrent moi-même.

Maître Rochefort plaida ensuite pour François de La Font, au long de trois matinées, et prit les mêmes conclusions que Maître Pierre Robert.

Avec Maître Renard, qui représentait le cardinal Farnèse et la Chambre apostolique, se fit un incident. Maître Renard prétendait parler au nom des autorités du Comtat, qui souhaitaient se faire entendre au procès. Mais l'avocat général s'y opposa. Le cardinal Farnèse, gouverneur d'un État étranger, ne pouvait être accusé par le Roi en sa cour de justice et n'avait donc pas lieu de s'y défendre. Ce qu'il avait à dire devait être dit par la voie diplomatique, comme il est d'usage entre États souverains.

Christophe de Thou défendit Bernard de Badet, puis Maître Danquechin le baron de La Garde. Ce dernier fit justement remarquer que Maître Aubéry n'avait pris aucune conclusion contre son client, lequel, n'ayant à répondre d'aucune accusation, se trouvait donc ipso facto innocent et avait été inculpé à tort. Il demanda de plus réparation à Madame de Cental, qui avait accablé le capitaine d'injures.

Maître Cousin parla pour Honoré de Tributiis, qui, pour le peu de part qu'il avait prise à l'exécution, était depuis longtemps élargi. Il assura que son client était pour cette raison inculpé à tort, puisqu'il n'avait pas pris part à la délibération de Cadenet, ni aux exécutions qui s'ensuivirent.

Maître du Mesnil parla pour les Trois États de Provence, puis Maître Millet, pour Guillaume Guérin, plaida une matinée.

Tous les avocats des accusés soulignèrent que leurs clients n'avaient fait qu'obéir à l'ordre du Roi, lequel avait ensuite témoigné son contentement, qu'ils avaient agi poussés par le zèle et l'ardeur de la foi chrétienne, et devaient donc au total être mis hors de cause.

Il fallut encore quatre audiences pour que Maître Aubéry répliquât aux défenses. Deux audiences pour la réplique de Maître Jacquelot.

Maître Robert intervint en retour pendant deux matinées.

C'est alors qu'il produisit devant la cour comme un coup de tonnerre. Il donna en effet lecture publique d'un jugement jadis rendu contre Guillaume Guérin, convaincu de concussion, dont il n'avait rien dit jusque-là. Bien que Guérin ait aussitôt protesté que ce jugement était annulé par l'appel qu'il avait interjeté, je dois dire que cela nous a fort prévenus contre lui. Quelle foi accorder aux témoignages d'un tel homme ou à ceux de ses amis ?

Enfin, le baron d'Oppède lui-même parla le dernier, lisant un plaidoyer qu'il avait lui-même écrit. Appuyé tant sur la Sainte Écriture que sur une remarquable force de logique, celui-ci fut unanimement regardé comme des plus remarquables.

J'avoue en avoir moi-même peu entendu de pareils. Cet homme, pour ce qu'il était le premier accusé, ajoutait au talent d'un grand magistrat une force de sincérité qui lui venait du fond de l'âme.

Et, à présent, c'est à la cour de juger...

Ah, lecteurs, j'aimerais tant savoir quel jugement vous portez sur les accusés, avec tout ce que vous savez de certain et que je ne sais pas !

Mais ce que j'aimerais savoir aussi, c'est ce que vous jugeriez, en votre âme et conscience, si vous étiez à notre place. C'est-à-dire en n'ayant pas vécu les événements de Provence.

Vous n'avez pas assisté au procès, sans doute, ni vu toutes les pièces. Mais je sais que vous connaissez le contenu des principales plaidoiries. Vous savez donc à peu près ce que nous savons.

Sur ces bases, jugeriez-vous la même chose qu'en ayant été là-bas ?

Je serais curieux, enfin, de savoir autre chose.

Pardonnez ce que je vais vous demander. Ne le prenez pas à offense. Je suis un homme âgé ; pour cela j'ai appris à bien connaître la nature humaine. Surtout dans mon métier !

Et la question que je vais vous poser, je vais devoir me la poser à moi-même.

Voici : le jugement que vous feriez, en votre âme et conscience, est-il celui que vous rendriez public ?

Je m'explique.

Quoi que nous jugerons, nous prendrons un risque.

Si nous suivons l'accusation, nous soulèverons la colère de nos pairs des autres Parlements, qui considèrent que nous ne pouvons nous en prendre aux actes du Parlement de Provence.

Et, selon la façon dont nous formulerions notre arrêt, nous pourrions même paraître infliger comme une manière de blâme à ces autres Parlements ainsi qu'à nous-mêmes, puisque toutes les cours pourchassent et font exécuter avec la plus grande rigueur toujours plus de luthériens.

Si nous ne suivons pas l'accusation, on nous reprochera inévitablement de couvrir de grands crimes par simple esprit de corps.

Et ne pas reconnaître explicitement la responsabilité des accusés dans les excès commis serait implicitement reconnaître celle du Roi, qui a ordonné l'exécution...

Car, ne l'oubliez pas, les intérêts en jeu dans cette affaire sont puissants. Bien plus puissants que vous et moi.

Comme je l'ai dit, ce que l'on nous demande finalement de juger, ce sont la politique et la volonté du Roi, et la défense de la religion.

Juger les actes du Roi... Sonder les intentions de Dieu... C'est une lourde tâche, croyez-moi !

Et périlleuse...

Un jugement maladroit pourrait bien signifier pour nous un risque personnel.

Pour notre carrière sans doute. Là, je ne parle pas pour moi – la mienne est derrière moi – mais pour mes collègues plus jeunes.

Mais aussi, qui sait, pour notre sûreté...

Lecteurs, aujourd'hui, étant juges à notre place, que décideriez-vous ?

2 novembre 1553

Henri, par la grâce de Dieu Roi de France, à tous ceux qui ces présentes lettres verront, salut...

Le Roi, la plume en main, relit la lettre que le chancelier Olivier a préparée à sa signature.

Voici deux ans que fut plaidée, en la Grand-Chambre du Parlement de Paris, l'affaire de l'exécution de Provence.

Lorsque les plaidoiries furent terminées, tout le royaume se demanda ce qu'allaient conclure les juges.

Ceux-ci, au vrai, ont beaucoup déçu.

D'une haute montagne, dit-on à ce sujet, il ne sortit à la fin qu'une petite fumée de vapeurs.

À l'issue du procès, le Parlement appointa en effet les parties au Conseil du Roi, ce qui revenait à se dessaisir de la cause au bénéfice de ce dernier, et donc à ne la point juger.

Ne revenait-on pas ainsi de quatre ans en arrière, au temps où le souverain se demandait à quelle cour il pourrait attribuer le jugement de cette affaire ?

Pas véritablement, car depuis lors l'enquête avait été menée, et toutes les parties avaient pu exposer en détail leur point de vue.

Avec un pareil dossier, le Roi disposait donc désormais de tous les éléments pour décider en dernier ressort du sort des accusés.

Il faut toutefois dire un mot particulier du cas de Guillaume Guérin, que son acharnement à perdre le baron d'Oppède compromit sans retour sans que le Roi ait à intervenir.

Furieux de la décision du Parlement – ou, pour être plus exact, de sa décision de ne rien décider ! –, il entreprit en effet d'aggraver les accusations portées contre son ennemi. Pour le noircir davantage, il n'hésita pas à lui-même forger de fausses dépositions.

Le baron d'Oppède l'attaqua aussitôt pour faux en écriture et demanda l'examen des pièces. Or Guérin n'avait pas pris garde que le papier qu'il avait utilisé portait la marque récente et discrète – visible seulement à la bougie ! – d'un artisan de Melun et ne pouvait de ce fait avoir servi en Provence à la date prétendue.

Ainsi démasqué, jugé coupable de faux témoignage et faux en écriture, il eut la tête tranchée en place de Grève, le treize février mil cinq cent cinquante-deux.

Sa tête fut envoyée à Aix pour y être exposée sur la place publique.

Quant au baron de La Garde, contre qui l'avocat général n'avait rien requis, il fut, deux jours plus tard, entièrement innocenté par un arrêt du Roi. En fait, bien qu'il ait été d'abord destitué de ses dignités, il était déjà depuis longtemps élargi pour aller servir en Toscane, sous les ordres du comte de Thermes.

Messieurs de La Font et de Badet élargis à leur tour, Jean Maynier d'Oppède resta bientôt seul prisonnier.

Il adressa une supplique au Roi, qui fut très chaudement appuyée par le duc de Guise.

Enfin, le Roi rendit un arrêt l'absolvant des accusations portées contre lui.

Mais il n'en avait pas moins perdu, avec son inculpation, sa charge de Premier Président au Parlement de Provence.

La lettre que lit le Roi a pour objet de la lui restituer.

Henri porte sa plume vers l'encrier.

Il laisse sa main en suspens. Un voile d'hésitation achève de troubler son terne regard.

« Monsieur le Connétable, est-ce bien ?

— C'est nécessaire, Majesté. Le procès fait au Parlement de Provence a assez soulevé les passions dans cette province. Son peuple estime que son Parlement a été injustement jugé par celui de Paris. Il a pris cela comme un camouflet contre les libertés à lui concédées lorsque la Provence est devenue française. Le ressentiment y est grand. Les juges provençaux ressentent une profonde humiliation et le baron d'Oppède est louangé là-bas à l'égal d'un héros. En l'an trente-six, nous n'avons eu qu'à nous louer de la fidélité de la Provence lorsque les Impériaux l'envahirent. Maintenant que la guerre a repris avec l'Empereur, s'il lui reprend envie de l'envahir à nouveau, il importe qu'elle n'ait point de rancœur contre Votre Majesté. Le comte de Tende, qui connaît bien le pays, ne cesse de nous le rappeler. Sans compter qu'il convient à présent de faire cesser la grogne des autres Parlements, qui pourrait bien conduire à murmurer toutes vos autres provinces.

— Ne suffit-il point que Monsieur d'Oppède soit absous ?

— S'il est absous, c'est qu'il est innocent. Ainsi l'entend le peuple. Et, s'il est innocent, il ne comprendrait pas qu'on ne le réintègre pas dans toutes ses fonctions.

— Mmm... Mais... Est-ce bien fait pour l'honneur du Roi mon père ?

— La plaidoirie de Maître Aubéry a suffisamment démontré que le feu Roi a été abusé par de vains rapports. Et que les lettres portant ses ordres ont été manipulées. Quant au baron d'Oppède, il n'en a pas moins obéi à des ordres qu'il croyait de bonne foi légitimes. Et, s'il y a montré trop de zèle, près de cinq années de prison l'ont bien assez puni.

— Guise, approuvez-vous ?

— L'insolence des huguenots ne connaît plus de bornes, Sire. Les Chambres Ardentes de vos Parlements siègent pour ainsi dire jour et nuit afin d'extirper l'hérésie. Partout des prédicateurs tentent d'enflammer l'âme paisible de vos peuples, de jeter chrétiens contre chrétiens en semant dans les cœurs, avec la haine de notre Sainte Mère l'Église, les plus damnables erreurs. Le baron Maynier d'Oppède a peut-être fait preuve de trop de zèle pour la Foi. Ce n'en était pas moins du zèle pour la Foi ! Et le royaume en a plus que jamais besoin. Ne pas lui rendre ses fonctions serait risquer d'attiédir celui de tous vos magistrats qui luttent contre les fausses doctrines. Les hérétiques eux-mêmes en redoubleraient d'audace ! Il est temps d'éteindre définitivement cette affaire et de rétablir une fois pour toutes dans ses charges un homme dont il a été démontré qu'il n'a fait que servir la religion et le Roi. »

Le Roi abaisse la main... trempe la plume dans l'encrier... suspend encore son geste au-dessus de la feuille.

« Diane, ma mie, vous avez ouï le Connétable et le duc. Quelle est votre pensée ?
— Ils ont bien parlé, Sire. »

La plume crisse sur le papier...

Le Roi Henri II mourut au mois de juillet 1559 d'une blessure reçue en tournoi.
Lui succéda un adolescent phtisique de seize ans, qui céda la place un an plus tard à un frère plus jeune encore.

En mars 1560, une conjuration protestante tenta en vain, à Amboise, de chasser les Guises du pouvoir.
En mars 1562, le duc François de Guise massacra une assemblée de réformés à Wassy, en Champagne.

La guerre civile tant redoutée par le Roi François venait de commencer.

Elle allait durer trente-six ans.

ANNEXES

Annexe I

CARTE DE LA PROVENCE ET DU COMTAT AU MILIEU DU XVIe SIÈCLE

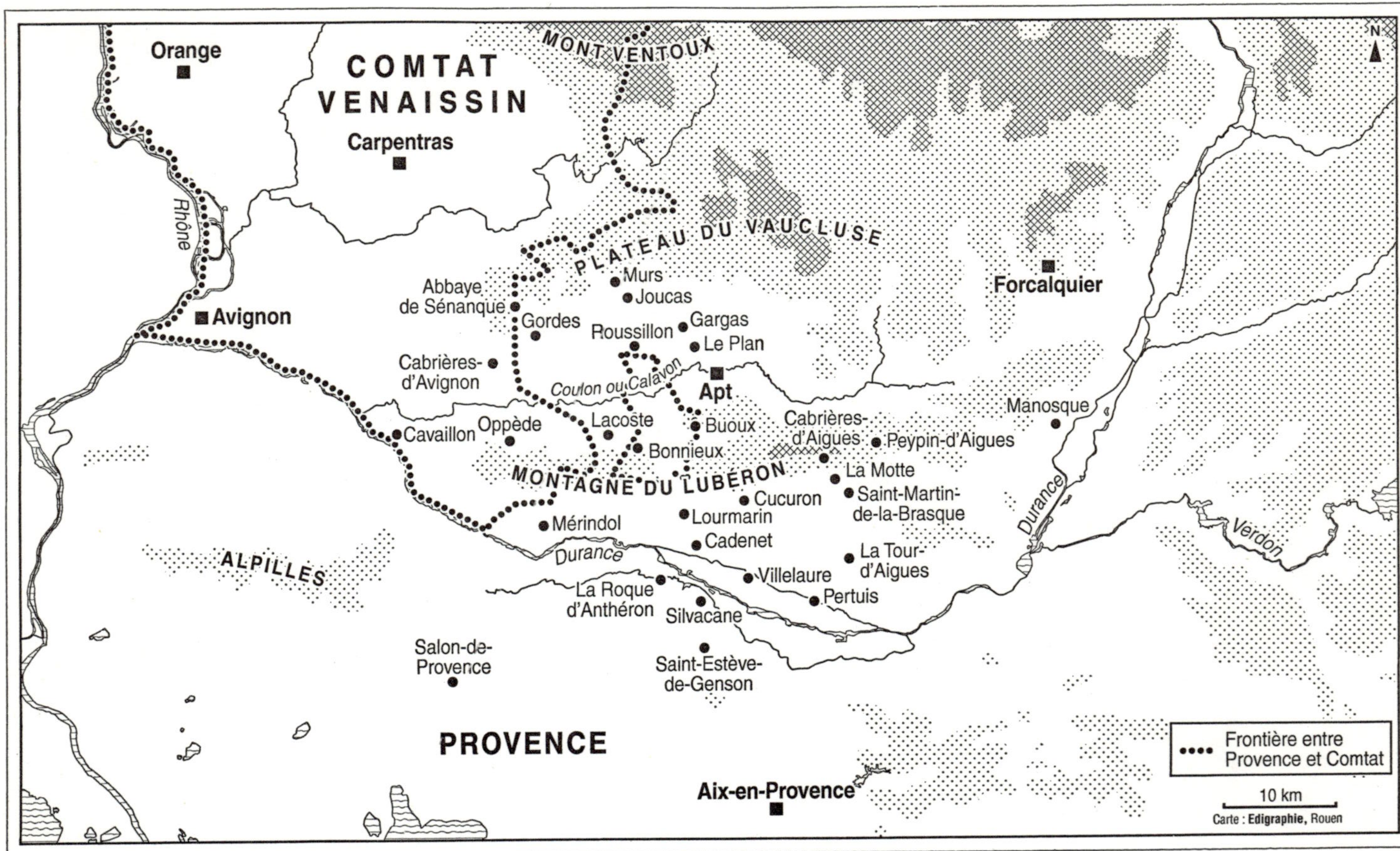

COMTAT VENAISSIN
Orange
Carpentras
MONT VENTOUX
PLATEAU DU VAUCLUSE
Forcalquier
Rhône
Avignon
Abbaye de Sénanque
Gordes
Murs
Joucas
Roussillon
Gargas
Le Plan
Apt
Cabrières-d'Avignon
Coulon ou Calavon
Cavaillon
Oppède
Lacoste
Buoux
Bonnieux
Cabrières-d'Aigues
Peypin-d'Aigues
Manosque
MONTAGNE DU LUBÉRON
La Motte
Saint-Martin-de-la-Brasque
Cucuron
Lourmarin
Mérindol
Cadenet
Durance
La Tour-d'Aigues
Villelaure
Pertuis
La Roque d'Anthéron
Silvacane
Verdon
ALPILLES
Salon-de-Provence
Saint-Estève-de-Genson
PROVENCE
Aix-en-Provence
N
Frontière entre Provence et Comtat
10 km
Carte : Edigraphie, Rouen

Annexe II

INDEX DES PERSONNAGES CITÉS
(hors personnages bibliques et mythologiques)

N.B. : tous ces personnages sont historiques.

Agoult, François d' : seigneur de Sault et de Lourmarin.
Agoult, Joseph d' : seigneur de Rognes.
Amboise, Charles d'(1460-1510) : cardinal, ministre de Louis XII.
Ancézune, Jean d' : seigneur de Cabrières-d'Avignon.
Anne Maynier d'Oppède : fille cadette de Jean Maynier d'Oppède.
Annebault, Claude d' (mort en 1552) : amiral de France; un des principaux conseillers de François Ier.
Arcussis, Gaspard d' : conseiller au Parlement de Provence.
Argous, Antoine : conseiller au Parlement de Provence.
Arnould, maître : compagnon d'Eustache Marron.
Aubéry, Jacques : avocat au Parlement de Paris, puis lieutenant civil au Châtelet; avocat général au procès de 1551.
Aumale, François d' : voir Guise.
Badet, Bernard de (mort avant 1582) : conseiller au Parlement de Provence; un des trois commissaires à l'exécution de l'arrêt de Mérindol.
Barberousse, Khayr al-Dîn (v. 1476-1546) : beylerbey d'Alger; commandant en chef de la flotte ottomane.
Barberoux, Hélion : un des condamnés de l'arrêt de Mérindol.
Baroncelli, Pierre : viguier de Lambesc, chargé d'un inventaire des confiscations pendant l'exécution de Provence.
Baudoin : capitaine, présent au massacre de Lacoste.
Becarris, Thomas de : syndic de Mérindol; beau-père d'Honoré de Tributiis.
Bellay, Guillaume du (1491-1543) : général de François Ier ; lieutenant général en Piémont.
Berquin, Louis de (1489-1529) : humaniste français.
Bernard, Jean : lieutenant du baile de Mérindol.

Bernard de Clairvaux, saint (1090-1153) : fondateur de l'abbaye de Clairvaux, berceau des Cisterciens.
Blanc, Maurice (mort en 1545) : habitant de Mérindol, mort arquebusé.
Blanche de Lévis : dame de Sault et de Lourmarin.
Boisson, Honoré : greffier au Parlement de Provence.
Bonnafous, Raymond : curé de Cabrières-d'Aigues.
Borgia, Alexandre VI (1431-1503) : pape (1492-1503).
Bouch, Collin : compagnon d'Eustache Marron.
Bouliers, Antoine de (mort en 1537) : seigneur de La Tour-d'Aigues et de sa vallée, fils de Mérite de Trivulce, dame de Cental.
Bouliers, Jean-Louis-Nicolas de (né en 1532) : seigneur de La Tour-d'Aigues et de sa vallée, fils d'Antoine de Bouliers.
Bourbon, Charles, duc de (1490-1527) : connétable de France.
Brézé, Louis de (mort en 1531) : grand sénéchal de Normandie, mari de Diane de Poitiers.
Briandas, Pierre : un des fous de François Ier.
Briçonnet, Guillaume (1472-1534) : évêque de Meaux, qui tenta de réformer l'Église en France.
Brunet, de : voir Villeneuve.
Bucer, Martin (1491-1551) : théologien et réformateur allemand.
Budé, Guillaume (1467-1540) : humaniste français.
Bullinger, Henri (1504-1575) : réformateur à Zurich.
Calvin, Jean (1509-1564) : réformateur français, qui installa une république théocratique à Genève.
Campeggi, Alexandre (1504-1554) : évêque de Bologne, vice-légat d'Avignon jusqu'en 1544.
Carcès, de : capitaine de galère.
Catherine de Médicis (1519-1589) : reine de France, femme d'Henri II.
Cavalier, Jean, dit Compier : habitant de Lourmarin.
Cental, Mérite de Trivulce, dame de : dame de Cental et Demont (Centallo et Demonte) en Piémont; tutrice de Jean-Louis-Nicolas de Bouliers, seigneur de La Tour-d'Aigues.
Chabot de Brion, Philippe de (1480-1543) : amiral de France.
Charles, dit le Téméraire (1433-1477) : duc de Bourgogne, arrière-grand-père de Charles Quint.
Charles Quint (1500-1558) : roi d'Espagne (1516-1556), empereur romain germanique (1519-1556).
Charles VI (1368-1422) : roi de France (1380-1422).
Charles VII (1403-1461) : roi de France (1422-1461).
Charles VIII (1470-1498) : roi de France (1483-1498).
Charlotte : sœur de François Ier.
Chassanée, Barthélemy de (mort en 1541) : premier président au Parlement de Provence.
Chausse-de-Cuir : compagnon d'Eustache Marron.
Claire Maynier d'Oppède : fille aînée de Jean Maynier d'Oppède.

Claude de France (1499-1524) : fille de Louis XII, première épouse de François Ier.
Clément VII (1478-1534) : pape (1523-1534).
Clovis (465-511) : roi des Francs.
Coctel, Jean : maître des requêtes au Conseil du roi, président au procès de 1551.
Constantin le Grand (v. 274-337) : empereur romain (306-337).
Courtin, Philippe : huissier au Parlement de Provence.
Cousin : avocat d'Honoré de Tributiis au procès de 1551.
Croyssonne, Guillaume : habitant de Ménerbes, détenu aux galères.
Cuillier, Collin : compagnon d'Eustache Marron.
Dandino, Hieronimo : nonce apostolique auprès de François Ier.
Danquechin : avocat de Paulin de La Garde au procès de 1551.
Diane de Poitiers (1499-1566) : veuve de Louis de Brézé, maîtresse d'Henri II.
Duprat, Antoine (1463-1535) : cardinal, chancelier de François Ier.
Durand, Georges : conseiller au Parlement de Provence.
Enghien, François de Bourbon, comte d' (1519-1546) : vainqueur de la bataille de Cérisoles.
Étampes, Anne de Pisseleu, duchesse d' (1508-1580) : favorite de François Ier à partir de 1526.
Facy le Tournejarre : un des condamnés de l'arrêt de Mérindol.
Farel, Guillaume (1489-1565) : réformateur français.
Farnèse, Alexandre (1520-1589) : cardinal, petit-fils du pape Paul III, légat en Avignon.
Faucon, de : parent de Jean Maynier d'Oppède.
Favier, Claude : un des condamnés de l'arrêt de Mérindol.
Filhol, Antoine : archevêque d'Aix-en-Provence.
Forbin, Gaspard : seigneur de Genson et de Villelaure, neveu de Jean Maynier d'Oppède.
Forbin, Jean : beau-frère de Jean Maynier d'Oppède, père de Gaspard Forbin.
Forbin, Jean-Baptiste : frère de Gaspard Forbin.
François Ier (1494-1547) : roi de France (1515-1547).
François d'Assise, saint (v. 1182-1226) : fondateur de l'ordre des Franciscains.
Galiot de Genouillac (v. 1466-1546) : sénéchal d'Armagnac ; grand maître de l'artillerie de François Ier.
Gallot : maître d'hôtel de la dame de Cental.
Gambi de la Bouraque : compagnon d'Eustache Marron.
Garçonnet, Guillaume (mort en 1543) : premier président au Parlement de Provence (1541-1543)
Gautier, Guillaume : prisonnier vaudois délivré par Eustache Marron.
Gaye, de : capitaine, présent au sac de Cabrières-d'Avignon.
Gelido, Pierre (dit *il Pero*) : trésorier du Comtat.
Ghinucci, Pierre : évêque de Cavaillon.
Genas, de : conseiller au Parlement de Provence.
Glandèves : voir Pourrières.

Goult, de : seigneur provençal, tué par Eustache Marron.
Grégoire VII, saint (v. 1020-1085) : pape (1073-1085).
Grignan, Louis Adhémar, comte de (mort v. 1557 à 1559) : gouverneur de Provence (1541-1547); neveu du cardinal de Tournon.
Grossi, Jean de : juge d'Apt.
Guérin, Guillaume (mort en 1552 ou 1554) : avocat général au Parlement d'Aix pendant l'exécution de Provence.
Guillaume le Normand : un des condamnés de l'arrêt de Mérindol.
Guise, François de Lorraine, duc de (1519-1563) : comte, puis (1547) duc d'Aumale; duc de Guise à partir de 1550; un des principaux conseillers d'Henri II.
Henri II (1519-1559) : deuxième fils de François Ier; dauphin de France en 1536, puis roi de France (1547-1559).
Henry VIII (1491-1547) : roi d'Angleterre (1509-1547).
Hereux, Jacques : conseiller au Parlement de Paris, juge au procès de 1551.
Jacquelot : avocat de la dame de Cental au procès de 1551.
Janequin, Clément (v. 1480-1558) : compositeur français.
Jean da Roma : inquisiteur en Provence.
Johannis : commissaire du comte de Grignan.
Jules II (1443-1513) : pape (1503-1513).
La Font, François de (mort en 1552) : second président au Parlement d'Aix; un des commissaires à l'exécution de Provence.
La Garde, baron de : voir Paulin.
La Marsay, de : capitaine de galère.
La Roque, de : seigneur provençal, parent de Jean Maynier d'Oppède.
Labbé : capitaine, présent au massacre de Lacoste.
Langelin, Charles : imprimeur parisien de l'ouvrage de Jean Maynier d'Oppède.
La Porte : avocat du Parlement de Provence au procès de 1551.
Laure de Noves : amie de Pétrarque.
Lautier, Nicolas : envoyé du Parlement tué par Eustache Marron.
Le Chat, Jean : dominicain nommé par François Ier pour enquêter sur les vaudois.
Lédébur, Jean de : prédicateur luthérien.
Lefèvre d'Étaples, Jacques (v. 1450-1537) : humaniste français.
Loubières : capitaine, participant à l'exécution de Provence.
Louis VII (v. 1120-1180) : roi de France (1137-1180).
Louis XI (1423-1483) : roi de France (1461-1483).
Louis XII 1462-1515) : roi de France (1498-1515).
Louise de Savoie (1476-1531) : mère de François Ier, régente pendant sa captivité en Espagne.
Luther, Martin (1483-1546) : théologien et réformateur allemand.
Mairan, Jean : capitaine des enfants de la ville d'Aix-en-Provence.
Malaucène, Guillot de : envoyé de Jean Maynier d'Oppède à Cabrières-d'Avignon.

Marguerite de Navarre (1492-1549) : sœur de François Ier, épouse d'Henri d'Albret, roi de Navarre.
Marillac, de : second avocat général au Parlement de Paris.
Marin : capitaine qui tenta de s'emparer de Mérindol.
Marron, Eustache (mort en 1545) : « capitaine » des vaudois de Cabrières-d'Avignon.
Marthe : femme du libraire Pomery ; une des condamnées de l'arrêt de Mérindol.
Masson, Pierre : barbe vaudois.
Maynard, André : baile de Mérindol ; un des condamnés de l'arrêt de Mérindol.
Maynard, François, Jacques, Michel et Philippon : condamnés de l'arrêt de Mérindol.
Maynard, Michelin : syndic de Mérindol.
Maynier, Accurse (v. 1450-1536) : père de Jean Maynier d'Oppède.
Maynier, Jean : voir Oppède.
Maynier, Jean Guillaume : parent (oncle ?) de Jean Maynier d'Oppède.
Melanchthon, Philipp Schwarzerd, dit (1497-1560) : théologien et réformateur allemand.
Ménerbes, Roland de : lieutenant d'Eustache Marron.
Mesnil, du : avocat des États de Provence au procès de 1551.
Millard, Barthélemy : habitant de Lourmarin.
Millet : avocat de Guillaume Guérin au procès de 1551.
Mollins : envoyé du comte de Tende auprès de François Ier.
Montmorency, Anne de (1493-1567) : connétable de France ; un des principaux conseillers d'Henri II.
Morel, Georges : barbe vaudois.
Mormoyron : capitaine comtadin, participant à l'exécution de Provence.
Myconius, Oswald : réformateur à Bâle.
Normandie : héraut aux obsèques de François Ier.
Œcolampade (1482-1531) : réformateur à Bâle.
Olivétan, Pierre Robert, dit (mort en 1538) : traducteur de la Bible, cousin de Jean Calvin.
Olivier, François (1497-1560) : chancelier de France.
Oppède, Jean Maynier, baron d' (1495-1558) : conseiller, puis second président, puis premier président (1543) au Parlement de Provence ; lieutenant du roi en Provence par intérim (1545), chargé de l'exécution de Provence.
Oraison, Antoine Honoré d' : conseiller au Parlement de Provence.
Orléans, Charles, duc d' : (1522-1545) troisième fils de François Ier.
Palenc, Jean : habitant de Mérindol.
Paré, Ambroise (v. 1509-1590) : chirurgien français.
Parpaille de Miolans, Charles : capitaine commandant les troupes comtadines pendant l'exécution de Provence.
Pascal, Louis : procureur de Mérindol.
Passaire, Valéry : chargé de la garde des biens confisqués pendant l'exécution de Provence.
Passy, de : second président au procès de 1551.

Paul III Farnèse (1468-1549) : pape (1534-1549).
Paulin, Antoine Escalin des Aymars, baron de La Garde, surnommé capitaine (1498-1578) : envoyé de François Ier auprès de Soliman le Magnifique; capitaine général de l'armée de mer du Levant; commandant des vieilles bandes d'Italie pendant l'exécution de Provence.
Pellenc, Collin (mort en 1540) : meunier du Plan-d'Apt.
Pellenc, Jehan et Thomas : condamnés de l'arrêt de Mérindol.
Perrotet, Isnard : enfant de Lacoste, détenu aux galères en 1545.
Pérussis, François de : gendre de Jean Maynier d'Oppède, seigneur de Lauris, conseiller au Parlement de Provence.
Pétrarque (1304-1374) : poète et humaniste italien.
Philippe IV, dit le Bel (1268-1314) : roi de France (1285-1314).
Pierre, Louis de : baile de Lourmarin.
Piolenc, Thomas de : procureur général au Parlement de Provence.
Pomery : libraire, un des condamnés de l'arrêt de Mérindol.
Poncher, Étienne (1446-1524) : évêque sous Louis XII.
Pons, Jehan : un des condamnés de l'arrêt de Mérindol.
Pontevès, Gabriel de, seigneur de Buoux : seigneur provençal.
Pourrières, Antoine de Glandèves, sieur de : gendre de Jean Maynier d'Oppède.
Pré, du : maître des requêtes au Conseil du roi, désigné par François Ier pour enquêter en Provence.
Puy, Clément du : avocat de Jean Maynier d'Oppède, remplacé pour maladie par Pierre Robert.
Puy-Saint-Martin, de : seigneur provençal.
Redortier : capitaine, participant à l'exécution de Provence.
Renard : avocat du cardinal Farnèse au procès de 1551.
René d'Anjou (1409-1480) : duc d'Anjou, comte de Provence, roi de Naples et de Sicile.
Rey, Monet : habitant de Lourmarin.
Rey, Peyron : un des condamnés de l'arrêt de Mérindol.
Riqueti : envoyé de la dame de Cental auprès de Jean Maynier d'Oppède.
Robert, Pierre : avocat de Jean Maynier d'Oppède au procès de 1551.
Rochefort : avocat de François de La Font au procès de 1551.
Rognes : voir Agoult.
Rolland : conseiller au Parlement de Provence.
Romane, Jean : syndic de Mérindol.
Roussel, Gérard : humaniste français.
Sadolet, Jacques (1477-1547) : cardinal et humaniste italien; évêque de Carpentras.
Saignon, seigneur de : chargé de la garde des biens confisqués pendant l'exécution de Provence.
Saint-Rémy : capitaine participant à l'exécution de Provence.
Samson, Pierre : huissier au Parlement de Provence.
Savigny, Jacques de : un des condamnés de l'arrêt de Mérindol.
Sazo, Pierre de : seigneur de Goult.

Scalis, de : envoyé de la dame de Cental auprès de Jean Maynier d'Oppède.
Séguier, Pierre (1504-1580) : premier avocat général au Parlement de Paris.
Semblançay, Jacques de Beaune, baron de (1457-1527) : financier français.
Serre, Guillaume : compagnon d'Eustache Marron.
Simiane, Balthazar de : seigneur de Lacoste.
Simiane, François de : fils de Balthazar de Simiane.
Soliman, dit le Magnifique (1494-1566) : sultan ottoman (1520-1566).
Strozzi, Léon (1515-1554) : prieur de Capoue, chef d'escadre, frère de Pierre Strozzi.
Strozzi, Pierre (1510-1558) : capitaine au service du roi de France, frère de Léon Strozzi.
Sylvestre, saint : pape (314-335).
Tende, Claude, comte de (1507-1566) : gouverneur de Provence sous François Ier puis sous Henri II; beau-frère d'Anne de Montmorency.
Terre, Antoinette de la : dame de Genson, mère de Gaspard et Jean-Baptiste Forbin.
Thou, Christophe de (1508-1582) : avocat de Bernard de Badet au procès de 1551.
Tournon, François de (1489-1562) : cardinal; un des principaux conseillers de François Ier.
Tributiis, Honoré de (mort en 1566) : conseiller au Parlement de Provence; un des trois commissaires à l'exécution de l'arrêt de Mérindol.
Trivulce, Antoine de (mort en 1559) : évêque de Toulon; vice-légat pontifical en Avignon à partir de 1544.
Trivulce, Mérite de : voir Cental.
Uzet : maître d'hôtel de Blanche de Lévis, dame de Sault et de Lourmarin.
Vasto, Alphonse d'Avalos, marquis del : général de Charles Quint.
Vatable, François : humaniste français.
Vaudès (ou Valdo), Pierre (v. 1140-v. 1217) : bourgeois de Lyon, fondateur de la secte vaudoise.
Vaujouine : capitaine, participant à l'exécution de Provence.
Venelles, de : capitaine du château d'Oppède.
Vian, Bertin : un des condamnés de l'arrêt de Mérindol.
Villeneuve, Claude de : seigneur de Brunet, capitaine participant à l'exécution de Provence.
Vingle, Pierre de : imprimeur à Neuchâtel de la Bible d'Olivétan.

Annexe III

POUR DÉMÊLER L'HISTOIRE ET LA FICTION

Il est toujours difficile, à la lecture d'un roman historique, de distinguer la part du réel et celle de l'imaginaire. Les brefs commentaires qui suivent aideront le lecteur curieux à s'y retrouver.

L'approche générale

D'une façon générale, je me suis efforcé de me tenir aussi proche que possible de la vérité historique, telle qu'elle apparaît du moins dans les ouvrages accessibles à un non-spécialiste.

Mon objectif était en effet d'utiliser la liberté que donne la forme romanesque non pour narrer une histoire imaginaire située dans un contexte historique, mais pour faire revivre les événements historiques eux-mêmes en m'efforçant de leur redonner de la chair et de l'âme. En résulte notamment le parti pris de n'introduire aucun personnage imaginaire, hors quelques seconds rôles anonymes.

J'ai surtout cherché à restituer le contexte de l'époque dans toute sa complexité, et à analyser, tel que je les « sentais » à travers ma documentation, les motivations et le comportement des principaux protagonistes, ainsi qu'à mettre en lumière l'enchaînement des événements, des intérêts, des rumeurs et des informations, sincères ou manipulées, qui a conduit au massacre d'avril 1545.

Il convient de noter que les ouvrages réputés « historiques » fourmillent sur ce sujet de contradictions et d'interprétations diverses qui laissent souvent au romancier une marge de manœuvre appréciable, sans pour autant risquer de trahir une « vérité » parfois fluctuante d'une source à l'autre.

Lorsque j'ai eu à choisir entre différentes versions des événements, j'ai toutefois privilégié autant que possible la position de Gabriel Audisio, en tant qu'éminent spécialiste du sujet (*cf.* les éléments de bibliographie).

Si certains chapitres de ce roman rapportent des événements connus en détail, de nombreux autres se présentent comme une « mise en scène » – généralement imaginaire faute de disposer d'informations suffisamment détaillées, mais à mon sens toujours plausible dans le contexte de l'époque – d'événements, d'idées ou d'argumentaires réels.

Remarques sur certains chapitres

Première partie : L'ARRÊT DE MÉRINDOL

19 octobre 1534 : l'affaire des placards constitue effectivement un tournant dans la politique religieuse de François Ier, qui marque son passage de la tolérance à la répression.

Mai 1535 : la Dame de Cental constitue l'« Arlésienne » de cette histoire, personnage-clé que l'on ne voit pourtant jamais apparaître directement dans les récits des événements. Curieusement, les ouvrages que j'ai consultés lui donnent même trois identités distinctes : Françoise de Bouliers, Blanche de Lévis, Mérite de Trivulce. J'ai suivi en l'occurrence Gabriel Audisio.

Été 1535 : effectivement financée par les vaudois, la Bible d'Olivétan est longtemps restée la Bible de référence des protestants français. Le récit de la conversion des barbes vaudois à la Réforme comme l'évocation de leur vie sont historiques.

Avril 1538 : d'après certaines sources, ce n'est que plusieurs années plus tard que François de Pérussis serait devenu gendre du baron d'Oppède. L'extrait de Pétrarque est effectivement tiré de l'ouvrage du baron.

18 novembre 1540 : les extraits de l'arrêt de Mérindol sont authentiques.

Début février 1541 : tous les chapitres mettant en scène François Ier se situent là où il se trouvait effectivement à la date considérée.

Deuxième partie : L'EXÉCUTION DE PROVENCE

4 avril 1542 : les visites de l'évêque Ghinucci sont rapportées par la tradition. Les citations latines sont extraites, à très peu près, du *Manuel de l'Inquisiteur*, écrit par le dominicain Bernard Gui au XIVe siècle, qui contient un long chapitre sur les vaudois.

Fin décembre 1543 : les circonstances de la mort du Président Garçonnet sont historiques. Il existe effectivement deux versions sur la personnalité du père de Jean Maynier d'Oppède, ainsi que des variantes sur les causes de la mésentente entre le baron et la Dame de Cental.

Janvier 1545 : François Ier était effectivement malade en janvier 1545. C'est une question non tranchée pour juger de sa responsabilité que de savoir dans quelle mesure la maladie a pu influer sur sa décision. C'en est une autre que de déterminer le rôle exact du cardinal de Tournon dans la prise de celle-ci et dans la forme sous laquelle elle a été transmise en Provence.

À partir de cette date, les différents chapitres de la deuxième partie s'inspirent de près du procès-verbal établi par les commissaires à l'exécution, et surtout, tout particulièrement pour la description des massacres, de la plaidoirie de l'avocat général Aubéry.

Dimanche 12 avril 1545 : le texte de l'arrêt est authentique.

Mercredi 15 avril 1545 : les déclarations des habitants de Lourmarin à leur Dame reprennent celles attribuées aux habitants de Mérindol par *L'Histoire des protestants de Provence* d'E. Arnaud (*cf.* éléments de bibliographie)... sans doute plus hagiographiques qu'historiques.

Dimanche 19 avril 1545 : bien que je n'aie pas retrouvé son nom, le canonnier lyonnais est un personnage historique... et le prix des boulets est bien celui qui a été facturé !

Lundi 20 avril 1545 : il existe des variantes sur le déroulement du sac de Cabrières. À partir des textes existants, il est de plus extrêmement difficile – sinon impossible – d'apprécier précisément le comportement, et donc le degré de responsabilité, des principaux responsables. Ce chapitre est typiquement un cas où, des différents récits et citations fournis par les sources, j'ai tiré une synthèse qui me semblait vraisemblable « en mon âme et conscience ».

Mercredi 22 avril 1545 : l'historicité de l'événement a été accréditée par des fouilles entreprises dans la grotte de la Bérigoule, qui ont mis au jour des ossements et objets du XVIe siècle.

Entre fin avril et fin mai 1545 : la description des lendemains du massacre suit toujours essentiellement la plaidoirie d'Aubéry. La citation d'une pièce d'archives du Parlement est imaginaire, mais les chiffres qu'elle donne sont ceux déterminés par l'avocat général.

Fin novembre 1545 : l'érection de la colonne de Cabrières est historique.

Complainte : il s'agit d'une authentique chanson ancienne.

Troisième partie : LE PROCÈS DE PARIS

Mai 1545 et juin 1545 : les réactions de François Ier, les propos du nonce, l'anecdote de Pourrières obligé de demeurer à genoux devant la reine de Navarre sont rapportés par des sources historiques.

Début mars 1546 : le dialogue entre le Roi et le cardinal est imaginaire, mais François Ier semble avoir réellement vu dans la mort du duc d'Orléans un châtiment du Ciel.

Février-mars 1547 : l'ensemble des événements et citations rapportés dans ce chapitre est issu des sources historiques, notamment la demande faite au

Dauphin de châtier les auteurs de l'exécution de Provence. La question se pose toutefois de savoir si cette demande a réellement été faite.

Mai 1547 : ce bref chapitre est rigoureusement historique.

Octobre 1547 : si le baron d'Oppède semble effectivement avoir été arrêté à cette date, les circonstances de l'arrestation, ainsi que l'ordre royal cité sont imaginaires. Selon certaines sources, le Président aurait été arrêté à Paris où il se serait rendu librement pour se présenter à ses juges. Les autres personnages mentionnés dans l'ordre royal ont bien été eux aussi arrêtés.

Mi-septembre 1551 : les trois chapitres situés à cette date résument les plaidoiries authentiques de Jacques Aubéry, Pierre Robert et Jean Maynier d'Oppède.

2 novembre 1553 : selon les sources, Guillaume Guérin a été soit décapité le 13 février 1552, soit pendu le 20 avril 1554. J'ai suivi Voltaire qui, dans son *Histoire du Parlement de Paris*, affirme que la seconde date est erronée.

Annexe IV

ÉLÉMENTS DE BIBLIOGRAPHIE

Tout travail sur les vaudois du Luberon doit nécessairement s'appuyer sur les excellents ouvrages de Gabriel Audisio, professeur à l'université de Provence, et éminent spécialiste du sujet. J'ai pour ma part utilisé :

• *Les Vaudois, histoire d'une dissidence, XIIe-XVIe siècle*, G. Audisio, Fayard, 1998.

Cet ouvrage raconte l'histoire des vaudois et l'évolution de leurs croyances depuis leurs origines jusqu'à leur fusion dans le protestantisme, à travers toutes leurs pérégrinations en Europe.

• *Les Vaudois du Luberon, une minorité en Provence (1460-1560)*, G. Audisio, Association d'études vaudoises et historiques du Luberon, 1984.

Volumineuse étude très précisément documentée, à partir notamment des sources historiques locales sur l'histoire et la vie des vaudois de Provence, depuis leur arrivée dans la région jusqu'aux lendemains de l'exécution et à leur fusion dans le protestantisme.

Outre ses propres études, c'est également à Gabriel Audisio que l'on doit la réédition du texte intégral de la plaidoirie de Jacques Aubéry et du procès-verbal de l'exécution.

• *Procès-verbal d'un massacre, les vaudois du Luberon (avril 1545)*, présenté par G. Audisio, Edisud, Aix, 1992.

Ce texte, écrit par les commissaires à l'exécution, constitue la description officielle des événements, telle que le Parlement de Provence l'a adressée à François Ier. G. Audisio y a joint quelques autres documents d'époque.

• *Histoire de l'exécution de Cabrières et de Mérindol et d'autres lieux de Provence, Jacques Aubéry*, présenté par G. Audisio, Éditions de Paris, 1995.

Résumé de l'enquête menée sur place en 1550-1551, cette plaidoirie, présentée devant le Parlement de Paris en septembre 1551, est fondamentale pour la connaissance détaillée des événements du printemps 1545 et de leur contexte.

En dehors des publications de Gabriel Audisio, parmi la cinquantaine d'ouvrages que j'ai utilisés pour documenter ce roman, je citerai plus particulièrement :

Sur les vaudois et l'exécution de Provence :

• *Les Vaudois*, Giorgio Tourn, Brepols, Belgique, 2001.
Petit opuscule résumant l'histoire des vaudois jusqu'à nos jours, qui présente l'intérêt d'être écrit par un pasteur de l'Église vaudoise, aujourd'hui devenue Église protestante italienne.
• *Manuel de l'inquisiteur*, Les Belles-Lettres, 1964.
Un chapitre de cet ouvrage, écrit au XIVe siècle par l'inquisiteur Bernard Gui, développe le point de vue de l'Inquisition sur les croyances vaudoises, telles qu'elles se présentaient à cette époque.
• *Le Massacre des vaudois en Luberon*, Guy-Jean Arché, Curandera, 1984.
Ouvrage uniquement consacré à l'exécution de Provence, à prendre avec prudence du point de vue de l'exactitude historique, mais vivant et très riche d'informations.
• *Histoire des Protestants de Provence*, E. Arnaud, Grassard, 1888.
La première période de cet ouvrage, qui peut faire l'objet du même commentaire que le précédent, couvre les années 1525 à 1562.
• *L'Affaire du président Maynier d'Oppède, un procès célèbre au XVIe siècle*, Prosper Sauvet, Imprimerie S. Bourély, Aix, 1903.
Très utile car il se place, ce qui est l'exception, du point de vue du Président d'Oppède, ce rare opuscule décrit précisément le procès de 1551 et analyse en détail la plaidoirie de Pierre Robert, avocat du Président.

Sur l'histoire générale de la période :

• *François Ier, le roi et le règne*, Charles Terrasse, Grasset, 1945, 1948, 1970.
Une histoire très détaillée du règne de François Ier en trois volumes.
• *Henri II*, Ivan Cloulas, Fayard, 1985.
• *Diane de Poitiers*, Philippe Erlanger, Gallimard, 1955.

Le massacre du Luberon a peu inspiré les romanciers. Un roman récent ayant pour cadre l'exécution de Provence a toutefois été publié par Franz-Olivier Giesbert :

• *Le Sieur Dieu*, Franz-Olivier Giesbert, Grasset, 1998.

Table

Annexes

Cet ouvrage a été composé et imprimé par

FIRMIN DIDOT

GROUPE CPI

Mesnil-sur-l'Estrée

pour le compte des Éditions Robert Laffont
24, avenue Marceau, 75008 Paris
en mars 2004

Imprimé en France
Dépôt légal : avril 2004
N° d'édition : 44541/01 – N° d'impression : 65808